Para

com votos de paz.

DIVALDO FRANCO
Pelo Espírito MANOEL PHILOMENO DE MIRANDA

PAINÉIS DA OBSESSÃO

Salvador
10. ed. - 2024

COPYRIGHT © (1983)
CENTRO ESPÍRITA CAMINHO DA REDENÇÃO
Rua Jayme Vieira Lima, 104
Pau da Lima, Salvador, BA.
CEP 412350-000
SITE: https://mansaodocaminho.com.br
EDIÇÃO: 10. ed. (3ª reimpressão) – 2024
TIRAGEM: 1.000 exemplares (milheiro: 60.800)
COORDENAÇÃO EDITORIAL
Lívia Maria C. Sousa

REVISÃO
Manoelita Rocha
CAPA
Cláudio Urpia
MONTAGEM DE CAPA
Ailton Bosco
EDITORAÇÃO ELETRÔNICA
Ailton Bosco
COEDIÇÃO E PUBLICAÇÃO
Instituto Beneficente Boa Nova

PRODUÇÃO GRÁFICA
LIVRARIA ESPÍRITA ALVORADA EDITORA – LEAL
E-mail: editora.leal@cecr.com.br

DISTRIBUIÇÃO
INSTITUTO BENEFICENTE BOA NOVA
Av. Porto Ferreira, 1031, Parque Iracema. CEP 15809-020
Catanduva-SP.
Contatos: (17) 3531-4444 | (17) 99777-7413 (WhatsApp)
E-mail: boanova@boanova.net
Vendas on-line: https://www.livrarialeal.com.br

Dados Internacionais de Catalogação na Publicação (CIP)
(Catalogação na fonte)
BIBLIOTECA JOANNA DE ÂNGELIS

F825	FRANCO, Divaldo Pereira. (1927) *Painéis da obsessão*. 10. ed. / Pelo Espírito Manoel Philomeno de Miranda [psicografado por] Divaldo Pereira Franco. Salvador: LEAL, 2024. 320 p. ISBN: 978-85-8266-123-9 1. Espiritismo 2. Psicografia 3. Obsessão I. Franco, Divaldo II. Título CDD: 133.93

Bibliotecária responsável: Maria Suely de Castro Martins – CRB-5/509

DIREITOS RESERVADOS: todos os direitos de reprodução, cópia, comunicação ao público e exploração econômica desta obra estão reservados, única e exclusivamente, para o Centro Espírita Caminho da Redenção. Proibida a sua reprodução parcial ou total, por qualquer meio, sem expressa autorização, nos termos da Lei 9.610/98.
Impresso no Brasil | Presita en Brazilo

Sumário

Painéis da obsessão   7
Página do Dr. Bezerra de Menezes –   15
Francisco Xavier

1. Provação necessária   17
2. Reencontro e dor   23
3. Compromissos e moratória   29
4. Resgate necessário e urgente   37
5. Técnica de sobrevida   43
6. Reflexões e comentários   51
7. Sementes da insensatez   57
8. Reencarnação – dádiva de amor   67
9. Recomendações e advertências valiosas   77
10. Reflexos do passado na personalidade   85
11. Medidas profiláticas para obsessões   93
12. Providências inesperadas   103
13. O despertar de Maurício   117
14. Defesa e livre opção   129
15. Trama do ódio   135
16. Causas ocultas do infortúnio   143

17.	Desencarnação e vampirismo	155
18.	Maurício desperta	167
19.	Programa de evolução	173
20.	Processo desobsessivo	181
21.	Providências para o êxito	187
22.	Recomeço das tarefas	193
23.	Campo novo de ação	201
24.	Obsessão sutil e perigosa	209
25.	Prognósticos sombrios	223
26.	Socorros espirituais relevantes	237
27.	A recidiva de Argos	249
28.	Providências de emergência	261
29.	Assistência e responsabilidade	277
30.	Tumulto perigoso	285
31.	Gravames na obsessão	293
32.	O retorno de Felipe	301

PAINÉIS DA OBSESSÃO

Na raiz de todas as enfermidades que sitiam o homem, encontramos, no desequilíbrio dele próprio, a sua causa preponderante.
Sendo o Espírito o modelador dos equipamentos de que se utilizará na reencarnação, desdobra as células do zigoto sobre as matrizes vibratórias do perispírito, dando surgimento aos folhetos blastodérmicos que se encarregam de compor os tubos intestinal e nervoso, os tecidos cutâneos e todos os elementos constitutivos das organizações física e psíquica. São bilhões de seres microscópicos, individualizados, trabalhando sob o comando da mente, que retrata as aquisições anteriores, na condição de conquistas ou dívidas, que cumpre aprimorar ou corrigir. Cada um desses seres que se ajustam perfeitamente aos implementos vibratórios da alma emite e capta irradiações específicas, em forma de oscilações eletromagnéticas, que compõem o quadro da individualidade humana...

Em razão da conduta mental, as células são estimuladas ou bombardeadas pelos fluxos dos interesses que lhe aprazem, promovendo a saúde ou dando gênese aos desequilíbrios que decorrem da inarmonia, quando essas unidades em estado de mitose degeneram, oferecendo campo às bactérias patológicas que se instalam vencendo os fatores imunológicos, desativados ou enfraquecidos pelas ondas contínuas de mau humor, pessi-

mismo, revolta, ódio, ciúme, lubricidade e viciações de qualquer natureza que se transformam em poderosos agentes da perturbação e do sofrimento.

No caso dos fenômenos teratológicos das patogenias congênitas, encontramos o Espírito infrator encarcerado na organização que desrespeitou, impunemente, quando a colocou a serviço da irresponsabilidade ou da alucinação, agora recuperando, de imediato, os delitos perpetrados, mesmo que em curto prazo expiatório.

Problemas de graves mutilações e deficiências, enfermidades irreversíveis surgem como efeitos da culpa guardada no campo da consciência, em forma de arrependimentos tardios pelas ações nefastas antes praticadas.

Neste capítulo, o das culpas, origina-se o fator causal para a injunção obsessiva. Daí, só existem obsidiados porque há dívidas a resgatar.

A obsessão resulta de um conúbio por afinidade de ambos os parceiros.

O reflexo de uma ação gera outro reflexo equivalente. Toda vez que uma atitude agride, recebe uma resposta de violência, tanto quanto, se o endividado se apresenta forrado de sadias intenções para o ressarcimento do débito, encontra benevolência e compreensão para recuperar-se.

A culpa, consciente ou inconscientemente instalada no domicílio mental, emite ondas que sintonizam com inteligências doentias, habilitando-as a intercâmbios mórbidos.

No caso específico das obsessões entre encarnados e desencarnados, estes últimos, identificando a irradiação enfermiça do devedor, porque são também infelizes, iniciam o cerco ao adversário pretérito, através de imagens, mediante as quais fazem-se notados, não necessitando de palavras para serem percebidos, insinuando-se, com insistência, até estabelecerem o intercâmbio que passam a comandar...

De início, é uma vaga ideia que assoma, depois, que se repete com insistência, até insculpir no receptor o clichê perturbante que dá início ao desajuste grave.

Em razão disso, não existe obsessão apenas causada por um dos litigantes, se não houver sintonia perfeita do outro.

Quanto maior for a permanência do intercâmbio com o hospedeiro *domiciliado no corpo – e entre encarnados o fenômeno é equivalente –, mais profunda se tornará a indução obsessiva, levando à alucinação total.*

É nessa fase, em que a vítima *se rende às ideias infelizes que recebe, a elas se convertendo, que se originam os simultâneos desequilíbrios orgânicos e psíquicos de variada classificação.*

A mente viciada e aturdida pelas ondas perturbadoras que capta do obsessor perde o controle harmônico, automático sobre as células, facultando que as bactérias patológicas proliferem, dominadoras. Tal inarmonia propicia a degenerescência celular em forma de cânceres, tuberculose, hanseníase e outras doenças de etiopatogenias complexas, que a Ciência vem estudando.

Só a radical mudança de comportamento do obsidiado resolve, em definitivo, o problema da obsessão.

Suicídio e Obsessão

Sem que desejemos encontrar responsáveis diretos pelas desditas que desabam sobre a criatura humana, justo é considerarmos a alta carga de compromissos infelizes com que arca o Materialismo, na atual conjuntura moral e social do planeta.

Negando os valores éticos, relevantes da vida, incita ao imediatismo do prazer a qualquer preço e, conformando o utilitarismo como solução para os problemas gerais, tira do Espírito os estímulos da coragem nobre, facultando o desbordar das paixões violentas, que irrompem alucinadas, em caudais de revolta e desajuste.

Da vida somente preconizando a utilização da matéria, estabelece a guerra pela conquista do gozo, de que o egoísmo se faz elemento essencial.

Quando faltam os recursos para os cometimentos que persegue, arroja o homem ao crime, em razão de assentar os seus valores no jogo das coisas a serem conquistadas, aumentando as frestas das competições insanas, nas quais a astúcia e a deslealdade assumem preponderância em forma de comportamento do ser.

Obviamente, existem pessoas que militam nas hostes do Materialismo e mantêm uma filosofia existencial digna, tanto quanto uma estrutura ética respeitável.

Referimo-nos à Doutrina, em si mesma que, anulando as esperanças da sobrevivência, abrevia as metas da vida, retirando as resistências morais diante do sofrimento e das incertezas, dos acontecimentos desastrosos e das insatisfações de vária gênese.

Desarmado de recursos otimistas e sem esperança, o homem não vê alternativa, senão a do mergulho da consciência nas águas torvas do suicídio nefasto, quando chamado a testemunhos morais para os quais está despreparado.

Não apenas isto ocorre, quando o homem estabelece, para o seu comportamento, uma estrutura materialista trabalhada pelo estudo numa reação psicológica contra os postulados religiosos que não abordam ou não enfrentam os problemas graves da vida com os argumentos da razão e da lógica, ainda apelando para a fé destituída de discernimento e de conteúdo científico.

Incluímos, também, os que, desestruturados por fatores sociais, culturais, econômicos e emocionais, embora catalogados como membros de qualquer Igreja, deixam-se conduzir por atitudes negadoras, em franco processo de entrega materialista. Frágeis, emocionalmente, em presença de qualquer desafio tombam e diante de qualquer infortúnio desfalecem. Não se dão ao trabalho de reflexionar sobre as finalidades da existência física, vivendo, não raro, em expressões de primarismo automatista das necessidades primeiras, sem mais altos voos do pensamento ou da emoção...

Outra larga faixa dos homens se encontra em vinculação com o processo revolucionário do momento, em que filosofias apressadas e doutrinas ligeiras empolgam os novos aturdidos fiéis, para logo os abandonar sem as bases sólidas de sustentação emocional, com que enfrentariam as inevitáveis vicissitudes que fazem parte do mecanismo da evolução de todos os aprendizes da escola terrena.

Sem os exercícios da reflexão mais profunda, nem os hábitos salutares da edificação do bem em si mesmos, sem a constante da prece como intercâmbio de forças parafísicas, derrapam nas atitudes-surpresa, avançando para o alçapão mentiroso do suicídio. E o fazem de um salto, quando excitados ou em profunda depressão, ou logram alcançá-lo mediante o largo roteiro da alienação em quadros neuróticos, psicóticos, esquizofrênicos...

A princípio, o processo, porque instalado nas matrizes da personalidade em decorrência de vidas passadas que foram malogradas, apresenta predisposições que se concretizam em patologias dominadoras, abrindo brechas para as invasões psíquicas obsidentes que se vulgarizam e alastram, dando lugar a uma sociedade ansiosa, angustiada, assinalada por distonias graves...

Não desconsiderando os fenômenos de compulsão suicida, de psicoses profundas que afetam as estruturas da personalidade, pululam os intercursos obsessivos em verdadeiras epidemias que ora grassam, alarmantes...

A princípio, manifestam-se como uma ideia que se insinua; doutras vezes, são um relâmpago fulgurante na noite escura dos sofrimentos, como solução libertadora.

Posteriormente, fazem-se fixação do pensamento infeliz que se adentra, dominando os painéis da mente e comandando o comportamento, assomando em configuração de ser, o autocídio, a melhor atitude, mais correta solução ante problemas e desafios.

Com o tempo, desaparece a polivalência das conjecturas, surgindo o monoideísmo, em torno do qual giram as demais aspirações que cedem lugar ao dominador psíquico, agora senhor da área do raciocínio que se apaga, para dar campo ao gesto tresvariado, enganoso, sem retorno...

A obsessão é clamorosa enfermidade social que domina o moderno pensamento, que desborda do império de fatores dissolventes, elaborados pela mecânica do materialismo disfarçado de idealismos voluptuosos que incendeiam mentes e anestesiam sentimentos.

A reflexão e o exame da sobrevivência do Espírito, o posicionamento numa ética cristã, o estudo da ciência e filosofia espíritas, constituem seguras diretrizes para conduzir a mente com equilíbrio, preservando as emoções com as quais o homem se equipa em segurança para o prosseguimento na escalada da evolução.

Conflitos, que todos trazemos de ontem *como das experiências de* hoje, *fazem parte da área de crescimento pessoal de cada Espírito, devendo ser liberados através da ação positiva, diluídos no bem, sublimados pelas atividades do idealismo superior antes que constituam impedimentos ao avanço, freio no processo de crescimento, amarra constritora ou campo para a fixação de ideias obsessivas, de que personalidades perversas do Mundo espiritual se utilizam para o comércio ultor da loucura e do suicídio lamentável...*

Cada suicida em potencial necessita, é certo, de apoio fraternal, terapia espiritual, compreensão moral de quantos o cercam e assistência médica especializada. No entanto, considerando a gravidade do problema que avulta, ao paciente compete a parte mais importante e decisiva, que é, de início, a mudança de atitude mental perante a vida e, logo, o esforço por melhorar-se moralmente, metodologia esta, com que se elevará acima das vibrações deletérias, liberando-se da ação dos Espíritos enfermos, perturbados e perturbadores que enxameiam na psicosfera da Terra de provas e expiações, no seu processo de regeneração.

Feito de painéis que retratam obsessões, este livro resume diversos estudos sobre essa palpitante questão, especialmente procurando demonstrar como, ao lado do desequilíbrio emocional causado pelos perturbadores do Além-túmulo, a tuberculose mais facilmente se manifesta em razão do bombardeio sofrido pelos macrófagos, degenerados pela contínua ação mental leviana do próprio paciente e, também, decorrente da intoxicação por sucessivas ondas mentais desagregadoras do seu perseguidor, favorecendo, assim, a instalação e virulência do bacilo de Koch, com as consequências compreensíveis em quadro de tal natureza.

Outrossim, examinamos ocorrências variadas, nas quais a obsessão se encontra presente, bem como as técnicas e terapias espirituais aplicadas, nem sempre aceitas ou assimiladas pelos enfermos de ambos os lados da vida.

Embora as personagens centrais da narrativa fossem conhecedoras da Doutrina Espírita, não deixaram de tombar nas ciladas que lhes foram armadas pelos inimigos, nem naquelas outras por si próprias estabelecidas.

A crença racional e o conhecimento são fatores muito poderosos, quando o indivíduo que se habilita aos mesmos está honestamente resolvido a vivê-los.

Saber, apenas, não representa recurso de imunização, se aquele que conhece não se resolve por aplicar, na vivência, as informações que possui.

Fazemos votos de que estas páginas encontrem ressonância nos que padecem de obsessões, auxiliando-os a desvencilhar-se da cruel ocorrência, ao mesmo tempo em que possam contribuir com algum subsídio útil aos que as estudam, no que diz respeito ao concurso dos abnegados instrutores espirituais, *que trabalham afanosamente em prol do progresso da criatura humana e do planeta que nos serve de domicílio e oportunidade de crescimento interior.*

Agradecendo ao Terapeuta Divino e ao codificador do Espiritismo pelas excelentes diretrizes que nos ofereceram para a aquisição e preservação da saúde integral, rogamos as bênçãos de Deus para todos nós, conscientes de havermos feito o melhor ao nosso alcance, embora reconhecendo a existência de muitas falhas no trabalho que apresentamos.

Salvador, 6 de junho de 1983.
Manoel P. de Miranda

Caro Divaldo:

O senhor nos abençoe. Os painéis da obsessão, pintados artisticamente por nosso estimado amigo Manoel Philomeno de Miranda assemelham-se a chapas radio

(Página psicografada pelo médium Francisco Cândido Xavier, na sessão pública da noite de 30.07.1983, no Grupo Espírita da Prece, em Uberaba, MG).

1

PROVAÇÃO NECESSÁRIA

Amanhecia lentamente. Embora a primavera já trouxesse o verde luxuriante e as plantas ornamentais se encontrassem exuberantes, ainda se demorava uma teimosa névoa, tentando impedir a presença do Sol.

O imenso hospital se localizava em região privilegiada, onde o ar puro da Serra da Mantiqueira beneficiava os pacientes que estertoravam sob as constrições da tuberculose pulmonar devoradora.

Podia-se dizer que a paisagem de glicínias e agapantos, rica de rosais perfumados e adornada de sebes floridas, de hortênsias azuis e róseas, era uma dádiva de Deus aos aflitos da Terra, cujos organismos vencidos pelo bacilo de *Koch*, perdiam-se em conflitos alucinantes.

A célebre *peste branca* ainda ceifava incontáveis vidas que lhe tombavam inermes, constituindo um verdadeiro flagelo sobre a Humanidade, conforme continua a suceder...

Ao lado do desconforto, das dores lancinantes, das alternâncias da febre e do frio, da asfixia contínua e das hemoptises sufocantes havia, nos doentes, todo um somatório de rebeldia e insatisfação, ao lado dos instintos da lubricidade açulada em campeonatos de depressão...

Argos era jovem e fora colhido pela insidiosa enfermidade que se alastrara nos pulmões enfraquecidos, logo após o matrimônio.

A presença do mal pernicioso já se lhe fizera notada, no entanto, moço ambicioso e inquieto, enfrentara o compromisso conjugal sem as necessárias reservas do equilíbrio, ocultando à futura esposa o problema que já o minava, sendo, logo após, vencido pela voragem da moléstia que, de pronto, o prostrou, levando-o ao recolhimento do sanatório.

Todas as providências e a terapêutica aplicada redundavam inócuas.

Dia a dia o organismo parecia diluir-se sob as reações voluptuosas do bacilo em terrível multiplicação.

Semimorto, era tomado, de espaço a espaço, por torrentes hemópticas que mais o depereciam, predispondo-o a uma parada cardíaca ou à cruel asfixia irreversível.

A assistência carinhosa da esposa, que o auxiliava em enfermagem piedosa ao lado das religiosas e dos funcionários do sanatório, minorava-o moralmente, sem que os métodos em voga, especialmente a técnica do pneumotórax, que se encarregava de dilatar a pleura, comprimindo a parte afetada da câmara pulmonar, dessem o resultado esperado.

Nesse clima de aflição, o médico recomendara a cirurgia de emergência para eliminar o pulmão perdido pelos fulcros cavernosos, numa audaciosa tentativa de prolongamento da vida física.

O prognóstico envolto em perspectivas fatais fez que Argos orasse como desde há muito não procedia, com excelente unção e fervor de que se deixava possuir.

Não era um leigo em matéria religiosa.

Conhecera as lições do Espiritismo num grupo juvenil, na sua cidade natal.

O encontro com a Revelação codificada por Allan Kardec produzira-lhe um impacto salutar e conseguira sensibilizá-lo em profundidade.

A mente absorvera as lições sobre a filosofia da reencarnação, o que lhe propiciou entender as tormentosas indagações que lhe demoravam na mente.

A sua vida, embora de curta duração até aquele momento, fora assinalada por caprichosas injunções do destino: nascera num lar de lutas e em terra adusta, onde a miséria econômica do povo disputava com a aridez do solo; provara a orfandade desde cedo e, apesar de sentir-se atraído pela riqueza, pelo poder e experimentar, no imo, a presença de desencontradas emoções, fora constrangido a sorver a taça de amarguras e dificuldades que o revoltavam sem poder extravasar.

Meditando a respeito da própria situação, via a inexorável presença de uma força superior que o disciplinava, por motivos que então lhe escapavam...

A doença pertinaz era o ápice das suas provações. Não poderia saber se decorrente de uma herança ancestral pela família ou se fruto das deficiências alimentares que o privaram da saúde durante a infância e a adolescência.

Certo é que, ao fruir da felicidade conjugal, a sorrateira dilaceração dos tecidos adicionara às antigas, outras mais novas amarguras.

O espectro da cirurgia, cuja probabilidade de êxito era reduzida, a preocupação em deixar viúva e jovem a esposa amada trucidavam-lhe a mente e esmagavam-lhe o coração.

Assim, a noite fora longa e inquieta, não obstante o sedativo preparatório para o tratamento cirúrgico previsto para o dia imediato.

O Espírito não se lhe desligara da matéria pelo sono reparador, desde que todas as aflições, em caleidoscópio sombrio, impregnaram-lhe a consciência com os clichês de angústia e medo, que lhe impossibilitaram o entorpecimento da razão.

Havia, porém, no quadro, outros fatores de ordem parafísica, como teremos ensejo de constatar.

Desse modo, o amanhecer lento não facultara a Argos identificar a beleza da luz em vitória sobre a noite, além do retângulo da janela aberta em par, na direção do jardim em festa de perfume e cor.

Outros enfermos que se encontravam na ampla sala de terapia padeciam, igualmente, as circunstâncias dolorosas das provações que lhes pesavam na economia da evolução.

Reduto de reparações espirituais e de aprimoramento moral, nem sempre vitoriosos, a Casa de Saúde reunia antigos estroinas e delinquentes portadores de vários delitos, sob a inexorável presença da dor, moldando-os e trabalhando-os para futuros cometimentos. Todavia, as blasfêmias, os ódios, as revoltas, as perseguições e animosidades, criavam ali uma psicosfera de sombra e desdita que, não fosse a presença de abnegados benfeitores espirituais vigilantes em ação de socorro e caridade, transformaria em caos e cenário de *justas* lamentáveis o abençoado reduto hospitalar.

Misturada à população física em aturdimento, havia chusmas de sofredores desencarnados em desalinho emocional, de recém-desligados do corpo que ignoravam o próprio estado, de perseguidores inclementes, em espetáculo deplorável de sofrimento e despautério.

Sem dúvida que luzia o Amor do Cristo, graças à contínua azáfama de religiosas abnegadas, esculápios e enfermeiros dedicados que se faziam instrumento de perseverantes mentores e Espíritos bons a contribuírem em favor dos internados, a fim de que se refizessem da problemática orgânica, adquirindo valores morais ou, ocorrendo a desencarnação, liberassem-se das torpes situações a que se deixavam arrojar em decorrência da conduta íntima.

Argos, sob a inquietação e o mal-estar da noite indormida, voltou a orar, enquanto aguardava a medicação preparatória para a pneumectomia, mediante a transferência para a sala especializada.

Pela cortina das lágrimas que lhe chegaram, sob a asfixia da respiração difícil e o balbuciar da prece contrita, entregou-se a Deus.

2

REENCONTRO E DOR

O grupo juvenil era álacre e idealista, descobrindo as belezas da vida ao contato da fé libertadora.

Constituía um setor de respeitável sociedade espírita, onde o esclarecimento e a orientação de segurança formavam a pauta dos deveres morais com vistas ao futuro.

O encontro confraternativo com outros companheiros fazia-se habitual, objetivando a permuta de experiências doutrinárias, a convivência edificante, o debate sadio dos programas de estudos em tentativas úteis de seleção dos melhores métodos de aplicação.

Áurea se deixara clarificar pela Doutrina Espírita, na qual hauria as alegrias que lhe acenavam felicidade e realização íntima.

De *alma cigana*, sonhava conhecer o mundo; alongar-se por terras distantes das quais sentia nostálgicas e inconscientes recordações; aprofundar conhecimentos e relações; dar asas às ambições de crescimento e experiências humanas.

Almejava conseguir emoções num mundo de largas conquistas, embora vivesse num burgo onde as possibilidades de evolução fossem pequenas.

Com esse estado de espírito, aguardava o seu momento. Interiormente, sabia que a vida lhe estenderia as mãos amigas, nem sempre ditosas, ao menos, em caráter socorrista.

Ao encontrar Argos, na festa de confraternização juvenil, o impacto foi imediato, levando-a a reflexões, nas quais buscava identificá-lo nos refolhos da memória.

Sentimentos desencontrados dominaram-na. De um lado, experimentou inaudito júbilo por perceber-se notada e mesmo estimada. De outra forma, um estranho receio assaltou-a, como se imagens diáfanas que se corporificavam em névoas, assomassem ameaçadoras, atemorizando-a com lembranças que não chegavam a delinear-se claramente num quadro de realidade...

Assim se iniciou, ou teve prosseguimento, o drama das duas almas que restabeleciam os vínculos na área da afetividade para o processo de justa reparação e de progresso que se fazia inadiável.

No curso dos dias, a correspondência e os reencontros dos jovens sob o beneplácito dos pais de Áurea – à exceção da genitora que percebia algo de estranho e perturbador no futuro genro – resultaram que fosse anunciado o noivado e, mais tarde, consumada a boda.

Alegrias e festas singelas, transferência de domicílio enriqueceram a jovem que parecia haver conquistado o primeiro patamar da escada das suas aspirações.

Ainda vivia os róseos dias do matrimônio em júbilo, quando a enfermidade sorrateira e dominadora que lhe vencia o esposo, veio à tona, voluptuosa e cruel.

À época, a tuberculose constituía verdadeira peste, destruindo as vidas que lhe tombavam indefesas.

As modernas descobertas farmacológicas, substituindo velhas fórmulas, abriam perspectivas promissoras; sem embargo, a calamidade prosseguia com altas incidências obituárias.

A viagem à abençoada cidade serrana de Campos do Jordão fora feita sem maior delonga, graças à interferência de amigos afeiçoados, esses, abnegados trabalhadores da fraternidade, que sempre se encontram a serviço do bem.

Áurea, jovem e inexperiente, presa de tormentosas incertezas, passou a enfrentar o primeiro grande testemunho que a iria amadurecer para melhor entender a vida, despertando-a para as superiores finalidades da reencarnação.

No imo, a imensa frustração, quase mágoa, pelo comportamento do esposo que lhe ocultara o problema, sem conceder-lhe a opção de preservar a própria saúde, expondo-a a um contágio que, felizmente, não se consumou.

Argos, na sua formação moral egoísta, ambicionando o prazer, não conjecturara quanto ao sacrifício que impunha à pessoa a quem pensava amar.

Na Terra, o amor é, ainda, filho do imediatismo e dos interesses, nem sempre arrimado à nobreza dos sentimentos elevados, zelando pela criatura querida.

Mais servo da sensação do que amigo da emoção, faz-se o arquiteto de tragédias que despista com arremetidas sentimentaloides, evadindo-se quando mais dele se necessita.

A sadia fraternidade não medrando nos corações, como seria de desejar-se, responde pelo despreparo das criaturas para os cometimentos mais graves e nobres, dentre os quais o amor assume papel preponderante.

Áurea, no sanatório, procurou amparar o esposo enfermo, logrando gerar simpatias e conquistar amizades que lhe seriam de relevante utilidade durante todos os transes que deveria experimentar.

Embora a formação espiritista, na capela do hospital – único lugar de silêncio e propício à oração –, recolhia-se em homéricos solilóquios de prece, nos quais granjeava as forças hábeis para enfrentar as penas morais e físicas que a pungiam no suceder dos dias.

A par das afeições referidas, numa comunidade humana onde se mesclavam caracteres e temperamentos de vário porte, era natural que os valores da dignidade não fossem considerados com o respeito devido, como sói acontecer numa sociedade vinculada à fé religiosa, no entanto, de atitude materialista, utilitária e ambiciosa.

Áurea via-se assaltada por galanteios vulgares, pressões, e padecia a singular perseguição de pessoas levianas que equiparavam o alheio ao próprio comportamento moral inferior.

Não tendo a quem apresentar os conflitos que a dominavam, no Cristo confiava e aos bons Espíritos recorria, suplicando apoio e socorro para o esposo moribundo em largo processo de decomposição orgânica.

Religiosas gentis, que se entregaram à arte de auxiliar os enfermos por amor a Jesus, compreendiam-na e, inspiradas, emulavam-na à fé, à coragem, ao valor.

Assim, quando foi estabelecida a irrevogável necessidade de extração do pulmão direito de Argos, numa cirurgia de grande porte, ela compreendeu que o momento decisivo se avizinhava.

Painéis da Obsessão

O médico ouvira-a antes da definição, explicando-lhe a ocorrência e os riscos.

– *O pulmão direito* – informara o tisiologista – *é constituído por três lobos e, excepcionalmente, por quatro, o que não é o caso do nosso doente. Os alvéolos, encarregados da transformação do sangue venoso em arterial, graças à presença do oxigênio, em Argos encontram-se gravemente comprometidos, infestados pelos bastonetes de Koch, que os dilaceraram, produzindo as contínuas hemoptises. A técnica do pneumotórax, que objetivava impedir as contínuas hemorragias, não resultara positiva, em razão do avançado estado de desgaste do órgão. Somente a ablação total da câmara pulmonar poderia ensejar um prolongamento de vida física, agravado o problema em razão da bilateralidade da infecção danosa. No lado esquerdo, no entanto, ainda se poderia deter o curso da doença, caso Argos suportasse o tratamento cirúrgico de certa gravidade...*

Não lhe fora fácil a decisão, naquele momento.

– *O tempo de vida do seu esposo* – completara o médico – *é mínimo e não há razão para delongar-se a cirurgia.*

Sob o estigma do pior, Áurea não se conteve e anuiu, informando:

– *Que se faça tudo pela vontade de Deus* – prorrompendo em soluços e sendo emocionalmente auxiliada por Madre Teresa de Jesus, que acompanhava o diálogo em frente às radiografias de aspecto lamentável.

Desse modo, a anterior fora, igualmente, uma noite de sofrimento e angústia para ela.

Argos foi preparado pelo médico que lhe não forneceu maiores detalhes, perfeitamente dispensáveis, animando-o, no entanto, quanto a possibilidades de restabelecimento.

Os dois destinos enfrentavam o seu momento de dor reparadora e debatiam-se no corpo, em luta de superação das vicissitudes.

Longa é a noite da espera e sem claridade a vigília de quem aguarda chorando.

A conjuntura que surpreendeu os jovens nubentes era o desfecho de um drama que se arrastava pelo tempo, sem consumar-se ainda, por enquanto.

A existência física, na Terra, é um elo de imensa cadeia ligando a criatura à Vida ou faz-se um degrau na larga escada colocada rumo acima...

3

COMPROMISSOS E MORATÓRIA

Todo tratamento cirúrgico, embora configurando uma oportunidade para o paciente recuperar-se, é incursão delicada no organismo, cujos equipamentos têm a sua própria mecânica de reação, muitas vezes imprevisível.

A anestesia, por outro lado, não obstante as bênçãos de que se faz portadora, pode gerar consequências e sequelas não esperadas; qualquer descuido, portanto, pode ser fator de danos irreversíveis ou mesmo de morte indesejada.

Diante da séria terapia a ser aplicada em Argos, a equipe médica não ocultava a natural apreensão.

O tratamento cirúrgico seria de várias horas. Tendo-se em vista a debilidade orgânica do paciente como o avançado estado da enfermidade, as ensanchas de recuperação faziam-se mínimas. De esperar-se, portanto, o desenlace do enfermo no transcurso da ocorrência que se aplicava para salvá-lo.

Cuidadosamente levado o paciente ao centro cirúrgico e anestesiado, o médico responsável explicou, em rápidas palavras, à sua equipe, a técnica de que se iria utilizar para a ablação do pulmão direito, bem assim o que esperava encontrar, sugerindo algumas providências para eventual aplicação, em caso de emergência, como é perfeitamente compreensível.

Despertando da ação do forte anestésico de que fora objeto o corpo – em tais casos o Espírito encarnado vai atingido através dos delicados *tecidos* do perispírito –, Argos, demonstrando natural receio e aturdimento, observou a sala e os seus circunstantes, detectando a presença dos benfeitores espirituais que o amparavam naquele importante evento da sua existência.

A pouco e pouco, sob carinhoso concurso magnético de técnico em passes do nosso plano de ação, destacado para o mister, conscientizou-se do que acontecia, identificando a marcante presença da irmã Angélica, que dirige o grupo de cooperadores espirituais e, de certo modo, era fiadora da sua atual etapa reencarnatória...

Ante a entidade veneranda que lhe distendeu os braços acolhedores, o semidesligado companheiro procurou refúgio no sentimento maternal da mensageira, deixando-se vencer pelas lágrimas que lhe irromperam espontâneas, em catadupas.

A amiga benévola deixou-o refazer-se do impacto emocional e reconfortou-o com palavras de estímulo e encorajamento para o instante que não deveria ser malbaratado com desconcerto de qualquer natureza.

Reassumindo a posição de equilíbrio, apesar do tremor que o sacudia de quando em quando – efeito natural das sensações que o perispírito experimentava durante o cometimento operatório e eram transmitidas aos equipamentos do Espírito –, ouviu com atenção a abnegada orientadora.

– *Aqui estamos* – falou a irmã Angélica, sem rebuços – *para um estudo de intransferível urgência, no qual nos encontramos envolvidos...*

Fez uma ligeira pausa e, chamando o irmão Bernardo, que trazia algum material que não conhecíamos, pediu-lhe, com um gesto muito delicado, que explicasse o seu conteúdo.

O servidor atento desdobrou uma larga folha de papel e apresentou alguns gráficos, elucidando que se tratava de um organograma do corpo de Argos, apontando a presença da tuberculose pulmonar, programada antes do seu berço, em razão dos compromissos negativos que foram adquiridos em reencarnação relativamente próxima, na Boêmia, quando ali, sem motivo real, e mesmo que motivo houvesse, traiçoeiramente cravara um florete na região pulmonar de um desafeto, cujo corpo veio a perecer, em decorrência do crime que ficou impune, ignorado, exceto da sua e da consciência da vítima que, nos estertores da agonia final, entre golfadas sanguíneas e asfixia cruel, jurara desforço, vingança a qualquer preço.

Omitindo detalhes e adiantando as explicações, o irmão Bernardo adiu esclarecimentos sobre a existência posterior, que não fora tão bem sucedida como seria de desejar-se, detendo-se na atual, cujo término estava previsto para aquele dia, com possibilidades de prosseguimento através de generosa moratória, a depender das circunstâncias que seriam, no momento, examinadas.

Ao silenciar, a irmã Angélica, com muita calma e doçura, abordou os fatores necessários ao êxito do processo de ressarcimento espiritual, no qual Argos se encontrava incurso ao lado de Áurea...

— *Intercedemos diretamente* — aduziu, com segura inflexão de voz — *em favor do teu recomeço corpóreo, considerando as condições em que se dera o retorno à Pátria espiritual do filho querido, agora sob novo exame de realizações de inestimável significação...*

Atendendo aos teus anseios de renovação, não nos furtamos ao dever de interferir em teu favor, junto aos programadores das reencarnações, embora reconhecendo a precariedade das tuas forças morais e emocionais...

O passado de todos nós é pesada carga que nem sempre conseguimos conduzir como seria de desejar. Não raro, muitos reinícios de atividades para a redenção culminam em agravamento de débitos que somente as expiações lenificadoras conseguem ajustar mediante processos mais drásticos para o ser espiritual.

Prometeste lutar, na arena íntima, com todos os recursos ao teu alcance... Rogaste a claridade da fé, a fim de que dispusesses dos valores mais preciosos da vida, e anelaste pela presença de Áurea com quem deverás marchar, de modo que ambos cresçam para Deus e para a superação de vós próprios.

Esclarecido quanto à gravidade da empresa, informaste que não medirias esforços e, recordado daqueles que ficariam na retaguarda, desejosos de te atingir, reuniste argumentos para demonstrar que o teu amor venceria o ódio e o teu sacrifício superaria o orgulho, abrindo portas à comunhão fraternal.

Advertido quanto aos convites à insensatez e às veleidades, mediante amigos frívolos e invigilantes que te chegariam através do impositivo dos reencontros, te dispuseste a abraçar a cruz do trabalho, a usar a meditação para discernir e a prece para triunfar...

Chegamos ao momento decisivo da primeira etapa do teu programa de ascensão.

O amor escasso não te facultou evitar o agravamento da enfermidade cármica e a cirurgia se te impôs como medida recuperadora... A partir de então, maior soma de aflição e desconforto te chegará, para que te não olvides compromissos que te cumpre desenvolver. A dor será o teu sinal de libertação, e a deficiência orgânica te constituirá um motivo para te vinculares a nós outros, deixando-te sustentar nos tentames da elevação espiritual.

A nobre Angélica silenciou por um pouco, para logo prosseguir:

— *Não negamos que a tua vida dependerá de ti, de tuas ações, do teu estado mental. Amigos queridos e benfeitores na marcha terrena prontificaram-se a auxiliar-te com segurança, a partir de agora, neste segundo período de tua existência. Todavia, de ti dependerá a luta, definindo-te na ação do bom serviço, construindo o merecimento que te dará a couraça para enfrentar as pugnas cruas e surdas que virão...*

Saúde aparente não te credenciará a novas investidas na loucura, pois que será empréstimo divino, de cuja aplicação te serão pedidos os dividendos, tendo-se em vista os choques em que te verás comprometido. Não te será uma aventura ao país do prazer nem da inutilidade, antes uma viagem à escola de luz e de ação para granjear mérito e receber, com bondade, os inimigos que se te acercarão suplicando ajuda e amparo.

Argos não cabia em si de angústia e expectativa.

À medida que ouvia os conceitos enérgicos, apesar de enunciados com brandura, *recordava-se* dos naturais problemas que o assinalavam e *evocava* os sérios insucessos em que já tombara.

Mesmo assim, ante o silêncio que se fazia espontâneo, suplicou:

— *Benfeitora e mãe querida, embora eu reconheça não possuir qualquer mérito para pedir, já que não me caracterizo por nenhum crédito que possa apresentar, suplico prosseguimento na luta. Necessito, anjo bom de todos nós, investir tudo nesta oportunidade nova, preparando o futuro, que se me desenha convidativo. Jamais me senti tão confiante, após os ásperos anos da infância e os difíceis dias do começo juvenil. Encontrei a Doutrina Espírita que me explica a vida, como um Sol que me espocasse na noite mental a clarear-me por dentro. Compreendo a importância e a finalidade da reencarnação, sei do benefício da dor e, por isso, não rogo saúde, nem posição de destaque, antes suplico que me não sejam regateados testemunhos que me curvem a cerviz, nem frustrações que me concitem à reflexão, anelando pelo serviço de Jesus, no qual me resguardarei do mal que teima em permanecer no meu íntimo... Reencontrei Áurea, que me acena esperança e em quem desejo localizar refúgio e paz na afetividade, acalmando-me... Agora que a vida me faculta ver melhor e entender os meus próprios erros, bendiria prosseguir no corpo, limitado que seja, o qual transformarei num santuário... Se a paternidade me honrar as horas, terei alcançado o momento máximo e não trepidarei em imolar-me, superando-me em dedicação ao Cristo Libertador...*

Não pôde prosseguir.

A emoção dominou-o, quase o convulsionando, não fosse a providencial ajuda de Bernardo, mentalmente convidado ao socorro pela venerável Angélica.

— *O livre-arbítrio, meu filho* — expôs a entidade sábia —, *responde pelo crescimento do Espírito, desde que não interfira no determinismo das Leis Soberanas, tanto quanto estas não se impõem sobre aquele, em violência de ação...*

Terás o teu pedido deferido pelos maiores da Espiritualidade e novo reforço de energia te será aplicado ainda hoje, à noite, quando passem estas horas de traumatismo orgânico.

Não acreditamos que a paternidade sanguínea esteja nos planos atuais, não obstante, outros filhos necessitados de socorro, quanto tu deles, para o teu próprio bem, te chegarão como aves tombadas do ninho, anelando por carinho e esclarecimento, educação e amor, em cuja tarefa Áurea igualmente está incursa, e que não pode ser postergada, nem deixada à margem, à indiferença ou ao desprezo...

Cuidado, porém, meu filho, porquanto muito se pedirá a quem muito for dado, *conforme a recomendação de Jesus.*

Não te serão regateados os socorros, todavia, esperamos que saibas corresponder aos juros, porque os dias de borrasca irrompem sem aviso prévio, e é durante a aparente saúde que a doença se insinua, desencadeando o seu sucessivo movimento de desgaste e aflição. Volveremos a encontrar-nos. Agora, repousa.

Bernardo aplicou energias calmantes e Argos, em Espírito, adormeceu.

A cirurgia prosseguia.

A câmara pulmonar acabava de ser extirpada e depositada no balde de resíduos. Era uma esponja rasgada à violência, apresentando os singulares danos produzidos pelo bacilo voraz e impenitente.

Nesse momento se iniciavam as técnicas plásticas corretivas e as suturas internas, em preparativos para a finalização.

Apresentando sinais de cansaço, o coração fora atendido com estimulantes e adrenalina, e medidas hábeis haviam sido tomadas para manter-se pressão arterial ora em deficiência.

Quando foi concluído o tratamento cirúrgico, haviam-se passado várias horas.

À saída, na parte externa do centro cirúrgico, o Dr. Vasconcelos encontrou Áurea ansiosa, que o olhou com indefinível interrogação.

O médico gentil respondeu-lhe, pondo-lhe a mão espalmada sobre o ombro:

– *De nossa parte, filha, tudo bem. Agora é com Deus. Aguardemos!*

4

RESGATE NECESSÁRIO E URGENTE

O Dr. Vasconcelos era um homem de caráter que enrijara as fibras morais no culto dos deveres retos. Sem uma religião definida, portava-se em todas as situações como um verdadeiro cristão, embora desrotulado e sem qualquer compromisso direto com a fé... Houvera acumulado várias dúvidas diante da ortodoxia religiosa e, em face dos seus compromissos médicos, tivera ensejo de conhecer os conflitos de muitos que se vinculam às crenças religiosas, enquanto tudo lhes sorri promessas de prazer, mudando de atitude ante o sofrimento, a doença...

O médico é, também, um *confessor* que ouve e penetra na vida dos pacientes.

O seu tirocínio intelectual rebelava-se contra os dogmas que lhe feriam a razão, e a aceitação bíblica, pura e simples, agredia-lhe a lucidez cultural. Resolvera, por isso mesmo, desligar-se dos grilhões tradicionais e crer segundo as suas próprias concepções. Admitia o Criador do Universo e a indestrutibilidade da vida, bastando-lhe esses fundamentos para estruturar uma conduta digna, fiel ao juramento de Hipócrates, cujo conteúdo vivia.

Essa forma de ser granjeara-lhe excelentes amigos e fizera-o ser respeitado pelos colegas, ao que somava a capacidade de tisiologista respeitável e responsável.

Com esses títulos de enobrecimento moral, tornara-se dúctil à inspiração antes de definir-se pela pneumectomia, quando do agravamento do estado geral de Argos.

Embora não costumasse orar, conforme os moldes comuns, sempre reflexionava sobre a vida e os seus intrincados e complexos mecanismos, o que não deixava de ser uma forma especial de ligar-se com as Fontes Divinas. Considerando o paciente como um ser necessitado de amor, não se permitira profissionalizar, a ponto de ficar indiferente ante os problemas daqueles que lhe recebiam os serviços valiosos.

Com tal disposição interior e sensibilizado pelo drama do seu jovem cliente, fez-se instrumento maleável à ajuda de dedicados médicos desencarnados que atuam ao lado dos facultativos dignos, contribuindo para os resultados exitosos dos seus tentames.

A irmã Angélica providenciou a cooperação de antigo médico paulista, que estudara a tuberculose, oferecendo um expressivo contributo no combate à sua insidiosa destruição de vidas orgânicas.

O Dr. Arnaldo Lustoza, em Espírito, conseguiu manter com o colega encarnado uma perfeita identificação, o que redundou em sucesso a técnica de extirpação pulmonar.

A mediunidade, inconscientemente exercida na Terra, funciona em escala ampla e contínua, muito mais do que se pensa ou do que notam as criaturas.

O *mundo mental*, constituído de ondas que se movimentam em faixas vibratórias específicas, faculta a sintonia daquelas outras da mesma frequência, facilitando a identificação entre as criaturas, no mundo físico, destas com os desencarnados e entre esses últimos.

Durante o ato cirúrgico, momentos havia em que dificilmente se poderia distinguir quem operava Argos: se o Espírito Dr. Arnaldo ou se o abnegado Dr. Vasconcelos, ambos em perfeita união mental e em atos bem coordenados.

Quando foi concluído o labor exaustivo, à semelhança das palavras do médico gentil a Áurea, o nosso companheiro informou à mentora que tudo fora realizado conforme o programa adredemente estabelecido e que as *matrizes* perispirituais, que propiciaram a irrupção e virulência da enfermidade, foram, por sua vez, igualmente reequilibradas, no transcurso da cirurgia, faltando apenas as providências que seriam tomadas conforme se aguardava para logo mais.

A irmã Angélica agradeceu ao médico divino, sinceramente comovida, e estabeleceu que às 2h da manhã seguinte se daria prosseguimento às demais realizações salvadoras.

De minha parte, quedei-me a meditar em torno da sabedoria das Leis que regem a vida.

Verificava, mais uma vez, a excelência do amor e a sabedoria dos desígnios superiores.

Médicos e enfermeiros, assistentes sociais e voluntários, religiosos dedicados que se entregam às tarefas mais sacrificiais em sanatórios dos males de *Hansen*, de *Koch* e de outras baciloses violentas sem que o contato demorado com os pacientes lhes cause qualquer contágio, adquirem resistências imunológicas, enquanto outros, que não convivem com portadores de inumeráveis moléstias, de um para outro momento fazem-se vítimas das vigorosas doenças que lhes exterminam o corpo, em razão de se encontrarem no *mapa cármico* de cada um as condições propiciatórias para que se lhes manifestem os males que merecem e de que necessitam em razão dos delitos praticados e que são atenuados pela misericórdia do Senhor, já que o amor é mais poderoso do que a justiça, que por aquele se faz comandada.

Movimentando-me no sanatório superlotado de doentes com o Dr. Arnaldo, examinamos, sob a sua acurada percepção, alguns deles e detivemo-nos, especialmente, nos que mais nos chamaram a atenção.

— *Este enfermo* — indicou-me, o amigo, um senhor de meia-idade, que se debatia sob hemoptise expressiva — *é antigo senhor de escravos, que então se comprazia em fazer justiça com as próprias mãos, havendo, ele mesmo, afogado diversos infelizes que lhe caíram sob o jugo, nas águas do velho Rio Paraíba... Agora, aqui está, expungindo pela enfermidade e, no transe que experimenta, sofre a pressão de alguns inimigos mais diretos que não conseguiram perdoá-lo, apesar de transcorridos quase cento e oitenta anos desde que deixou a carcaça carnal pela última vez na Terra.*

Despertou-me a atenção, porém, a presença de uma nobre entidade, com as características trazidas das terras africanas, que procurava amparar o enfermo, ao mesmo tempo, intentando falar, com infinita bondade, com um adversário de fácies congestionada, a locupletar-se nas emanações do sangue da vítima expelido aos borbotões.

Sensibilizado pela entidade e chocado pelo irmão vingador, eu ia formular uma indagação, quando o Dr. Arnaldo me elucidou:

— *A senhora é a genitora do infeliz perseguidor. Haviam sido ambos vendidos ao nosso amigo, que os separou, colérico, no primeiro dia, objetivando maltratá-los pelo simples prazer de atormentá-los. A mãe, calejada no eito da escravidão, su-*

portou a prova de ver o filho distanciado da sua dedicação e entregou-se a Deus, doando-Lhe, também, o seu rebento. O jovem, no entanto, que contava menos de dezoito anos, tomou-se de rancor pelo algoz, dispondo-se a vingar-se... Logo percebeu a onda de ódio que dominava a senzala e, sem a experiência dos anos e do sofrimento, tramou uma conspiração que foi denunciada, vindo a cair na própria armadilha.

O Dr. Arnaldo fez significativa pausa, para logo prosseguir:

— Passara-se menos de um ano que ele se encontrava na fazenda de cana, tombando, lamentavelmente, nas malhas da invigilância. O amo impiedoso mandou prendê-lo ao mourão e determinou que se lhe buscasse a mãe que servia em terras próximas. Diante da sofrida criatura, pôs o feitor a chibatear o fogoso rapaz, até que desmaiasse. Em cada desfalecimento exigia que se lhe aplicasse água com salmoura nas carnes rasgadas do dorso nu, fazendo-o retornar para, por fim, quando as forças já se haviam esvaído, afogá-lo no rio tranquilo, atirando o quase cadáver sobre as águas que o levaram.

Pode-se imaginar a angústia e a dor superlativas dessa mãe, que se sobrepôs a tudo e perdoou, mantendo a certeza íntima, na sua humildade e ignorância, não obstante, de que deveria haver razões que ela desconhecia, porém válidas, e que, num lugar que não sabia aonde, voltaria a encontrar o filho e ambos seriam felizes...

Quase dois séculos depois, em face da estrutura das Leis Divinas e das afinidades do amor como do ódio, ei-los reunidos novamente, embora em situações diferentes: o adversário sofre a sandice que se permitiu; o filho enlouquecido trabalha pela vingança, e ela, em luta de sacrifício para diminuir os efeitos da desgraça do jovem, esforça-se por alcançá-lo e libertá-lo do terrível, injustificado desforço a que se propôs.

— *E logrará êxito?* — indaguei, vivamente interessado.

— *Sim* — redarguiu, paciente —, *dependendo do que consideremos como sendo êxito. O enfermo desencarnará, porque o seu avançado estado de desgaste é irreversível, mas ela, por amor, conseguirá diminuir a gravidade do desditoso cometimento filial, arrebatando-o para a renovação e recambiando-o ao renascimento carnal futuro, quebrando, assim, o círculo vicioso das contínuas desgraças.*

— Acredito — propus, sensibilizado — *que a mãezinha já era portadora de altos créditos, mesmo quando do período em que padecera a escravidão, não é verdade?*

— *Não há dúvida!* — respondeu com conhecimento de causa. — *Ela aceitou a reencarnação no corpo de uma escravizada, a seu pedido, para ressarcir antigo débito e ajudar o filho, que fora partícipe, digamos melhor, causa do deslize em que ela se comprometera... Esta a razão de como recebeu a prova difícil, descendo para alcançar os valores de que ora se exorna, embora a sua felicidade somente se dará quando libere o ser que ainda não lobrigou vê-la, tal a faixa vibratória inferior em que se detém.*

Havia material para reflexões muito demoradas naquele caso.

Visitamos outros doentes na mesma enfermaria e cada qual era uma lição viva que procurávamos insculpir na alma, aprendendo e compreendendo a utilidade de todo momento que deve ser aproveitado sabiamente, com o que se beneficia aquele que atua com correção.

Antes de sairmos da ampla sala, o Dr. Arnaldo convidou-me à oração em benefício de todos, ao que anuí de boa mente, e, porque o tempo urgisse, fomos ao encontro da equipe para a terapia espiritual em Argos.

5

TÉCNICA DE SOBREVIDA

Argos tivera um pós-operatório dolorido, como se há de compreender, em se considerando a extensão da cirurgia. Advieram-lhe os efeitos colaterais, martirizando-o, o que propiciou ao médico gentil mantê-lo sedado por um prazo mais longo.

Retirado do centro cirúrgico, foi conduzido à unidade de terapia intensiva (UTI), onde ficou sob cuidados especiais.

Tranquilizada pelo facultativo, Áurea, por sua vez, pôde retornar ao lar onde se hospedava para algum necessário repouso.

Por telefone acompanhou a convalescença do esposo, através das enfermeiras e religiosas cuja afeição conquistara.

Conforme ficara estabelecido, à hora aprazada reunimo-nos ao grupo que se encarregaria de proporcionar os recursos para a moratória outorgada ao enfermo.

Após as primeiras palavras de esclarecimento sobre o que iria realizar, a irmã Angélica convidou-nos a seguir à UTI de onde conduziríamos à nossa Esfera de ação o companheiro desdobrado em Espírito.

Encontramo-lo imanado ao corpo, igualmente entorpecido pelos fortes anestésicos.

A benfeitora aplicou-lhe passes longitudinais, detendo-se mais na área do epigástrio e, em poucos segundos, ele se exteriorizava, denotando as sensações traumatizantes que o ato produzira no corpo, alcançando os *tecidos* sutis do Espírito pelo processo automático da ação-reação.

Sob o comando da nobre entidade, saímos, e, chegando à área ajardinada, utilizando-nos da volitação, demandamos nosso campo de atividades.

Amparado pelo Dr. Arnaldo e pelo nosso técnico de passes, Argos foi conduzido sem dar-se conta da ocorrência.

Quando chegamos ao local de destino, fomos recebidos pela equipe especializada no socorro programado, indo todos para uma ampla e agradável sala onde não havia a monotonia das linhas arquitetônicas, nem os instrumentais hospitalares da Terra...

Era a primeira vez em que eu, pessoalmente, deveria tomar parte numa providência grave de tal natureza, comovedora pela grandiosidade do Amor de Nosso Pai em relação às criaturas.

Em razão disso, ao lado do interesse pela saúde do jovem, eu mantinha uma curiosidade positiva, objetivando aprender para mais servir, adquirindo, assim, experiências numa área ainda pouco estudada e, embora soubesse da sua realização mais ou menos frequente, desconhecia completamente o seu *modus operandi*.

A sala agradável era dividida em duas partes: à entrada havia um *hall* e, logo após, três degraus conduziam à segunda etapa, de maior proporção, onde podíamos ver alguns aparelhos por mim desconhecidos e uma mesa cirúrgica.

Janelas laterais permitiam a entrada do ar balsâmico da Natureza, em suaves lufadas contínuas.

Argos foi colocado sobre a mesa e a irmã Angélica fez as apresentações.

O diretor da clínica era um lutador abnegado que ali se radicava fazia mais de trinta anos, e que, na Terra, fora dedicado estudioso das cirurgias cardíacas em campo aberto, o que, à época, constituía uma verdadeira temeridade.

O Dr. Froebel explicou a técnica da sobrevida, numa síntese muito bem urdida, com a intenção de esclarecer-nos, principalmente a mim que sou leigo em assuntos médicos.

– *Iremos retirar o tônus vital* – começou por elucidar – *que degenera em Argos, predispondo-o à desencarnação, e o faremos ser absorvido pelo pulmotor, onde já depositamos regular quantidade de maaprana*[1] *ou energia superior e de vitalidade extraída dos vegetais terrestres. Na parte superior interna e transparente da máquina serão misturadas, sob a ação de uma pequena bomba encarregada de fazer a oxigenação da substância fluídica.*

Fez um intervalo, enquanto apontou o aparelho e o setor onde se daria o processo referido.

Logo depois, deu prosseguimento:

– *Providenciaremos um doador encarnado que, consultado em encontro conosco, em reunião especializada, prontifi-*

---

[1] Resolvemos utilizar a expressão *maaprana*, de origem sânscrita, que significa energia proveniente de Brama. Acredita-se na tradição bramânica que da sua atuação com a *acaxa,* ou substância, se dá a origem da *pracrite* ou matéria.

Como se tratava de um processo para a restauração orgânica, material do paciente, recorremos a este verbete por parecer-nos mais apropriado para a elucidação do leitor (nota do autor espiritual).

cou-se a cooperar. Isso, porque, no caso em tela, faz-se necessário, também, o fluido humano e, como sói acontecer nos trabalhos de transfusão de sangue, em que a identidade de tipos é condição indispensável para os resultados que se almejam, aqui encontramos algo semelhante...

Um antigo amigo de Argos, que o acompanha desde o apelo do Sol de Assis[2] *aos corações terrenos, tentando conduzir os homens a Jesus, será o tipo ideal para o tentame, ainda mais considerando que este, exercendo a mediunidade, está, de certo modo, mais adestrado nos labores do* nosso lado.

Chamando um jovem que se encontrava presente, concluiu:

— *Este é o nosso irmão Venceslau, que residiu nesta Colônia e se reencarnou com tarefas definidas no campo da recristianização dos homens, através da abençoada Doutrina Espírita. Acostumado à vida religiosa, em face das experiências passadas, nosso amigo adaptou-se sem maior sacrifício ao clima de ação que lhe diz respeito sob a salutar proteção da irmã Angélica, sua desvelada benfeitora maternal.*

Venceslau sorriu gentilmente e saudou-nos com espontaneidade.

Enquanto isso ocorria, outra mesa foi localizada ao lado do paciente adormecido sob os cuidados do irmão Bernardo.

De imediato, o Dr. Froebel solicitou à irmã Angélica que se encarregasse de orar, suplicando o divino beneplácito para o trabalho a iniciar-se.

A generosa mentora, ungida de amor, fê-lo com breves palavras, repassando-as de ternura e submissão à vontade superior.

---

[2] Refere-se ao santo da humildade: Francisco de Assis (nota do autor espiritual).

Todos nos dirigimos ao local e acompanhamos o médico, que passou a ser ajudado pelo Dr. Arnaldo e duas enfermeiras prestativas que já se encontravam no posto.

Foram introduzidos dois cateteres no braço direito de Argos, que se ligavam ao pulmotor. Vimos, de imediato, que saía uma substância pardo-acinzentada para o interior da máquina. O médico fechou a pequena válvula, interrompendo o fluxo. Um outro cateter foi ligado do aparelho ao braço esquerdo do enfermo, por onde deveria retornar a energia purificada.

Imediatamente vimos uma das enfermeiras fazer uma terceira ligação; desta vez era um cateter que se fixava à artéria do braço esquerdo de Venceslau, que deveria doar determinada dose de tônus vital.

Era um momento comovedor e de elevação espiritual significativa.

A irmã Angélica acompanhava o delicado serviço de sobrevida, numa postura de veneranda diretora da tarefa, inspirando confiança e tranquilidade.

A um sinal do chefe cirúrgico, foram abertas as pequenas válvulas. Vimos a energia de Argos, que já se encontrava em grande parte do cateter, penetrar o depósito de *maaprana* e clorofila, ao mesmo tempo em que do médium Venceslau o tono vital chegava à parte inferior do pulmotor, que uma pequena bomba impelia para cima, de modo a confundir-se com a substância em renovação e fosse transferida para o paciente pelo cateter do braço esquerdo.

A operação transcorreu num prazo de trinta minutos, aproximadamente.

Desde o primeiro momento da transfusão de força vital, o Espírito Argos começou a dar sinais de menos desconforto. Normalizou-se-lhe a respiração e, ao terminar, já apresentava a face com o róseo da saúde em retorno.

— *Acreditamos* — explicou o cirurgião — *que ele disporá de energia para um quinquênio, aproximadamente, quando, segundo as suas conquistas, poderá receber nova dose ou ter interrompida a estada no domicílio carnal...*

Retirados os cateteres, Venceslau recebeu passes de revigoramento aplicados por Bernardo, que lhe recomendou que repousasse para o refazimento necessário, fazendo-o adormecer.

Argos ficou na clínica até as 6h da manhã, mais ou menos, sendo então recambiado ao corpo.

Quando o médico veio examiná-lo mais tarde, ficou surpreso com o resultado da operação e não ocultou o contentamento, que transmitiu a Áurea, sempre expectante.

— *Dentro de mais dois dias* — afirmou-lhe, com euforia —, *se o quadro não sofrer alteração, ele retornará à enfermaria e, em breve, estará caminhando para a restauração orgânica.*

A jovem não pôde sopitar as lágrimas e recorreu à oração de graças.

Porque a irmã Angélica prosseguisse acompanhando a etapa final da técnica de sobrevida, indaguei-lhe, com o propósito de aprendizagem:

— *Como terá despertado Venceslau hoje? Manterá na consciência as lembranças da ocorrência? E Argos?*

A verdade é que a minha mente esfervilhava de interrogações. Tudo era um mundo novo a ser conhecido e não posso negar o interesse que me despertava.

— *Venceslau* — respondeu, bondosa e paciente — *terá a recordação de um sonho bom em nossa Esfera, durante o qual se sentirá impelido à solidariedade espiritual em socorro a um amigo... Quanto a Argos, nenhuma lembrança lhe ficará em razão do estado de inconsciência em que permaneceu.*

A convalescença do nosso paciente foi longa, com as naturais limitações que a máquina orgânica, em fase de ajustamento, impunha-lhe neste estágio do seu quinquênio de sobrevida.

6

REFLEXÕES E COMENTÁRIOS

Utilizando-me da generosidade e paciência da instrutora espiritual, não me furtei à aprendizagem e, anelando por esclarecimentos, recorri à indagação direta:

— *Examinando a enfermidade em Argos* — apresentei-lhe a questão que me inquietava —, *vemos, igualmente, a presença de algumas Entidades que não lhe são simpáticas, distinguindo-se mesmo algumas que não negam a hostilidade que lhe dedicam, agredindo-o violentamente. Estaremos diante de uma obsessão que, de alguma forma, lhe afetou a organização física?*

— *Como o irmão Miranda não ignora* — retrucou, serena —, *todos nós somos o resultado das experiências adquiridas pela vivência no campo da evolução. Há uma larga estrada que ficou para trás, percorrida a penates de dor e sombra; no entanto, desdobra-se, à frente, um imenso trecho virgem a percorrer. Ninguém logra avançar com êxito, se não rompe as cadeias com a retaguarda, na qual estão as marcas no nosso trânsito... Esquecidos de viver desde ontem as Leis de Amor estabelecidas pelos Códigos da Vida, fizemo-nos verdugos do próximo, na caça ao prazer exorbitante e ao poder alucinado, oferecendo culto ao personalismo e às viciações em que estagiamos largamente, sem intentarmos vencer os instintos mais primários. Para conseguir o que nos aprazia, conforme muitos ainda o fazem, não trepidávamos em ferir, chocar, destruir, infelicitar. Renovando a paisagem mental, porém com as almas mutiladas pelos delitos praticados, mudamos a forma de pensar, mas não a de agir. A arrogância e a presunção, geradoras da prepotência, não se subordinam à lídima humildade nem ao serviço fraternal desinteressado. Os que se reencarnam olvidam aqueles que lhes padeceram a impiedade e arrojam-se em novas aventuras constrangedoras, mais se comprometendo e atirando débitos para a frente, que os surpreenderão no futuro, mesmo quando pareçam esquecidos... Considerando que a Revelação Espírita vem hoje conscientizando os homens sobre a sua realidade espiritual, as Leis Cármicas que regem a vida, os deveres morais que devem ser levados em conta, a vivência evangélica como pauta de comportamento, ainda assim defrontamos criaturas distraídas que esperam receber sem dar, merecer sem qualquer esforço para conquistar valores íntimos. Contam com o perdão para as faltas, mas não as desculpam no próximo; esperam carinho, que não gostam de retribuir; admiram o trabalho, todavia somente em palavras, desde que não se dedicam a ele; teorizam sobre muita coisa, não indo além do verbalismo... Como é compreensível, iludem-se, mas não convencem a ninguém.*

A venerável entidade fez uma breve interrupção e logo prosseguiu:

— *Nosso Argos deixou no passado graves compromissos, como você sabe, que o trouxeram à reencarnação, graças à interferência superior que se fez necessária. Desejando, honestamente, crescer para o bem, granjeou a oportunidade que vem desfrutando e agora se lhe alongara promissora. Foi advertido quanto ao natural impositivo de que, aonde vai o endividado o débito segue com ele, quanto a sombra acompanha o corpo que a projeta. Explicou-se-lhe a respeito da gravidade do empreendimento, considerando-se os vínculos que o atam aos adversários que ele próprio adquiriu e que estariam próximos em face dos impositivos da Divina Justiça.*

Cabia-lhe, como ainda lhe cabe, desenvolver um sério programa de iluminação interior apoiado na ação honesta, sem disfarces nem pieguismos, a fim de ressarcir erros e comprovar aos inimigos espirituais a autenticidade de propósitos na sua mudança de comportamento, no que conseguiria a modificação interior de uns e o perdão de outros... Na etapa encerrada, não foram expressivas as conquistas do companheiro. Se não tombou em graves abismos, não assumiu a posição vertical que lhe compete, demorando-se na inclinada do perigo. Esperamos que saiba valorizar a nova concessão que recebe por acréscimo da misericórdia e acalmados alguns naturais anseios, aprenda a dar-se, a servir, a pensar nos outros...

Houve um novo, espontâneo silêncio, que logo cedeu lugar a outras considerações preciosas:

— *Os atos infelizes, deliberadamente praticados, em razão da força mental de que necessitam, destroem os tecidos sutis do perispírito que, ressentindo-se do desconcerto, deixarão matrizes na futura forma física, na qual se manifestarão as deficiências purificadoras, e a queda do tom vibratório específico permitirá que os envolvidos no fato, no tempo e no espaço, próximos ou não, vinculem-se pelo processo de uma sintonia automática de que não se furtarão. Aí se estabelecem as enfermidades de qualquer porte. Os fatores imunológicos do organismo, padecendo a disritmia vibratória que os envolve, são vencidos por bactérias, vírus e toda a sorte de micróbios patológicos que logo se desenvolvem, dando gênese a doenças físicas. Por sua vez, na área mental, os conflitos e mágoas, os ódios acerbos, as ambições tresvariadas e os tormentosos delitos ocultos, quando da reencarnação, por estarem ínsitos no Espírito endividado, respondem pelas distonias psíquicas e alienações mais variadas. Acrescentemos a essas predisposições a presença dos cobradores desencarnados, cuja ação mental encontra perfeito acoplamento na paisagem psicofísica daqueles a quem persegue, e teremos a presença da constrição obsessiva. Eis por que é rara a enfermidade que não conte com a presença de um componente espiritual, quando não seja diretamente esta o seu efeito. O corpo e a mente refletem a realidade espiritual de cada criatura. Argos reencarnou com a região pulmonar descompensada, em face do sério problema no qual se enleou, ao mesmo tempo com a mente aturdida, lutando contra o ressumar das reminiscências, que de quando em quando o assaltam, e a consciência que tem daquilo que lhe cumpre realizar.*

Podemos afirmar que o desencadear da sua enfermidade se deveu a fatores fisiológicos, mas foi precipitado pela ação pertinaz de companheiros desencarnados...

Quando a esclarecida benfeitora encerrou as suas elucidações, recordei-me do problema das chamadas *enfermidades simulacros.*

Percebendo a minha evocação, ela veio em meu auxílio, robustecendo-me a convicção.

— *Há enfermidades* — aclarou — *e enfermidades. As primeiras, já se conhecem várias patogêneses ou psicopatogêneses, isto é, são sabidos e estudados os seus inumeráveis fatores propiciatórios. As segundas são aquelas nas quais os enfermos, dotados de mais aguçada sensibilidade mediúnica, absorvem fluidos desarmonizados e destrutivos de Espíritos desencarnados com os quais se vinculam, dando campo a uma sintonia vigorosa que permite a transmissão das sensações e dores dos segundos para os que lhes sofrem a ação, afligindo e submetendo nestes as resistências que, se não atendidas em tempo, se convertem em enfermidades reais, em face das razões já expostas.*

Tornam-se verdadeiros fenômenos de incorporação, qual ocorre na psicofonia atormentada e consciente. O mais lamentável, porém, é que esta ocorrência faz-se mais habitual do que se imagina. Somente quando o homem se der conta da finalidade da vida, na Terra, e procurar modificar as suas atitudes, é que se renovará a paisagem que, por enquanto, se lhe faz campo de conquistas ao peso da dor e da amargura, já que lhe não apraz ainda crescer pelo amor, nem pelo serviço do dever para com o bem.

O dia rumava alto. A movimentação no hospital era grande.

A benfeitora convidou-me a uma nova visita a Argos, desde que outras tarefas a aguardavam.

7

SEMENTES DA INSENSATEZ

Enquanto a benfeitora espiritual se afastava para a execução de outras tarefas relevantes, utilizei-me da bênção do tempo para recolher apontamentos que me auxiliassem a compreender as dadivosas lições da vida naquele sanatório, onde mais de uma centena de portadores da tuberculose pulmonar ajustava-se ao processo de recuperação moral, aprimorando os sentimentos.

O Dr. Arnaldo Lustoza ficara assistindo Argos, em nome da equipe que o socorria, facilitando que os demais trabalhadores dessem prosseguimento aos seus compromissos de ordem espiritual.

Recorrendo à gentileza do médico prestativo, este anuiu de bom grado em ajudar-me no estudo dos fenômenos obsessivos mais sutis que atacam a área física dos pacientes.

Porque o momento fosse adequado, o novo amigo convidou-me a seguir à sala cirúrgica onde poderíamos acompanhar uma ocorrência de grave significação.

Ali chegando, deparamo-nos com um quadro confrangedor. Uma jovem, de aproximadamente vinte e cinco anos de idade, seriamente vencida pela tuberculose, encontrava-se em trabalho de parto, carinhosamente assistida por uma obstetra e duas enfermeiras. O seu estado de perecimento era visível e tudo indicava que não teria resistência para a *délivrance*.

Antes que eu formulasse qualquer interrogação, o amigo diligente explicou-me:

— *Trata-se de Ruth Maria, a quem temos, pessoalmente, dado assistência, atraído pelas suas orações nos últimos dias. Nossa irmã vem de um passado espiritual marcado por extravagâncias na área sexual e por abusos outros. Desde cedo experimentou a constrição pertinaz de algumas das suas vítimas, especialmente de um companheiro vilmente traído e apunhalado enquanto dormia, num simulacro que ela preparou para dar ideia de um latrocínio. Passado despercebido o crime vergonhoso, não ficou, porém, esquecido por aquele que lhe sofreu a sanha fratricida. Logo despertou, no Além-túmulo, e Francis, o assassinado, buscou-a para o desforço, incendiado pelo ódio. Não obstante havê-la reencontrado ainda no corpo físico, não logrou vingar-se, conforme desejava. Aguardou que ela retornasse à vida espiritual, onde, em pugna com outros adversários da invigilante, dilapidou-a por mais de uma trintena de anos, em vampirização impiedosa e punições outras exaurientes. Recambiada à reencarnação, sem qualquer título de enobrecimento, que desperdiçara nos vícios e no gozo de uma vida frívola e dourada, foi recebida com desagrado por antiga companheira de dissipações, ora habitando numa favela, que se lhe tornou mãe carnal, desprezível e indiferente, relegando-a a uma Casa de Caridade onde foi deixada, à porta, nos primeiros meses do novo corpo.*

O narrador olhou a jovem parturiente com expressão compadecida e deu prosseguimento:

— Nesse lar, onde corações anônimos se dedicam ao amor, desde cedo Ruth Maria se revelou uma criança frágil, silenciosa, ensimesmada, sofrendo as reminiscências inconscientes do padecimento nas regiões mais infelizes da Erraticidade. Os seus inimigos não a deixaram, perturbando-lhe o sistema nervoso e tornando-a agressiva por ocasião da puberdade, o que degenerava num clima de antipatia e desagrado por parte daqueles que surgiram no seu caminho na condição de benfeitores e amigos. Em razão do mau uso da inteligência, na vida anterior, veio assinalada por dificuldades de raciocínio e de memorização, embora não chegasse a ser uma pessoa com deficiência mental. Mesmo assim, adaptou-se à aprendizagem artesanal, revelando aptidão para a costura, com o que se armou para viver fora daquele Abrigo de Beneficência, quando alcançasse a maioridade. Com a mente atormentada pelas **lembranças** *inditosas e pelas presenças dos inimigos, tornou-se um motivo de constrangimento na Instituição, levando os trabalhadores da Casa a anelarem pelo seu desligamento logo atingisse a idade limite.*

Fazemos aqui um parêntese para uma reflexão à margem da narrativa. Verificamos que nas casas e sociedades de Beneficência o trabalho é bênção maior para aqueles que o desenvolvem. Vemos companheiros dedicados e entusiastas laborando com otimismo em obras sociais que criam e mantêm, sendo, lentamente descoroçoados, caindo em desânimo diante dos resultados, às vezes, decepcionantes, bem diversos dos que esperavam. Esfalfam-se, horas seguidas, para que nada falte na Obra e tudo esteja em ordem, doando-se com amor e lutando com afã em favor dos objetivos nobres. Os beneficiários, no entanto, salvadas raras exceções, tornam-se exigentes, fazem-se ingratos e difamadores, reagindo às boas orientações e assumin-

do atitudes soberbas, chocantes, que insuflam revolta e malquerença. Ouvimos pessoas dedicadas ao bem formulando doridas interrogações sobre suas possíveis falhas e fracassos, impelidas à desistência por falta do estímulo daqueles que são ou foram socorridos pela sua dedicação e renúncia. Sucede que os doadores de hoje são os usurpadores de ontem em recuperação; anteriores servidores desastrados, ora honestamente arrependidos, fruem de paz com a feliz oportunidade de realização; formam os grupos de obreiros que despertaram para servir, antes que para receber, já que não devem guardar qualquer mágoa diante da ingratidão ou da ofensa dos seus pupilos transitórios, mais se aprimorando, lapidando as arestas morais e crescendo para Deus mediante o trabalho libertador. A aflição e o desconhecimento do bem que esparzem, há de constituir-lhes emulação para produzir mais e melhor. Apesar de se saberem humanos e fracos, desejando compreensão e amizade, cabe-lhes reconhecer que, no momento, essas moedas-luz ainda são escassas, e eles, sim, é que devem ser os ofertadores desses tesouros que, em suas mãos, quanto mais distribuem mais se multiplicam, não desanimando, nem desistindo nunca. Na prece, na meditação, na leitura edificante e nos exemplos dos heróis de todos os matizes encontrarão força e inspiração para o prosseguimento, sem se deterem no exame negativo das ocorrências, senão quando da necessidade de melhorar e corrigir algo, adquirindo o salário *da harmonia de consciência pelo dever retamente cumprido, num oferecimento espontâneo à Vida, seguindo os passos do Doador não compreendido, o Mestre Jesus...*

No silêncio que se fez natural, a parturiente, com dolorosas contrações, gemia e chorava, demonstrando profundo abatimento.

Acerquei-me mais, e o Dr. Arnaldo, solicitando-me orar, aplicou-lhe recursos magnéticos através de passes circulares e, logo depois, longitudinais.

A jovem Ruth Maria, com o esforço despendido, fazia-se visitada pela pertinaz hemoptise que mais a debilitava.

A equipe médica, apreensiva, aguardava os recursos do próprio organismo, não obstante as providências terapêuticas de emergência que haviam sido tomadas.

Enquanto esperávamos, o amável médico retornou aos esclarecimentos:

– *Ao sair do lar amigo para trabalhar como costureira em uma casa especializada, a jovem não deixou afetos que a pudessem acompanhar no futuro. As pessoas pareceram felizes por haverem concluído o compromisso para com ela, sem mais graves consequências. Por sua vez, enfrentando agora o mundo em toda a sua abertura e agressividade, desde que estivera protegida de inúmeros perigos, as suas antigas inclinações, estimuladas por Francis, que continuava a persegui-la, foram tomando-a e fazendo-a derrapar em abusos, que se encarregariam de trazê-la a este hospital. A princípio, advinha-lhe o desejo de um cigarro inocente ou de um aperitivo sem consequência, para depois instalar-se-lhe uma volúpia obsessiva pelo tabagismo e pelo alcoolismo em altas doses, que lhe sacrificaram o organismo, em si mesmo bastante enfraquecido. Simultaneamente, caiu nas armadilhas brutais do sexo sem amor, completando-se o quadro do seu autocídio a longo prazo, com o que se comprazíam os inditosos verdugos da sua paz. Os seus algozes, conhecendo algumas técnicas de subjugação e, de certo modo, identificando-lhe as preferências no comportamento moral, na existência anterior, em face das tendências atuais, passaram a obsidiá-la fisicamente, despertando-lhe o insofreável prazer pelo fumo e pelo álcool, conforme referido, ao tempo em que lhe comprimindo a genitália e em especial os ovários, desequilibraram-lhe a função sexual, por cujo recurso lhe anularam as poucas resistências morais e abriram campo para a instalação da enfermidade que a consome. Na alucinada vingança, Francis, perturbado pelo misto do ódio e assimilando as descargas das sensações que a vítima experimentava na usança do sexo em desconcerto, em face da sua ligação continuada, a pouco e pouco foi-se-lhe alojando na madre, sofrendo, inconsciente, um processo de transformação perispiritual como sói acontecer nos mecanismos da reencarnação. De certo modo, o ser obsidente termina, pela insânia que cultiva, sendo vítima das ciladas e sofrendo-lhe os efeitos. Nesse comenos, a nossa Ruth Maria engravidou e, como é óbvio, aí temos o perseguidor-mor atado à sua vítima...*

As inescrutáveis Leis de Justiça são inderrogáveis e ninguém consegue burlá-las, conforme muitas pessoas supõem fazê-lo.

Recolhida a este sanatório com dois meses de gestação, em deplorável estado, na condição de indigência, não lhe têm sido regateados assistência e tratamento. Ao ser identificada a gravidez, os médicos, conscientes dos perigos que a cercam, têm-na atendido de preferência com a medicação especializada, à base do ácido isonicotínico. Em casos que tais é de esperar-se o abortamento natural, o que não ocorreu, por mais que ela o desejasse, vindo a culminar neste processo de um parto prematuro ao sétimo mês.

Nesse momento, adentraram-se duas Entidades amigas que nos saudaram e se acercaram da paciente sofrida, vítima de vágados contínuos.

– A senhora – completou o Dr. Arnaldo – *é afeiçoada amiga da nossa Ruth Maria, e foi-lhe genitora por diversas vezes. O outro é um especialista em desencarnação que trabalha neste hospital com tarefa específica, a fim de que a ninguém faltem os socorros do Mundo Maior. A nossa irmã, diante dos padecimentos mais vigorosos experimentados ultimamente, passou a recordar-se das lições ouvidas no abrigo de amor onde fora criada, permitindo que germinassem as sementes da fé ali depositadas com carinho. Da lembrança inicial, mesmo com a mente perturbada pelas influências espirituais perniciosas que sofre, passou a rápidas meditações e a prece foi-lhe a solução final. Graças a esse expediente, providenciou-se assistência do nosso plano de ação, não obstante ela jamais estivesse ao desamparo, quando fomos convidados a dar-lhe o socorro possível. Nessa circunstância inteiramo-nos do seu drama.*

— *E ela sobreviverá ao parto?* — indaguei, sinceramente interessado na sua libertação.

— *Pelo que nos é lícito depreender* — respondeu-me com lógica —, *ela desencarnará de imediato. Uma dupla perda de sangue, pelo parto e por via oral, debilita-a de tal forma que a parada cardíaca será iminente. O filho, todavia, sobreviverá, rompendo-se a cadeia da obsessão pertinaz, e ela, amparada pela mãezinha, será conduzida a tratamento mais demorado, no nosso lado de movimentação, já que o arrependimento e a esperança se lhe instalam na mente e no sentimento. Assim, se libertará, por um largo período, dos demais inimigos, até que se lhe refaçam as forças para posterior ajuste através do amor e da benevolência, que dispõem de inesgotáveis recursos para o equilíbrio dos desajustes e dissabores que propiciam desdita.*

Num dos intervalos entre as síncopes que se sucediam, sob uma contração mais violenta, Francis foi expelido, voltando a respirar na atmosfera terrestre num corpo concedido por aquela a quem muito amou e tanto odiou...

Durante o atendimento à criança e à mãezinha sofrida, ocorreu-lhe a parada cardíaca e, conquanto lhe aplicassem oxigênio, massagens e medicação de emergência, Ruth Maria começou a desligar-se do corpo, mergulhada em um sono inquieto, inconsciente da ocorrência...

– *As sementes da insensatez* – acrescentou o companheiro esclarecido – *reproduzem-se sempre em modalidades diferentes, até que a ordem, a temperança e a ação profícua lhes erradiquem a cultura perniciosa nas criaturas. Eis por que, a todos aqueles a quem atendia, Jesus jamais deixou de admoestar quanto aos atos futuros, impondo-lhes como condição de paz, de permanência da saúde, que não voltassem a pecar, cometendo atentados contra o equilíbrio próprio, ou do próximo, ou da Vida.*

Quando nos referimos às subjugações físicas, recordamo-nos do Mestre, defrontando, diversas vezes, Entidades perversas que produziam impedimentos motores e distúrbios fisiológicos nas suas vítimas, tanto quanto perturbações na área mental. O evangelista Mateus se reporta, nos versículos trinta e dois e trinta e três do capítulo nono, ao fato de que "... foi-Lhe trazido um mudo endemoninhado. Expulso o Espírito imundo o mudo falou...".

Mais adiante, o mesmo Evangelista, no capítulo doze, versículo vinte e dois, comenta que: "Lhe trouxeram um endemoninhado, cego e mudo; Ele o curou, de modo que o enfermo falava e via".

Epilepsia, paralisia das pernas, hidropisia, deformação orgânica, surdez, sob ação espiritual enfermiça, receberam do Mestre a cura, mediante o afastamento do fator causal – o Espírito obsessor em trama de vingança cruel. Na área mental, a interferência de Jesus, defrontando os alienados por obsessão, está, reiteradas vezes, narrada pelas testemunhas e pelos que ouviram as informações dos que a presenciaram ou da boca das suas próprias vítimas.

Quando os estudiosos dos fenômenos paranormais melhor penetrarem nos intrincados mecanismos das causas morais que regem a vida, mais facilmente elucidarão os graves problemas na área da saúde, quer física, quer mental, compreendendo que, no Espírito, encontram-se as chaves para solucionar-se os aparentes enigmas do comportamento e da vida humana. Pelos hábitos mentais e morais, pela ação, o homem reúne os valores para a paz ou elabora os grilhões a que se prende por tempo indefinido.

Voltemos ao nosso paciente.

Eu não cabia em mim de emoção. O aprendizado enriquecia-me de compreensão nova em torno de velhas questões que trouxera da Terra, particularmente no que diz respeito a determinadas doenças físicas que defrontara, quando ainda reencarnado, em pacientes, cujos médicos afirmavam não encontrar, nos exames realizados, causas que justificassem os distúrbios de que eles se diziam objeto. Mediante a terapia dos passes, inúmeros deles se recuperavam, e porque a minha visão não alcançasse os desencarnados, eu acreditava que a fluidoterapia restaurava-lhes as forças, o equilíbrio celular, no que estava certo, sem dar-me conta, porém, de que, ao mesmo tempo, essa ação benéfica e a transformação do doente, em face da adoção de um comportamento digno, interrompiam a ação maléfica dos Espíritos perversos que lhes impunham a condição enfermiça. Afastada a causa, cessavam os efeitos...

Havia muito em que pensar e foi o que fiz, enquanto o amigo, deixando-me no jardim ensolarado do sanatório, foi assistir Argos.

8

REENCARNAÇÃO – DÁDIVA DE AMOR

O sanatório – bendita escola de renovação de almas, oficina superior de recuperação orgânica – favorecia-me com excelente oportunidade para aprendizagem e programação de tarefas futuras, pensando na precariedade de valores que me era peculiar.

Tivera ensejo de estagiar, doutras vezes, em hospitais para alienados mentais e obsessos, presídios e penitenciárias onde criaturas humanas apresentavam-se reduzidas a situações penosas, mas em cujos lugares o Amor colocara socorros e providências valiosas para os tombados nas armadilhas da invigilância pessoal, defrontando, agora, um campo diferente de observações e serviços, que oferecia imensa colheita de compreensão dos engodos e delitos humanos, nesta área, que dantes me haviam passado despercebidos.

As constrições físicas promovidas pela incidência psíquica de Entidades enlouquecidas, em desforço selvagem, eram um capítulo novo nas experiências em que me candidatava à autoiluminação, através do auxílio fraternal dispensado pelas equipes especializadas, destacadas para esses cometimentos relevantes.

Cada paciente era-me um quadro clínico de particulares características do ponto de vista espiritual, no qual ressaltava, genericamente, o desconcerto que promovera contra as leis e resultava da própria incúria ante as dádivas superiores da vida, a todos sendo concedidas em caráter de igualdade.

A bondade e firmeza do Dr. Arnaldo Lustoza revelavam-me um companheiro conhecedor da alma humana, em face da acuidade ante os problemas dos internados, bem assim, em razão da sabedoria com que comentava os aspectos negativos de cada caso, deixando sempre perceberem-se os fatores positivos ao alcance de todos e nem sempre necessariamente aproveitados.

Dias após o ato cirúrgico de que Argos fora objeto, ainda estando em convalescença que requeria cuidados especiais, informou-me o amigo que estava programada uma reunião especial para a equipe sob a direção da irmã Angélica, que se encarregava de cooperar com a *moratória* do jovem enfermo atendido, ao mesmo tempo em que estariam presentes diversos amigos encarnados, vinculados, de uma ou de outra forma, ao processo evolutivo do mesmo paciente.

À hora estabelecida, Bernardo e mais dois auxiliares de enfermagem do nosso campo de ação vieram buscar Argos, desdobrando-o parcialmente durante o sono, a fim de conduzi-lo ao local reservado ao labor.

Acompanhamos os amigos e chegamos à região onde se realizara a incursão terapêutica de prolongamento da existência física do recém-operado.

Pude melhor assenhorear-me do lugar onde se podia aspirar uma atmosfera renovadora e balsâmica, saturada de energia rarefeita, que propiciava excelente disposição íntima, mui diversa da saturação que experimentávamos na agitada esfera dos homens donde procedíamos.

O recinto, de características arquitetônicas delicadas, fazia recordar os antigos anfiteatros greco-romanos, com a sua forma semicircular e a parte centro-frontal elevada em pequeno plano quadrangular, onde se encontravam os encarregados dos esclarecimentos e preleções.

Fazendo recordar o mármore alvinitente, no entanto, sem a estrutura sólida e compacta, o que facultava uma acomodação agradável aos que ali se sentavam, as amplas filas proporcionavam tranquilidade e conforto.

Os encarnados presentes destacavam-se, de algum modo, em razão da aparente anestesia que lhes amortecia a movimentação espontânea, bem como a lucidez espiritual. Acompanhados pelos seus instrutores ou pelos encarregados daquela atividade, misturavam-se a desencarnados mais lúcidos e a outros Espíritos que deveriam mergulhar, dentro em breve, na neblina carnal, para futuros processos recuperadores sob o beneplácito da reencarnação.

Argos e Áurea, que igualmente fora trazida, e nós outros constituíamos um grupo no qual se reuniam diversos companheiros domiciliados na matéria, e que o Dr. Arnaldo, gentilmente me informou tratar-se do clã, no qual o casal sob nossa assistência desenvolveria a sua programação evolutiva, sendo que alguns outros, em caráter de exceção, não puderam comparecer à reunião em face das tarefas com as quais se encontravam comprometidos.

Devíamos ser um auditório de aproximadamente duzentas entidades de ambos os planos da Vida.

A benfeitora encontrava-se no proscênio, banhada de safirina claridade, vestindo uma toga, à romana, que lhe caía até os pés, assessorada por duas jovens de bela fisionomia e por dois venerandos anciãos que compunham a mesa diretora.

Após serem entretecidas ligeiras considerações por um dos nobres senhores, explicando a finalidade do encontro e referindo-se à irmã Angélica, foi proferida comovedora oração, mediante a qual se rogava as bênçãos do Senhor, sendo a palavra concedida à dedicada mentora.

O Dr. Arnaldo, à meia-voz, esclareceu-me que aquele Espírito gentil era o irmão Héber, o responsável pela Colônia onde nos encontrávamos e que se encarregava da administração do núcleo de refazimento e trabalho, fazia mais de oitenta anos, e cujo elevado comando se caracterizava pelas inesgotáveis demonstrações de paciência e de sabedoria.

Pairavam no ar as ansiedades de todos e tinha-se mesmo a impressão de que suave e inarticulada melodia chegava à nossa acústica, provinda de lugares distantes, recordando a musicalidade da Natureza pródiga em beleza naquelas paragens.

Depois das saudações cristãs a abnegada instrutora dissertou com suave e inconfundível tom de voz:

— *Agradecemos ao Pai a concessão bendita do retorno à carne, amanhã ou depois, oferenda que nem todos sabemos valorizar conforme seria de esperar-se.*

Muitos dos que são aquinhoados com o renascimento do corpo carnal acreditam-se punidos, arrojados a um exílio que dizem não merecer ou se sentem esquecidos em processos expurgatórios a que pensam não fazer jus. Incontáveis outros, ao se recolherem num corpo material, anestesiam os centros das lem-

branças e, propositalmente, deixando-se enlouquecer pelos prazeres mais grosseiros, desligam-se dos compromissos aqui firmados, comprometendo-se mais dolorosamente e fazendo a viagem de retorno em lamentável estado de decomposição emocional quanto de perturbação interior. Outros tantos, recordando-se dos locais purificadores onde estagiaram, na Erraticidade, entregam-se ao pessimismo e à depressão, sem abrirem clareira à esperança ou espaço mental à libertação de si mesmos. Não faltam aqueles que se reencontram com amigos e desafetos antigos, a fim de santificarem a afeição, todavia, derrapam em delitos do amor que se corrompe ou, ao invés de reconquistarem pela ternura, luarizados pelo perdão, aqueles que se afastaram, agasalhando animosidade e rancor, aferram-se ao egoísmo e ressuscitam, inconscientemente, as mágoas, piorando a situação que deveriam superar pela conquista de títulos de enobrecimento, mediante os quais ampliariam os círculos da amizade fraternal... Poucos Espíritos valorizam devidamente a oportunidade redentora, investindo o esforço até o sacrifício e o devotamento ao dever, com renúncia aos convites fascinantes da degeneração moral, que produz prazer por um pouco e se faz assinalar, depois, pelo travo infeliz do fel do arrependimento ou pelo azinhavre da amargura sem paz... Sem dúvida, que a vitória contra as vicissitudes está ao alcance de todos aqueles que se empenham honestamente por conquistá-la. É claro que não se espera que os candidatos à paz e à recuperação própria, que cada dia retornam ao corpo, venham compor novas comunidades estéreis de oração vazia e penitência neurótica, ou tornar-se individualidades alienadas no contexto da sociedade onde se encontrem colocados. Todos esperamos e envidamos esforços para que não se esqueçam, isto sim, da finalidade do recomeço, que tem objetivos específicos, quais os de amoldar a personalidade às engrenagens do progresso moral e manter-se a individualidade voltada para o aspecto imortalista, conquistando conhecimentos e sentimentos lavrados nas realizações enobrecedoras, que são de fácil identificação. O trabalho edificante bem direcionado; o culto do dever, conscientemente realizado; a integração numa ética otimista qual a evangélica, constituem metodologias de aprimoramento, em cuja aplicação pessoal ninguém fracassa...

Silenciou propositalmente, facultando-nos a reflexão oportuna sobre o que acabávamos de ouvir, para logo continuar:

— *A reencarnação representa uma das revelações mais antigas de que a Humanidade terrestre tem conhecimento. Krishna, na antiquíssima Índia; Hermes, no remoto Egito; Lao-Tsé, na velhíssima China, herdaram das culturas ancestrais desaparecidas o conhecimento da palingenesia e transmitiram às Escolas Esotéricas e aos Templários das civilizações orientais a informação salutar dos renascimentos, armando os homens com os recursos hábeis para o êxito durante a vilegiatura humana, preparatória para a libertação do Espírito, após os compromissos realizados... Sócrates, na Grécia; Jesus, em Israel, confirmando os ensinos essênios; Buda, também, na Índia; Pitágoras, em Crotona; os druidas, nas Gálias e outros missionários quais Plotino, Porfírio, Orígenes, Tertuliano, no Cristianismo primitivo confirmaram este formoso mecanismo de crescimento para Deus, conclamando os homens à luta e à liberdade do mal que neles se demora, a fim de lograrem o bem que os aguarda.*

Allan Kardec, ouvindo e meditando em torno dos sublimes ensinos dos Imortais, atualizou os postulados reencarnacionistas utilizando-se de uma dialética profundamente racional e científica que pôde, qual vem sucedendo com êxito, enfrentar o cepticismo e a negação, oferecendo a antevisão do futuro feliz que se encontra ao alcance de quantos se empenhem, honesta e sinceramente, por conquistá-lo. Todavia, levantam-se personalidades arraigadas ao conceito nadaísta da vida e à descrença, estabelecendo campos de sistemas de dúvida, de contradição, elaborando sofismas com que perturbam as mentes mais fracas e inquietam um bom número de pessoas não estruturadas pelo estudo e pela meditação dessa verdade. Outrossim, combatem o conceito verdade, *estabelecendo que tal pertence a cada um, sem dar-se conta de que há* verdades *e* verdades, *que existem e pululam em toda parte. Certamente que há a verdade de cada pessoa, que luta por demonstrá-la, mais por paixão personalista do que através do seu conteúdo filosófico, tanto quanto aquelas que são veiculadas por escolas de variada formação ética, no campo do pensamento filosófico ou científico... Indubitavelmente, há verdades que surgem e ressurgem periodicamente, conforme a estratificação cultural dos povos e dos séculos, desaparecendo e renascendo em roupagens novas, no entanto, apresentando sempre a mesma estrutura. É o caso da reencarnação, que em cada período ressuma daquele que lhe é anterior, em composição compatível com o conhecimento vigente, trazendo no seu bojo as mesmas afirmações e advertências éticas, numa abordagem de consequências morais, com o objetivo de promover e felicitar a Vida, o homem. Seja nas assertivas das remotas revelações ocorridas nos santuários dos povos do passado, seja na eloquência de Jesus e Allan Kardec ou nas conclusões dos modernos estudiosos da Parapsicologia e da Psicotrônica que, não obstante nomearem o fenômeno do renascimento carnal do Espírito com designações novas, tais como "memória extracerebral", "bloco energético sobreviven-*

te", "campo de vida", para explicarem a constatação do retorno da individualidade, a qual a morte não destruiu, o conteúdo é o mesmo: provar a necessidade do aproveitamento sábio do tempo e da vida.

Novamente a preclara Entidade fez uma pausa oportuna para concluir:

— *Aqui estão Espíritos afins entre si, num grupo familiar de amigos e desafetos, parceiros de júbilos e desastres, em programa de crescimento, necessitados uns dos outros pelo próprio impositivo da evolução. Reencarnam-se as criaturas em verdadeiros clãs, ligados uns aos outros pelas realizações conjuntas em que fracassam, às vezes, ou crescem para a Vida. Por esse motivo, a decisão robusta, no que diz respeito ao salutar aproveitamento do tempo, sem os eufemismos das justificativas para com o erro e a indolência, é de urgência, evitando a repetição dos fracassos, seja qual for a alegação.*

Todos nos encontramos ainda ligados à atmosfera terrestre, onde se demoram afetos poderosos que nos chamam ao retorno, e caídos que nos aguardam para a recuperação, não se considerando as necessidades que nos dizem respeito, em face da lavoura interior a ser trabalhada e que aguarda ensejo. Meditemos nesta expressiva doação do Senhor e formulemos propósitos de santificação pelo trabalho, de elevação pelo amor e de libertação das cadeias de sombra, mediante as luzes que acendemos na consciência.

Como o passado nos significa dor e arrependimento, o hoje faz surgir a abençoada hora de recuperação e produtividade para o futuro de paz e alegria que nos espera.

Não desanimemos nunca ante o esforço de redenção, haja o que haja, e recolhendo-nos à oração, busquemos as fontes inspirativas da Verdade, adquirindo forças para prosseguir e jamais desesperar.

Completou com doces e comovedoras palavras a sua alocução e encerrou-a sob compreensível emoção que a todos nos contagiou.

O venerável administrador, Héber, proferiu a prece de encerramento e, ante um zimbório salpicado de astros *cantando* luz argênteo-azulada, a reunião teve o seu momento final.

9

RECOMENDAÇÕES E ADVERTÊNCIAS VALIOSAS

Concluído o serviço de esclarecimento pela palavra oportuna da querida mensageira, formaram-se diversos grupos de Espíritos afins em conversação edificante.

Era a primeira vez, desde o internamento de Argos, que este podia, com certa lucidez, dialogar com Áurea, além do corpo físico, no parcial desdobramento pelo sono. A gentil companheira, revelando certo treinamento na movimentação espiritual, o que denotava a presença de mediunidade em processo de lapidação, melhor apreendeu os ensinamentos ouvidos e com mais rapidez procurou o esposo para a troca de expressões de ternura e renovação de forças.

Por sua vez, o jovem se assinalava pelos receios injustificáveis da desencarnação, ressumando as impressões emanadas do corpo somático, na sua lenta recuperação.

Apesar disso, dos estímulos da mensagem ouvida, embora não compreendida integralmente e, outrossim, a presença da abnegada consorte, pareceu despertar com mais claridade mental, apresentando as suas apreensões e receios.

Nesse comenos, a irmã Angélica, que se acercava, atendendo aos pequenos círculos de amigos e aprendizes aos quais dispensava esclarecimentos adicionais à palestra proferida, aproximou-se e, de imediato, despertando a atenção de todos nós, advertiu Argos com meiguice e gravidade:

– *Não te queixes. A queixa traduz rebeldia aos códigos superiores da vida. O queixoso é alguém que se acredita injustiçado ante as naturais circunstâncias e situações em que se encontra colocado. Quando alguém se deixa arrastar pela reclamação, sem motivo real, assume uma posição falsa perante a vida, disputando atenções e requerendo reconhecimento de valores que está longe de merecer. A queixa é filha do azedume e da má vontade, que contribuem poderosamente para piorar o quadro de desequilíbrio daquele que se deveria candidatar ao esforço de renovação mental, aplicando todos os recursos para preservar as forças no bem e na esperança, por cujo método aspira uma psicosfera benéfica e libertadora.*

A advertência foi oportuna porque despertou o enfermo para a esquecida gratidão a que se deveria aferrar, considerando as concessões hauridas pela nímia bondade dos seus guias e a dedicação da própria mentora.

Convidando alguns outros participantes do ágape espiritual feliz, a que se acercassem do nosso grupo, a nobre entidade, ampliando as informações apresentadas na exposição há pouco concluída e particularizando certos detalhes, expôs, prudente:

– *Reunimo-los, mais proximamente a nós, tendo em vista a programação em que se encontram situados na atual conjuntura carnal. Velhos amigos e companheiros de desaires retornaram em grupo afim com possibilidades de lapidarem as arestas mais rudes, vencendo as tendências mais primitivas, sustentados pelos vínculos da afetividade, com que poderão auxiliar as vítimas que se demoram na retaguarda da ignorância, sob os estigmas do ódio, que as levam ao insano desforço e à agressividade inditosa. A simbólica "escada de Jacó", referente à nossa ascensão, jamais será vencida sem que se conduzam nos braços aqueles que foram atirados, degraus abaixo, e se fixaram no solo pelos grilhões do desconforto moral gerador da rebeldia alucinada, inspiradora da vingança. Toda conquista moral se estriba no alicerce da renovação íntima, com serviço a todos os que partilham da nossa vida...*

Silenciando por um pouco, solicitou, com o olhar, o concurso de Bernardo, que lhe entendeu o apelo e aplicou energias vigorosas em Argos, a fim de que ele se assenhoreasse dos ensinamentos que iria ouvir, o mesmo ocorrendo com Áurea e um jovem que mantinha estranha, aturdida aparência, resultado das suas atitudes levianas no corpo. Lentamente os vimos conscientizarem-se, identificando a situação que lhes dizia respeito, com exceção do novo amigo, que se encontrava sob a penosa ação de substâncias alucinógenas que lhe dificultavam a liberação do campo mental. Apesar disso, era visível o seu esforço por apreender o que se passava, de certo modo predispondo-se para os sucessos que iriam tomar corpo.

— *Aqui está o nosso amigo Maurício, muito vinculado aos nossos Argos e Áurea, especialmente ao querido enfermo. Quando dos compromissos infelizes da Boêmia, em que a precipitação fez que se originasse essa pugna de rancor, que se arrasta pelos séculos, o nosso Maurício exerceu papel preponderante na cilada em que tombou, inerme, antigo esposo de Áurea, cujo afeto não era por esta desconsiderado... Viviam-se os lamentáveis conflitos entre* hussitas *e* sigismundistas,[3] *as duas terríveis facções que disputavam o direito de restabelecer a fé pura e transparente do Cristo, ou manter a forma vigente... Depois do ignóbil Concílio de Constança e da morte de* Jan Hus, *o apóstolo da renovação cristã, os ânimos se exaltaram e a guerra civil estalou com toda volúpia, ceifando dezenas de milhares de vidas. O nosso Maurício, então pertencente às hostes do rei* Sigismund, *fomentou o ódio entre os católicos, a fim de que fossem esmagados e destruídos, a ferro e a fogo, os discípulos do mártir incinerado nas chamas da fogueira impiedosa. Amante da vida ostensiva e fútil, receando perder os bens terrenos que explorava com impiedade contra os pobres, era amigo de Argos, que lhe partilhava as ideias e aspirações infelizes, em clima de belicosidade e perversão. À parte os fatos históricos, Argos amava uma jovem castelã que lhe não correspondia ao afeto, casada que se encontrava com nobre cavalheiro* hussita *de nome Felipe, com quem se comprometera antes, em segredo. Amiga de Maurício, a jovem confessou-lhe viver um drama íntimo, oferecendo armas ao comparsa daquele que a assediava, incorrespondido, nascendo do conúbio dos dois amigos o crime nefando que se consumaria numa noite de horror. Convidado a um encontro amoroso, Felipe acedeu à sugestão de Maurício, que o atraiu, acompanhando-o a uma viela na parte velha da cidade de Praga, onde o punhal do adversário, manipulado à traição, varou-lhe as costas ceifando a vida... O crime de natu-*

---

[3] Hussitas e sigmundistas eram os dois grupos que seguiam, respectivamente, os ensinos de *Jan Hus* e do imperador *Sigismund*, que pretendia impor-se à Boêmia, após a morte do seu irmão, o rei Venceslau IV, que governara aquele país, provocando lamentáveis e duradouras lutas fratricidas, nas quais estavam presentes as questões religiosas, no primeiro quartel do sec. XV. *Sigismund* saiu vencedor em 1434, reinando até 1437, quando desencarnou (nota do autor espiritual).

reza pessoal se somaria a outras arbitrariedades não menores e loucuras extravagantes, que os arrastariam a sítios de dor após a morte e renascimentos de amarguras...

Maurício, que parecia recordar-se, chorava copiosamente, enquanto Argos, despertado no centro da memória passada, enrubesceu de cólera malcontida.

Como se não percebesse as emoções dos envolvidos no drama, a instrutora prosseguiu:

— *Depois de vários insucessos, em que as personagens foram trazidas de retorno ao proscênio das lutas, ei-los nos idos de 1815, em Nîmes, atiçando as labaredas da insânia religiosa e política, fazendo as vítimas do massacre de* Arpaillargues, *em abril desse ano, cujos horrores na cruel perseguição constituem uma página de vergonha e dor na história da França. Argos, profundamente vinculado às glórias e estroinices do imperador, vê-lo partir para o exílio e, ainda ao lado de Maurício, entrega-se à sandice, recapitulando experiência em que fracassa, novamente, submetendo Felipe, sua antiga vítima, que se encontrava reencarnado entre os protestantes perseguidos... Estão abertas as comportas do ódio sandeu que agora irrompe voluptuosamente, e agravados os compromissos dos litigantes tresvariados... Áurea, por sua vez, assume responsabilidades graves, na área da afetividade, no mesmo período, igualmente em França, sem ter reencontrado os antigos galanteadores, ora galvanizados pelas próprias paixões, tombando na insensatez de perturbar com a impudicícia um honrado lar, que desmorona sobre os escombros de rude tragédia, que passou a pesar-lhe na consciência... Não é de estranhar-se, portanto, a colheita de aflições que ora lhes chegam sob as dadivosas bênçãos da reencarnação.*

Houve uma larga pausa, para que todos, especialmente os envolvidos nos acontecimentos, pudessem recordar-se e compreender a magnitude do momento, bem como da oportunidade que lhes era concedida para reparação, reequilíbrio e felicidade.

Percebi que cada um dos envolvidos na sucessão de ocorrências apresentava reação diversa. Áurea mostrou-se indisposta, nesse momento, à presença de Argos, como que magoada, desferindo um olhar de surpresa e desconfiança em relação a Maurício, de que se recordava, na atual existência, nele identificando um amigo em relação a quem mantinha sentimentos contraditórios, difíceis de serem explicados. Argos parecia mais irritado e, diante da narrativa que o afligia, passou a tossir, denotando a sensação de dores que foram atendidas pelo presto amigo Bernardo. Maurício, por sua vez, chorava, demonstrando estranho ricto na face...

A irmã Angélica, dominando com serenidade e profundo conhecimento de causa a situação, deu curso aos esclarecimentos:

— *Esta reencarnação é-lhes valiosa, importante e muito decisiva no fenômeno da evolução dos queridos amigos, a quem amamos na condição de filhos do sentimento espiritual. Não é por acaso que renascem sob o pálio da fé espírita, de certo modo legatária dos ideais de* Jan Hus... *A conduta religiosa ser-lhes-á o abrigo de defesa e o campo de crescimento, a escola de reeducação e o hospital de refazimento. Os seus ensinos dar-lhes-ão as forças para a liberdade e contribuirão para que possam melhor resgatar os delitos antigos, através, simultaneamente, do bem que possam espalhar e da caridade que desejem distender a muitas das antigas vítimas que virão em busca do pão da amizade e do teto de apoio... Por enquanto, nosso Maurício foge de si mesmo pelos ínvios caminhos de uma filosofia infeliz que varre a Terra neste momento e perturba as mentes moças, na qual ele se anestesia sem encontrar a paz, já que aqueles que lhe padeceram as penosas injunções sitiam-lhe o campo mental, em desforço compreensível... Como, porém, a Justiça do Pai é feita de amor e misericórdia, dia virá em que se lhe abrirão as portas da Doutrina Espírita, atraindo-o e oferecendo-lhe os preciosos meios para a edificação de si próprio e a libertação dos que lhe compartem por lei a convivência psíquica... Aqui está o grande momento, o instante magno para a valorização de todo o esforço que estamos empreendendo em favor dos queridos filhos. Indispensável que se armem de fé e de ação, de modo a não reincidirem nas mesmas lamentáveis fraquezas, revivendo posições falsas, insustentáveis, com os derivativos da ociosidade e da contumaz insensatez.*

O trabalho contínuo, mesmo um pouco além dos chamados "limites das forças", será o meio de conquistarem valor e elevação pessoal, na convivência e no exercício da caridade para com os "filhos do Calvário". Suas vidas não lhes pertencem, senão à Vida, como, aliás, acontece com todos nós. Preencham as suas horas com as dádivas do amor-ação, a fim de que a "hora vazia" não os surpreenda em novos planos de negacear ante o dever com acumpliciamentos perigosos, sob as tenazes dos que lhes padeceram a arrogância e não esqueceram os sofrimentos experimentados.

Pude notar lágrimas nos olhos da nobre entidade que se calou por momentos, terminando com um vigoroso apelo:

– *Filhos, meditem! Os encontros e os reencontros com outras almas, queridas ou não, nos caminhos do futuro, definirão os seus rumos... Jesus ou o mundo!... A opção é pessoal, intrans-*

ferível, e os efeitos igualmente surgirão na pauta da economia moral de cada qual. Aproveitem o tempo e vigiem. Os sofredores buscarão a sua convivência; não se furtem aos párias de hoje, muitos dos quais já estiveram ao lado de vocês, envergando ricas indumentárias, ora em trapos... Não se enganem com os ouropéis, nem as frivolidades do jogo das ilusões. Há muito que fazer em favor de vocês mesmos e que outrem não pode realizar. Jesus é o nosso Modelo. Sigam-Lhe os exemplos de amor e mansidão, envolvendo-se com as forças da austeridade do dever e a nobreza da humildade que lhes darão a garantia do triunfo no serviço renovador da caridade.

Calando-se, abraçou os três amigos e acrescentando outras advertências mais íntimas, dirigiu-nos palavras animadoras e, desculpando-se, foi atender outros grupos, quando o Dr. Lustoza nos informou que era chegado o momento de retornarmos com Argos e Áurea, enquanto Maurício ia conduzido ao grupo com o qual se fizera presente à reunião.

Eu não conseguia silenciar a mente, num misto de gratidão em prece e sede de informações cujas perguntas o momento não me permitia formular. A verdade é que havia material para acuradas reflexões, que eu esperava incorporar ao meu dia a dia futuro.

10

REFLEXOS DO PASSADO NA PERSONALIDADE

Quando me surgiu a oportunidade própria, não pude sopitar as interrogações que me ficaram, em decorrência da excelente orientação que a irmã Angélica, dirigindo-se aos seus pupilos, a todos por extensão, nos proporcionou. Assim, quando o Dr. Lustoza, num intervalo das suas atividades, veio estar comigo, não adiei as inquirições, que foram gentilmente atendidas.

– *Por que razão* – indaguei, interessado – *a benfeitora convocou Maurício à participação dos esclarecimentos posteriores à sua palestra? Outrossim, por que o jovem se apresentava com reações psicológicas tão estranhas?*

Sem qualquer alarde ou artificialismo de quem pretendesse assumir uma posição de mestre ou de sábio, respondeu-me o amigo com simplicidade:

– *Conforme vimos, o nosso jovem tem desempenhado um papel negativo de alto relevo nas ações comprometedoras do casal sob nossa assistência. Nas duas referências sintéticas que nos relatou a benfeitora, ele foi o instrumento maleável para a estimulação das tendências primitivas que geraram os males de que hoje Argos se ressente. Espírito jovem nas responsabilidades mo-*

rais, estagia em experiências que lhe exigirão sacrifícios para os quais não dispõe, por enquanto, das resistências morais para o êxito que seria de esperar-se. Não havendo aproveitado devidamente as últimas reencarnações, máxime as dores a que se expôs ultimamente, como colheita da leviandade, permanece ainda anestesiado pelos vapores da ilusão, que teima por preservar.

Como se desejasse apresentar uma síntese mais completa da personalidade do jovem, fazendo uma digressão em torno do fenômeno da maturidade psicológica, esclareceu:

— *A Psicologia tradicional elucida que a infância se caracteriza pelo egocentrismo, em que, ainda amoral e, às vezes, cruel, a criança exige ser amada, protegida, tornando-se um ser* captativo, *que toma, exige atenção, passando, posteriormente, a uma posição* oblativa, *quando lhe surgem os desejos e aptidões para amar, para oferecer, para servir, iniciando-se o período de amadurecimento da área da afetividade. Em decorrência, a criança, por falta de tirocínio e de reflexão, vive o presente, não tendo uma visão, senão muito incompleta e mesmo fragmentada, das realidades de tempo e espaço. O adulto, em razão das necessidades que identifica, da escala de valores da vida que passa a nortear-lhe a existência e do instinto de preservação de si mesmo, põe-se a viver no futuro. Organiza tarefas, programa atividades tendo em vista o amanhã, quando espera prosseguir fruindo os bens e as realizações logrados. A pessoa de idade avançada, porque crê que o futuro perdeu qualquer sentido, em razão da falta de tempo, que a vida talvez não lhe faculte, apega-se ao passado, vivendo de recordações e remontando às mesmas sob qualquer pretexto. A transferência do indivíduo de uma para outra fase – do presente para o futuro ou para o passado – caracteriza-lhe o amadurecimento afetivo. Muitas vezes, a criança, não podendo superar uma ocorrência que a assusta e não encontrando apoio emocional para diluir o incidente, gera um bloqueio como trauma que lhe impedirá o desenvolvimento e a transposição de uma para outra fase, chegando ao período de adulta, retida num estágio de infantilismo. Isso explica as reações de imaturidade de muitas pessoas ante as ocorrências e as circunstâncias mais variadas da vida. Em razão de tal estado, revelam-se inseguras e egocêntricas, possuem frágil estrutura moral e não demonstram senso de equilíbrio, dificilmente assumindo e desincumbindo-se de responsabilidades, apresentando grande instabilidade nas decisões e uma terrível incapacidade de doar sem receber, de auxiliar sem gratificação de qualquer natureza, estribando seus raciocínios em sonhos vagos, absurdos, que as conduzem a atitudes ilógicas, destituídas de discernimento crítico. Como consequência, têm a forma e a força de adultos, exercem funções e desenvolvem programas pertinentes à idade da razão, sem que hajam saído da infância. Porque são dicotômicas – uma aparência física adulta e uma psique infantil –, tornam-se perigosas em decorrência das suas reações imprevisíveis diante das ocorrências que as surpreendem ou promovem. Ora, sob o ponto de vista espiritual, trata-se de criaturas jovens na responsabilidade, inabituadas aos compromissos superiores, cujas experiências se desenvolveram em campo de superficialidades e interesses pessoais sem maiores aquisições morais. Soma-se a essa conduta imatura a interferência psíquica dos Espíritos afins, dos adversários da retaguarda, que as levam a estados de grave apatia, desinteresse pelos valores nobilitantes e, porque maleáveis às induções perniciosas, transformam-se em instrumentos de perturbação e delinquência. Aparentemente são simpáticas por conveniência, gentis enquanto os seus interesses têm primazia, saturando-se com facilidade de tudo e de todos, transferindo-se de ideais e objetivos que até há pouco eram a própria vida, para outros ou nenhuns, com a maior aparente desfaçatez e irresponsabilidade. Para o bem da comunidade e deles próprios, cabe aos adultos fazer um exame de si mesmos, uma autoanálise das suas atitudes, uma avaliação periódica do comportamento, envidando esforços para educar-se ou reeducar-se no campo emocional ou no setor comportamental, no qual se lhes faça necessário. Assim, mediante disciplina da vontade, exercício mental correto em torno dos ideais relevantes e dos pensamentos enobrecidos, tornar-se-lhes-ão mais duradouros os impulsos para o equilíbrio que se estruturará, ao longo do tempo, em atividades salutares, evitando-se prejuízos sociais expressivos, distúrbios psicológicos e de comportamento numerosos, e serão interrompidos graves conúbios obsessivos de largo curso... A maturidade psicológica do homem leva-o a uma atitude dinâmica, em que ele busca desenvolver-se cada vez mais, oferecendo-lhe possibilidades de realizar uma situação harmônica entre ele, a sociedade e o ambiente no qual se encontra colocado. Certamente, que esta conquista é obtida através das reencarnações, como decorrência das vivências e aprendizagens que despertam no ser a consciência, que abre as possibilidades para além do pensamento – a faixa da intuição.*

Calou-se por um momento.

Depois desta lúcida formulação em torno do amadurecimento da personalidade e da dicotomia mente/corpo, referiu-se mais especialmente a Maurício, cujo comportamento lhe era familiar, informando:

– *Herdeiro dos hábitos equivocados e ligado emocionalmente a outros cômpares de insânia, o seu desenvolvimento psíquico, em algumas funções, pelo impositivo da reencarnação, faz-se unilateralmente, em razão do corpo perispiritual, ao modelar as organizações fisiológica e psicológica, plasmar os efeitos dos inditosos procedimentos pretéritos como mecanismos de recuperação espiritual. No momento, o nosso amigo, revelando insatisfação e desconforto íntimo, com a área da afetividade muito perturbada, evadiu-se do lar, vinculando--se a um grupo de jovens músicos, igualmente sonhadores, experimentando estupefacientes e drogas alucinógenas que lhes desatam recordações torpes, mais os afligindo e perturbando... Oportunamente o visitaremos, a fim de o despertarmos para os objetivos mais nobres do Espírito, de modo que ele possa canalizar as energias dispersas, de forma útil, ganhando a bênção da reencarnação que o felicita e pode transformar o cipoal de desdita mais enleadora. Oxalá ele mantenha as recordações do encontro da noite e deixe-se arrastar pela melancolia e pela frustração, em face da não colheita de paz e alegrias duradouras no seu atual comportamento, favorecendo-se, assim, com as* brechas mentais *para a inspiração e a condução dos seus passos em tentames espirituais mais condizentes com os objetivos da sua vida atual.*

Ante o natural silêncio que se fez espontâneo, e porque parecesse aguardando novas indagações, desculpando-me pela insistência, inquiri o ínclito esculápio:

– *Por que de cólera e surda revolta as reações de Argos, ante as evocações trazidas pela irmã Angélica? Ser-lhe-ia, talvez, melhor, que permanecessem adormecidas as ações infelizes de que padece os efeitos?*

– Se devessem continuar esquecidas – explicou, com lógica –, a mentora não as traria à baila, evitando tomar em consideração a atitude rancorosa e amarga do paciente em recuperação. Sabemos que todo fator, oculto ou esquecido, de trauma, enquanto não liberado, prossegue como blo-

queio, impedindo a renovação do campo em que se instala. A conscientização de qualquer ocorrência é indispensável para uma legítima avaliação de resultados com o competente interesse por aprimorar a realização, quando sadia, ou correção do ato, pela reeducação e novas tentativas de reparação. Além disso, os nossos conceitos em torno da maturação psicológica da personalidade de Maurício são perfeitamente aplicáveis a Argos, que se revela emotivo em excesso, quando se permite a autopiedade, elaborando esquemas de evasão sob alegações em que o utilitarismo prevalece. E porque as pessoas tombadas em erros, quando são flagradas, costumam justificar desconhecimento dos fatores que as levaram aos enganos, produzindo-se a recordação dos malogros, do nosso lado, *e contando-se mesmo como parcial esquecimento quando da volta ao corpo, sempre ficam reminiscências que afloram, nos momentos próprios,* sinais vermelhos *na mente, como advertências inconscientes ante novas decisões precipitadas que levam ao caos, receios de prejudicar os outros, dando surgimento a responsabilidades e consciência de justiça... As reações de enfado e ressentimento, de amargura e de cólera decorrem do temperamento apaixonado e caprichoso de quem se acostumou à usurpação sem admitir reproche, ao abuso de posição sem dar lugar a advertência e da arrogância que não permite admoestação. A dor, porém, encarregar-se-á de lapidar-lhe as arestas e submeter-lhe a cerviz mediante os limites orgânicos e as resistências enfraquecidas, a par dos contínuos conflitos na afetividade e no relacionamento social que buscará como fonte de emulação, ressuscitando as velhas paixões, porém sofrendo rejeição aqui e indiferença acolá, após ser constatada a pouca utilidade que possui no jogo das trocas de valores, num contexto apaixonado e doente como o em que vivem largas faixas da comunidade terrestre, para as quais a amizade, a afeição fazem-se estabelecidas e sustentadas pelos sórdidos implementos das coisas vãs. O nosso Argos tem um largo caminho a percorrer neste quinquênio, no qual a dor e o receio se lhe farão companheiros constantes, trabalhando--lhe o Espírito rebelde e comprometido...*

— *E Áurea* — tornei à interrogação — *reencontrará os a quem perturbou? Notei-lhe a reação de desagrado em relação ao esposo e de suspeita em referência ao amigo. Não lhe teria sido negativa a evocação dos acontecimentos?*

— *De forma alguma* — retrucou, peremptório. — *Todos conduzimos, inevitavelmente, as próprias experiências. Ignorá-las não significa tê-las superado. A dívida esquecida, por melhor que seja a intenção do comprometido, permanece aguardando liquidação. As nossas, como os nossos afetos, ressurgem pela estrada com as disposições que lhes estabelecemos ou motivamos. Ninguém caminha desacompanhado de parceiros, amores ou inimigos... Renascimento no corpo é dieta para a evolução com os ingredientes necessários à saúde moral e espiritual de cada qual. Sentindo-se ludibriada pelo esposo que lhe ocultou a enfermidade, Áurea desencadeou outras lembranças que ora irá* digerindo *mediante o uso do medicamento evangélico de que se servirá, compreendendo que esta oportunidade é de reparação em vez de constituir-lhe um crédito para as alegrias que, por enquanto, não pode fruir. Recordando-se dos sentimentos dúplices que Maurício lhe inspirava no corpo, entendeu e receou a presença do antigo promotor da sua desdita no matrimônio forçado a que foi levada, após o assassinato daquele a quem realmente amava... Um fato quase sempre desencadeia uma sucessão de novos acontecimentos, o mesmo se dando quando se elucida algo nebuloso, que serve de fator predominante na equação de inúmeros quesitos outros que permaneciam como incógnitas. Assim, o simbólico fio de Ariadne, da mitologia grega, pode ser a revelação dos fatos que a reencarnação oferece para os enigmas da evolução, no labirinto das realizações humanas.*

Nesse momento, Bernardo veio convidar-nos a visitar um paciente que acabara de dar entrada no sanatório e que fazia parte do grupo ao qual a irmã Angélica prestava assistência. Fomos, portanto, atender ao dever, sinceramente gratificado pelos informes do lúcido amigo.

11

MEDIDAS PROFILÁTICAS PARA OBSESSÕES

Quando chegamos à enfermaria onde fora alojado o novo paciente, o Dr. Vasconcelos mui atentamente procurava reanimá-lo de uma síncope sofrida momentos antes, em razão de uma brutal hemoptise, decorrente do agravamento da enfermidade com o transporte incômodo de que fora objeto. Tratava-se de um homem desgastado, com a tipologia do tísico tradicional, vítima da soez doença e de fatores outros socioeconômicos que contribuíram para o seu mais célere deperecimento orgânico. Deveria estar com trinta e cinco anos, aproximadamente, apesar da aparência envelhecida, debilitada.

O médico aplicou-lhe uma substância estimulante, endovenosa, e outra para refazer-lhe as forças, providenciando colocação de soro fisiológico e sangue. Lentamente, o recém-chegado, transpirando em quantidade, recobrou a consciência, ainda pálido, sob visível emoção.

Nesse comenos, vimos chegar a irmã Angélica, que se acercou, saudou-nos e encarou o doente, como a penetrar-lhe o mundo interior, indevassável a uma observação menos acurada.

— *Graças a Deus!* — respirou, aliviada. — *Ainda é possível auxiliar o nosso Valtércio.*

Ato contínuo, conclamou-nos à oração silenciosa, recorrendo ao auxílio psicoterápico do dedicado Bernardo, que o acudiu com passes de dispersão fluídica, a princípio, para, logo depois, em movimentos rítmicos, circulares, objetivando a área cardiopulmonar, revigorá-lo com energias especiais.

A esse momento, o soro lhe estava sendo colocado e, quando terminou o concurso espiritual, podia-se notar-lhe os sinais de refazimento, sob o pálio de um sono restaurador, tranquilizante.

O médico demonstrou satisfação ante o efeito do remédio de urgência, sem perceber a interferência oportuna e segura que procedia do nosso campo de ação. A transmissão de força fluídica e a absorção, pelo doente, das energias canalizadas pela oração constituíam-lhe, no momento, alta carga de recursos terapêuticos a estimular os campos vitais encarregados de aglutinar e fomentar o surgimento das células para o *milagre* da saúde.

— *Agora ele repousará* — asseverou a benfeitora espiritual — *e isso lhe fará muito bem. Mesmo em face da gravidade do seu estado de saúde, poderemos intentar dispensar-lhe socorros, liberando-o, mesmo que parcialmente, da conjuntura espiritual negativa que o estiola. À noite, tomaremos providência a esse respeito, em hora que informaremos aos amigos.*

Assim assinalado, afastou-se para os seus misteres habituais. Ficamos, o Dr. Lustoza, Bernardo e nós que fazíamos o estágio de aprendizagem.

A informação de que Valtércio padecia de perturbação espiritual colheu-me de surpresa, em razão de não haver percebido qualquer entidade perniciosa no seu campo de irradiação perispiritual, o que me significava pequena capacidade de penetração neste mundo complexo da mente e da vida.

Percebendo-me a perplexidade, o médico observador espontaneamente veio em meu auxílio.

– *Valtércio* – expôs, com naturalidade – *vem de um processo penoso na área espiritual, que agora assume proporções gigantescas pela desarticulação dos equipamentos orgânicos. A doença que se lhe alojou, há cerca de dois anos, alcança o seu clímax em razão da falta de recursos médicos e alimentares que a pudessem deter no momento próprio. Acossado por problemas domésticos, fez um quadro de pessimismo mental e com a desarmonia que se lhe instalou, corrosiva, passou a desferir vibrações deletérias que completaram o desajuste e a destruição das frágeis reservas físicas, permitindo-lhe a instalação e virulência devastadora da tuberculose pulmonar. Sem dúvida, que o quadro das suas aflições atuais faz parte da sua pauta de evolução como decorrência inevitável das suas atitudes malsãs em outras vidas. Nessa conjuntura, desempenha um papel de relevo a presença de ferrenhos adversários desencarnados, destacando-se um impiedoso cobrador que logrou imiscuir-se na sua vida, terminando por imantar-se a ele e subjugá-lo em violenta vampirização de forças, de tal modo pertinaz que se justapôs à massa física, numa quase simbiose parasitária que o condena à desencarnação imediata, caso não receba competente resistência.*

Desejando mais instruir-me a respeito das sutilezas de insuspeitáveis comportamentos dessa natureza, encorajei-me a indagar:

— *Qual o mecanismo dessa* parasitose, *que se agrava até chegar a um estágio tão avançado?*

— *É semelhante ao que ocorre no reino vegetal* — argumentou com imagem simples e clara —, *em que o parasita se aloja em qualquer parte do receptáculo que lhe recebe a invasão, aí começando a absorver a seiva que o nutre e o desenvolve, propiciando um crescimento que constringe o hospedeiro, com raízes vigorosas e, por fim, penetrando-lhe a intimidade, mata-o pela absorção da vitalidade, sobrepondo-se, dominador... No homem, inicialmente o* hóspede *espiritual, movido pela morbidez do ódio ou do amor insano, ou por outros sentimentos, envolve a casa mental do futuro parceiro — a quem se encontra vinculado por compromissos infelizes de outras vidas, o que lhe confere receptividade por parte deste, mediante a consciência da culpa, o arrependimento desequilibrante, a afinidade nos gostos e aspirações, por ser endividado — enviando-lhe mensagens persistentes, em contínuas tentativas telepáticas, até que sejam captadas as primeiras induções, que abrirão o campo a incursões mais ousadas e vigorosas. Digamos que este é o período em que se aloja a semente parasita na planta descuidada, que lhe passa a alimentar a germinação com os seus recursos excedentes.*

A ideia esporádica, mas persistente, vai-se fixando no receptor que, de início, não se dá conta, especialmente se possui predisposição para a morbidez; se dotado de imaturidade psíquica; quando se compraz por cultivar pensamentos pessimistas, derrotistas e viciosos, passando à aceitação e ampliação do pensamento negativo que lhe chega. Nessa fase já está instalado o clima da obsessão que, não encontrando resistência, se expande, porque o invasor vai-se impondo à vítima que o recebe com certa satisfação, convivendo com a onda mental dominadora.

Ao longo do tempo, o obsidiado se aliena dos demais objetivos da vida, permanecendo em fixação interior do pensamento que o constringe, cedendo-lhe a área da razão, do discernimento e deixando-se desvitalizar. Quando se infiltram as forças do hóspede, na seiva psíquica do anfitrião, o desencarnado igualmente cai na armadilha que preparou, porque passa a viver as sensações e as emoções, experimentando os conflitos do seu subjugado, estabelecendo-se uma interdependência entre as duas Entidades. Nesse estágio, raramente fica a ligação apenas no campo psíquico, porque o invasor assenhoreia-se das forças físicas do paciente, através do perispírito, humanizando-se outra vez, isto é, voltando a vivenciar as conjunturas da realidade carnal. O hospedeiro *deperece, enquanto o hóspede se* abastece, *facultando a instalação de doenças no corpo somático ou a piora delas, caso já se encontre enfermo. A simbiose se transforma, também, numa obsessão física, porque o desencarnado adere à câmara orgânica, explorando-lhe a vitalidade e acoplando-se aos fulcros perispirituais da criatura encarnada em doloroso e destruidor conúbio. O afastamento, puro e simples, do agente obsessivo, normalmente produz a desencarnação do paciente que lhe sofre a falta e, porque desfalcado de energias mantenedoras da vida fisiológica, rompem-se-lhe os laços que atam o Espírito à matéria, advindo a morte desta. Por sua vez, o indigitado obsessor tomba, carregado do tônus vital que foi usurpado, em um processo parecido a nova desencarnação que o bloqueia temporariamente ou o leva a uma hibernação transitória.*

Todo aquele que defrauda a lei, sofre as consequências do ato arbitrário, que, por sua vez, converte-se em automático agente punitivo, levando o infrator ao reajuste.

Eu não podia negar que havia muita lógica na elucidação, cada vez mais compreendendo a justeza do conceito sobre a "consciência tranquila", ilibada, sem vinculações negativas com a retaguarda, nem projetos mirabolantes, perturbadores, para a frente.

— *À parte os fatores cármicos preponderantes ou propiciatórios* — aduziu o Dr. Arnaldo —, *os processos obsessivos se instalam porque os Espíritos imaturos não se esforçam por adquirir uma capacidade doadora, conforme chamam os psicólogos, oblativa, saindo de si para oferecer, para dar-se, gerando relacionamentos efetivos, duradouros, simpáticos, que produzem bônus de valor moral e de paz. O homem nasceu para amar. O Espírito é criado para amar. Nos estágios iniciais, infantis, pelo egocentrismo de que se faz objeto, mesmo quando se dispõe ao amor, quase sempre o avilta com as paixões subalternas. O amor, todavia, que jaz inato em todas as criaturas, pode ser educado, desenvolvido, ampliando a sua capacidade doadora, a fim de que se possa expressar em toda a pujança e grandeza. Para que tal ocorra, faz-se imprescindível que o indivíduo se desenvolva em plenitude, não somente através da área do sentimento, senão também da inteligência e da razão, amadurecendo a personalidade. Quando o amor alcança este estágio, ele desperta amor, gera reciprocidade, inspira reações semelhantes, o que igualmente sucede quando a pessoa cultiva o ódio, a desconfiança, a insegurança, produzindo nos que a cercam sentimentos e efeitos análogos. Com tal capacidade interior de amar, não há como agasalhar as induções perniciosas dos perseguidores desencarnados, que são rechaçadas pelo otimismo, pela reflexão e segurança emocional.*

Os indivíduos tornam-se presas fáceis dos seus antigos comparsas, tombando nos processos variados de alienações ob-

sessivas, porque, além de se descurarem da observância espiritual da existência, mediante atitudes salutares, comportamento equilibrado e vida mental enriquecida pela prece, pela reflexão, não se esforçam por libertar-se dos aborrecimentos e problemas desgastantes, mediante a aplicação dos recursos físicos e especialmente dos mentais, por acomodação preguiçosa ou por uma dependência emotiva, infantil, que sempre transfere responsabilidades para os outros e prazeres para si. São poucos, ainda, os indivíduos que se utilizam corretamente da razão, isto é, que tomam conhecimento e participam dos acontecimentos do mundo objetivo como do subjetivo, conscientizando-se da sua realidade espiritual. Faz-se imperioso aprender a pensar e a utilizar com sabedoria o raciocínio, extraindo equilíbrio e discernimento. Naqueles nos quais o hábito de bem pensar é fugidio ou raro, porque a mente permanece em desconcerto, rica de imagens perturbadoras e recordações de teor prejudicial, mais facilmente os parasitas espirituais *encontram campo para se instalar, desenvolvendo as suas metas infelizes. A vontade disciplinada e o hábito da concentração superior armam o homem para e contra mil vicissitudes, que defronta na sua escalada evolutiva. Não há milagre! Quando tal parece ocorrer, é resultado de muitos fatores que se conjugam, produzindo um efeito natural, ético, que irrompe com desconhecimento das suas causas, não, porém, sem elas.*

A concentração positiva libera a mente dos clichês viciosos, próprios ou recebidos de outras mentes, como do meio onde vive, já que todos somos sensíveis ao ambiente no qual nos movimentamos. Por adaptação às ocorrências do dia a dia o homem se deixa arrastar meio dormindo pela correnteza dos acontecimentos, sem despertar o pensamento para que o intelecto raciocine com objetividade e discernimento, estabelecendo parâmetros do que deve e não deseja, ao que não deve, mas deseja fazer... Como efeito, a preguiça mental é um polo de captação das induções obsessivas pelo princípio de aceitação irracional de tudo quanto a atinge. Cabe ao homem que pensa dar plasticidade ao raciocínio, ampliando o campo das ideias e renovando-as com o aprimoramento da possibilidade de absorver os elementos salutares que o enriquecem de sabedoria e de paz íntima. Com o tempo, a capacidade de discernir dota-o com a aptidão da escolha dos valores que o impulsionam para mais altas aspirações, com plena libertação dos vícios de toda natureza, inocente *como uma criança, sem os tormentos da insatisfação e equilibrado nas aspirações, como um sábio que já se resolveu pela conquista, em harmonia, daquilo que lhe é melhor.*

Podemos chamar a essa atitude de psicoterapia preventiva ou tratamento para as obsessões.

Confesso que me encontrava extasiado. Na humildade do amigo discreto, havia um *filão aurífero* de conhecimentos que variavam nos campos da Psicologia e da Psicanálise, da Fisiologia e da Terapêutica Médica, com apurado senso de discernimento numa mente clara, sem ortodoxias e aberta à contribuição do conhecimento donde quer que procedesse.

Enquanto caminhávamos pelo comprido corredor entre as duas amplas enfermarias, arrematei o nosso diálogo com uma indagação final:

— *Então, embora a presença iniludível da tuberculose pulmonar, Valtércio poderia ser considerado um obsidiado?*

— *Caro Miranda* – respondeu, com bom humor –, *não me atrevo a pontificar com opiniões pessoais, correndo o risco de ser considerado um inovador neste campo de estudos sérios, que ora interessa, embora com outras designações, aos nobres observadores das doutrinas da mente, como aos investigadores sinceros e meticulosos das fileiras espíritas, na Terra. Também não é nosso pensamento intentar colocar na patologia de inumeráveis enfermidades físicas e psíquicas a obsessão, direta ou indiretamente. O que observamos é que, seja qual for o problema que descompense o equilíbrio da criatura, de ordem ética, psíquica ou física, em razão do passado espiritual dela mesma e em face da atual situação moral do planeta, normalmente encontramos, por Leis de Afinidades e Sintonia mental-emocional, interferências de Entidades enfermas, perturbadoras e vingativas sediadas além das fronteiras físicas. Sem maior receio de confirmá-lo, como teremos ensejo de o comprovar, o nosso Valtércio, embora a doença que o vitima, é, tecnicamente, um obsidiado.*

Porque Bernardo e o médico tivessem outros compromissos que me não competia atender, fiquei a meditar em formoso bosque um tanto primitivo nos arredores do sanatório, aguardando os acontecimentos programados para aquela noite.

12

PROVIDÊNCIAS INESPERADAS

O conceito de Jesus sobre o amor é o roteiro de maior segurança para o equilíbrio do homem.

À medida que se adquire maturidade, o amor faz-se mais abrangente, exteriorizando-se e atingindo as demais pessoas, interferindo no meio social e melhorando as condições de vida do lugar onde medra.

A necessidade de viver em sociedade é manifestação do amor, na sua expressão mais profunda, impelindo os indivíduos para uma comunhão de sentimentos mais plena, através da qual se realizam.

As desditas morais e angústias geradoras de sofrimentos de vário porte resultam da visão distorcida sobre o amor, que leva a criatura às imposições egoístas, que disfarçam com a aparência do sentimento nobre.

Em face da aplicação arbitrária ou do abuso da faculdade de amar, submetendo o próximo e o explorando, impondo-se e corrompendo-o, é que surgem os antagonismos, os ódios fulminantes, as mágoas de largo curso, os estímulos à vingança, e porque agasalhados com sofreguidão, estiolam as tecelagens sutis da organização espiritual, facultando o desencadear de inúmeras doenças.

Amar é uma arte que exige maturação e sacrifício, na qual se devem investir os valores do sentimento e da inteligência para atingir plenitude. Esse amor sem algemas fomenta o senso da fraternidade, que produz uma generosa tolerância para com as faltas e limitações alheias e perdoa em razão de poder penetrar as razões que se ocultam por trás das aparências, nem sempre agradáveis. Despe-se da pequenez possessiva e egoísta, pessoal e emotiva, levando a um profundo comportamento altruísta, genérico e rico de respeito aos direitos dos outros com inalterável renúncia pessoal.

Conhecedor da alma humana, o Mestre pôde estabelecer no "amor a Deus acima de tudo e ao próximo como a si mesmo" a base, a razão e a finalidade da vida, única forma de crescer-se e alcançar-se a realidade íntima, fazendo-a desabrochar em todas as suas potencialidades, por enquanto em estado latente.

Informado da hora em que nos deveríamos reunir para um atendimento especial a Valtércio, procuramos comparecer minutos antes, estimulado pelo interesse fraternal de auxiliar o enfermo, como pela necessidade de aprofundar estudos e observações valiosos.

A irmã Angélica, o Dr. Lustoza, o amigo Bernardo e dois outros simpáticos cooperadores postaram-se em volta do leito do companheiro encarnado, que denotava acentuada quão incômoda dispneia.

Observando-o mais atentamente, não podíamos evitar a compaixão que nos inspirava ante a consumpção orgânica e o aturdimento mental que o excruciavam.

Detendo-me na sua aura com radiações de cores carregadas e irregulares, pude perceber uma sombra mais densa que o cobria quase por inteiro, fazendo recordar a concha sobre o caramujo com menor volume e maior comprimento... A forma que se lhe justapunha, dominando-lhe a parte posterior do cérebro e alongando-se por toda a coluna vertebral, parecia constituída de *ventosas* que se lhe fixavam penosamente, ao mesmo tempo absorvendo-lhe as energias e intoxicando a região na qual se firmava.

Ungido de verdadeira caridade pus-me a orar em silêncio, não apenas por Valtércio, senão também pelo seu adversário, que deveria, na alucinação em que se deixara enredar, estar sofrendo amargas e desconcertantes aflições.

A benfeitora, sem delongas, exorou a proteção de Deus para o empreendimento socorrista, depois do que o nosso abençoado técnico em passes aplicou recursos magnéticos especiais, desenovelando dos fluidos mais densos o Espírito perverso, que se não dava conta, conscientemente, da ocorrência, embora experimentasse os choques da corrente de energia com que o especialista o desligava da situação constritora que impunha a Valtércio. Não o liberou, porém, totalmente, deixando que permanecesse certa imantação perispiritual com o enfermo, que foi, a seu turno, semidesligado da forma física, a fim de serem conduzidos sob sono profundo à Colônia espiritual onde o carinho do venerando Héber contribuiria para o cometimento da caridade.

Minutos depois nos encontrávamos em agradável recinto, recepcionados pelo diretor da comunidade, que nos aguardava, otimista.

Ali estava outra pessoa ainda reencarnada, apresentando sinais de grande inquietação, embora sob vigilância e assistência cuidadosa com outras Entidades do nosso plano.

Acomodados os recém-chegados, percebi que formávamos um círculo e que os companheiros ainda sediados no plano físico eram amparados de ambos os lados por trabalhadores espirituais.

A pedido da irmã Angélica, o respeitável Héber invocou a proteção superior em comovida prece, na qual rogava amparo para Valtércio, mas também iluminação para aquele que o vergastava com as terríveis chibatas do ódio...

Lentamente a sala foi invadida por uma brisa suave, que nos penetrou agradavelmente.

A orientadora aproximou-se do enfermo em sono profundo e tocou-lhe as têmporas, chamando-o à nossa realidade. A sua voz, mansa e clara, fazia-se portadora de grande magnetismo que, de imediato, despertou-o. Demonstrando o desconforto respiratório que a doença lhe causava, Valtércio emocionou-se, acreditando viver um sonho em face das várias presenças que de pronto identificou.

– *Tranquiliza-te, amigo* – falou, afetuosa –, *e procura assimilar o que ouças e vejas. Este é um momento de grande relevo na tua vida, por mercê da magnanimidade de Deus. As tuas orações foram ouvidas e aqui estão sendo tomadas as providências próprias conforme a urgência e gravidade do teu problema.*

O enfermo ouviu-a, tocado pela emoção que não conseguia controlar. Assim mesmo, indagou:

– *Onde me encontro? Quem sois, alma bem-aventurada?*

– *Estás entre amigos* – redarguiu-lhe, prestativa – *que nos reunimos para estudar e melhorar o quadro das tuas aflições. Sou apenas tua irmã e a bem-aventurança é a meta não lograda, que aspiramos ao longo do tempo. Cala, agora, as interrogações, e ora em pensamento contrito.*

Percebi que a Entidade que se lhe *acoplava* ao corpo e que fora trazida, emaranhava os seus fluidos na exteriorização perispiritual de Valtércio, como se fora um apêndice desagradável que o *corpo sutil* arrastava.

Recordei-me dos casos de xifopagia com as suas expressões teratológicas e não pude negar que me encontrava diante de um fenômeno equivalente no campo espiritual, apesar das características próprias de que se revestia. Imaginei a ocorrência da reencarnação e deduzi que esta se faria, em casos desses, através do inevitável *acidente genético* que está a desafiar os estudiosos interessados. Não havia, porém, tempo para análises, porquanto, nesse momento, Bernardo intentava deslindar as fixações do vingador de sobre os *centros de força* vital do paciente.

Vi que o perturbador, à medida que se deslocava do campo em que se alojava, passou a debater-se e, lúcido, imprecava justiça e afirmava a necessidade do desforço.

Os fluidos absorvidos deixaram-no com dificuldade de ação, embora a mente fixada nos objetivos infelizes que teimava por declarar.

— *Vingar-me-ei sem piedade!* — desafogava com ricto de crueldade. — *Hei de debilitar o infeliz, tomando-lhe as energias, até que tombe e, atado a mim, eu prossiga na minha cobrança que espero não tenha fim.*

Outras ameaças se sucediam, entre impropérios e recriminações que não eram contestadas.

Percebendo-se notado por Valtércio, que não pôde ocultar a surpresa ante o aspecto feroz do adversário, e porque ainda na mesma carregada psicosfera, assumiu uma atitude agressiva, qual se desejasse estrangular a vítima atoleimada.

A mentora que acompanhava, compreensiva, o desenrolar dos acontecimentos, sem qualquer precipitação ou violência, interveio com a mesma doçura na voz repassada de energia:
– *Senta-te e acalma-te!*
Como se tocado pelo vigor da luminosidade dos seus olhos ou a vibração que se exteriorizava da sua palavra de comando, o indigitado cobrador arriou, literalmente, na cadeira ao lado do seu suposto antagonista, que se ressentia da ameaça ouvida.

Os auxiliares que nos acompanharam desde o sanatório, a uma indicação da mentora, despertaram a outra pessoa que permanecia em sono e a tranquilizaram para as ocorrências em pauta.

A um sinal quase imperceptível dela, o círculo se desfez na parte posterior da sala, em referência à entrada, onde apareceu uma tela semelhante à dos cinemas terrestres, com uma constituição levemente diversa, porque, durante as projeções, conseguia captar as formas das imagens em terceira dimensão, qual se fora uma janela aberta diante de acontecimentos que se estivesse a observar.

– *Remontemos* – informou a irmã Angélica – *à origem dos acontecimentos que ora se encontram em superlativa definição de dor e revide.*

A luz diminuiu de intensidade e aos lados do painel postaram-se dois auxiliares espirituais, que percebi exercerem a tarefa de fornecer energias para a condensação dos registros dos acontecimentos passados. Um pequeno aparelho passou a projetar as cenas que adquiriram o aspecto tridimensional. Registrava uma luta brutal, na qual um cavaleiro cruzado terminava por aprisionar um mouro, a quem excruciava, enquanto o arrastava em vitória pelo acampamento destruído. Podia-se ver-lhe a cruz representativa do ideal alucinado de Pedro, o Eremita, que fomentara as chacinas religiosas entre cristãos e muçulmanos em demorados séculos de loucura selvagem. Após espezinhar o vencido, foi este atado a um esteio grosso e ordenado que se lhe atirassem lanças que o não deveriam matar, levando-o a um estado de insuportável agonia. Por fim, o cruzado cravou-lhe a própria espada, com golpe certeiro, no coração...

Não havia dúvida quanto à identidade dos litigantes, ali ressuscitados nos irmãos inditosos.

A seguir, desapareceram as imagens, para surgir um novo campo de ação, no qual um nobre raptou jovem mulher que conduziu ao seu castelo sob os inúteis protestos da vítima, que seria utilizada no jogo das paixões primitivas do senhor das terras onde vivia a sua família. Via-se, em continuação, um homem amadurecido, trucidado pelo sofrimento e pelo rancor, que se ajoelhava, numa audiência pública, ante o expropriador da vida da sua filha e suplicava-lhe, por piedade, a devolução da moça... Escarnecido e considerado caluniador, era jogado a um cárcere imundo, após chibateado, onde desencarnou à míngua de qualquer comiseração.

Novamente se defrontam os antagonistas, o cruzado renascido volta a esmagar o mouro reencarnado, surgindo a personagem feminina no intrincado da tragédia.

Durante a projeção ouviam-se os impropérios do perseguidor, o choro convulsivo de Valtércio e os angustiantes lamentos da senhora presente à reunião.

Surgiu um novo cenário, mas as personagens são as mesmas. Um rico negociante lusitano, na cidade do Rio de Janeiro, por ocasião da metade do século passado, está sendo vilmente assassinado por um seu empregado de confiança e a esposa, que acicata o marido, para exigir do moribundo que lhes experimenta um garrote com cordas vigorosas, após amarrá-lo a um mourão da casa comercial, o lugar onde guarda moedas, cédulas e valores, não conseguindo o objetivo, porque ele morreu antes de confessar...

Agora, os algozes são os anteriormente pai e filha, num desforço de ódio, cujas causas ignoram, mas que sentem como razão da própria vida infeliz de amargura e pobreza, ante o homem ditoso, odiado.

Novamente se diluem as cenas, para darem curso novo aos acontecimentos. O ambiente é de pobreza e vê-se Valtércio, moço, de constituição física débil, no entanto, com disposição de crescimento, desejoso de conquistar a vida, qual se estivesse comprometido com um programa de elevação interior e de bondade. Um ar nostálgico entristece-lhe a face pálida. Deve contar vinte e cinco anos. É tecelão de uma indústria têxtil, em São Paulo, residindo na vila da própria Companhia a que serve.

Orfão, é o amparo de uma senhora idosa, sua avó materna, que por ele se desvela e o induz com persistente orientação à prática do bem, à vivência das virtudes cristãs. Apesar de desejar alcançar esses títulos de enobrecimento, ele se sente vazio interiormente, aturdido por lembranças penosas que não se delineiam com maior vigor nas telas mentais.

Subitamente toma forma a presença da moça raptada, em nova indumentária, que fascina Valtércio, não sendo o sentimento, porém, de imediato, correspondido. À insistência deste, na sucessão dos meses, Amanda, jovem e magoada com a vida, resolve aceitá-lo, sem, contudo o amar, a fim de evadir-se da situação penosa em que se encontra. Consorciam-se e passam a viver em relativa felicidade. Quase dois anos depois, Amanda anuncia ao marido, que padecia a insana perseguição psíquica da sua antiga vítima, a gestação. Ante a notícia que o choca, ele deixa-se possuir por estranho horror pela esposa e o filho que se desenvolve na câmara uterina, sem conseguir dominar os sentimentos de desprezo e rancor por ambos. Sofrendo os transtornos das velhas fixações, induz a esposa ao abortamento sob alegação de dificuldades financeiras. Amanda recusa-se, e ele insta, terminando por conduzi-la a um exame com uma abortadeira que lhe faz uma curetagem, atingindo propositalmente a placenta, advindo a morte do feto. Compreendendo o crime de que fora vítima, Amanda jurou vingança, abandonando o marido, logo se refez, e entregando-se, pela revolta, às dissipações sexuais, caindo em deplorável situação.

Ela identificava psiquicamente o ser que se preparava para voltar e queria-o. A invigilância e crueldade de Valtércio respondiam, agora, pelo crime do abortamento e pelo desequilíbrio da atormentada mulher.

Amargurado sob os camartelos do remorso e da solidão – a avó desencarnara um ano antes –, deixou-se consumir pela rebeldia íntima, volvendo a receber o sítio mental por parte de Núbio, que, reencarnado, teria a oportunidade de redenção, mas agora o conduzindo, a princípio, no desconforto da obsessão simples e, depois, da subjugação mental e física, que lhe abriu o campo orgânico para que se instalasse, voluptuosa, a tuberculose pulmonar.

Foi encerrada a projeção e a claridade ambiente retornou, encontrando-nos com variada reação emocional.

Amanda ali estava, escalavrada pelas desditas que abraçara na revolta em que se deixara enlear. Chorava, entremeando o pranto com exclamações lancinantes de arrependimento e mágoa.

Valtércio, por sua vez, tremia e soluçava, no desconforto moral e *físico*, sem revolta ou desespero, enquanto Núbio se arrogava créditos pelos sofrimentos sucessivos, na condição de vítima em contínuos tentames de refazimento da vida...

A irmã Angélica impôs silêncio com a sua autoridade moral e explicou:

— *Aqui estamos para traçar roteiros para a felicidade futura. Da mesma forma que o passado é uma sombra carregada, ocultando desditas e impiedades, o futuro é poderosa luz a diluir todas as edificações da perversidade e da insânia que medram e se desenvolvem nos labirintos da ignorância e da ilusão.*

Todos sois vítimas de vós próprios, que revidais mal por mal, cobrando mágoa com nova mágoa, sem terdes aproveitado a dor como geradora de bênçãos e o infortúnio como escoadouro de mazelas e imperfeições. Soa-vos o clarim anunciador da paz, da libertação de vós próprios.

Valtércio, sob o estrugir de mil dores, sufocado pelos sentimentos que o têm atormentado, alquebrado e quase vencido por Núbio e pela enfermidade que o devora, encontrou, no leito de abandono a que foi relegado, o conforto da prece, a esperança de recuperação espiritual, graças a uma alma dedicada que o visitava, derramando, na sua noite íntima, a luz da fé espírita... Reconhecendo ser tarde demais para o corpo, tem procurado recompor-se em Espírito, razão que nos trouxe a estar convosco nesta oportunidade, em função da Lei de Amor e Caridade que a todos nos une em fraternal solidariedade ante o infortúnio de quem quer que seja.

Painéis da Obsessão

Não desconhecemos as defecções do amigo, todavia, não ignoramos a soberba e a impiedade do chefe mouro, que a muitos inimigos ceifara a vida, sob a cegueira do fanatismo religioso e o sentimento nacional de pátria que extrapolava da dignidade e razão de criatura humana. Eis por que caiu em mãos não menos impiedosas... Posteriormente, na bênção da servidão, que lhe deveria aprimorar valores e libertá-lo do orgulho, cultivou o ódio ao adversário e, quando perdeu a filha, enlouquecendo, enfrentou o inimigo com a arma vã da imprudência, estourando de rancor... Tão logo pôde, na sucessão do tempo, assassinou o seu adversário com a mesma covardia que assinalava o outro. Onde o direito de pedir justiça? Qual o privilégio de fazê-la com as próprias mãos?

Amanda, vencida pela astúcia do marido, desforça-se dele, arrojando-se na decomposição moral, que mais lhe agravou a situação. Quando ireis parar na corrida tresvariada a que vos entregais? A vida não é serventuária de paixões mesquinhas nem campo de contínuo barbarismo a soldo dos impositivos egoísticos de cada criatura. Tende tento; ouvi e meditai! O Senhor escutou as preces de arrependimento de Valtércio e se apieda de todos. É tempo de recomeçardes. A vida não tem limite na sua extensão e o seu objetivo é a felicidade de todos que nela nos encontramos, arrastados pelas correntes dos acontecimentos que desencadeamos através dos nossos pensamentos, palavras e ações...

Valtércio é devedor e não fugirá à ação reparadora, que se desenvolverá segundo as Leis, e não conforme a lei de Núbio, geradora de novas, futuras desgraças. Da mesma forma, Amanda e Núbio se encontram incursos em lamentáveis atentados à justiça e que serão chamados a recompor. Hoje serão traçados novos rumos sob as bênçãos da esperança e a oportunidade que o tempo vos descerrará. Confiai!

O clima mental dos participantes da reunião modificou-se e as personagens, tocadas pelas profundas considerações esclarecedoras ouvidas, asserenaram-se em expectativa.

Também nós permanecemos aguardando as decisões que seriam apresentadas.

O diretor Héber, que se mantinha em discrição, utilizou do ensejo para concluir as informações, aclarando:

— *Serão tomadas providências, logo mais, para desimantar Valtércio da constrição de Núbio, rompendo-se a simbiose maléfica. Com esta providência, separar-se-ão os vínculos que o atam ao corpo agonizante...*

Levantou-se uma dama idosa, presente, que acariciou o enfermo, na qual ele e nós reconhecemos a avozinha dedicada, que o aguardava com júbilo. Os dois se abraçaram, comovidos, enquanto o benfeitor prosseguiu:

— *Com o desligamento de Núbio, que aqui ficará para tratamento, serão providenciados recursos para que se reencarne através de Amanda, que será recambiada de volta para cá, quando a adolescência der os seus primeiros sinais no filho querido. Nos futuros dias do tempo, volverão ao proscênio das lutas, ela e Valtércio, como irmãos na consanguinidade, sob a progênie de Núbio que lhes abrirá os braços, permitindo que o amor resolva o que o ódio complicou.*

Valtércio pareceu assustado ante o prognóstico da desencarnação.

A irmã Angélica aproximou-se e consolou-o, afirmando:

— *O teu corpo é roupagem gasta em transformação. Já preencheu a finalidade para a qual foi gerado. Justo que liberte o Espírito que lhe sofre o comprometimento e o desgaste. A vida é imortal, conforme a vês aqui desenrolar-se. Estaremos juntos, e a avozinha velará, como no passado, pela tua renovação e paz.*

Amanda, tocada pelo que ouvira, pediu permissão para falar ao marido e, sendo conduzida até ele, rogou-lhe perdão com sincero arrependimento. Abraçaram-se com protestos de futura compreensão mútua e desejo real de purificação.

Núbio permanecia arrogante, apesar de contido por Bernardo, vigilante, que atendendo a indicação do diretor Héber, passou a aplicar recursos espirituais e vigorosa energia nos *centros de vida* de Valtércio, o que produzia em ambos os Espíritos sensações mui especiais.

Tombando adormecido, graças à terapia que lhe foi aplicada, Núbio foi conduzido ao interior do núcleo que nos abrigava.

A irmã Angélica orou, encerrando a reunião, e o grupo se desfez, sendo conduzidos Amanda e Valtércio à esfera física.

Chegando ao sanatório, encontramos o corpo do amigo em agonia. Atraído o Espírito à câmara carnal, acompanhamos os seus estertores até o momento, horas mais tarde, em que Bernardo e a irmã Angélica o desprenderam do invólucro material, ocorrendo a sua desencarnação.

Carinhosamente recebido pela avó e em estado de sono inquieto, foi reconduzido ao Abrigo aonde se alojaria sob a assistência do nobre mentor Héber.

Surpreendido com o desenrolar dos acontecimentos, entregamo-nos à meditação, aguardando ensejo de um diálogo com o Dr. Arnaldo Lustoza.

13

O DESPERTAR DE MAURÍCIO

Quando um enfermo exora a proteção espiritual, quase sempre o faz com a intenção de recompor o organismo, recuperar a saúde, usufruir de um período mais demorado no corpo. Causa, às vezes, estranheza, quando os resultados se fazem opostos aos anelados, qual ocorreu com Valtércio. É que, para nós, a vida verdadeira é a do Espírito, mundo causal, ilimitado, enquanto a da matéria se assinala pela transitoriedade, limite e finalidade de crescimento e evolução. Muito natural que, diante de uma permanência mais longa no corpo, com gravames e perigos que podem prejudicar o processo de elevação da criatura, em muitos casos esta seja recambiada ao lar, da mesma forma que, em se considerando os benefícios que a reencarnação propicia, mesmo que sob dores e testemunhos mais severos, esforcem-se os mentores por dilatar o prazo de permanência, conforme a ocorrência com Argos.

No entanto, havia algumas questões que me suscitavam inquirições mais profundas no problema obsessivo de Valtércio, que levei ao conhecimento do amigo Dr. Lustoza.

Paciente e lúcido, o conselheiro dispôs-se a ouvir-me e a esclarecer-me.

— *O retorno de Valtércio* — propus com respeito — *estava programado para ocorrer naquele dia? E se ele não houvesse orado, recebendo o auxílio confortador que lhe foi dispensado, o que sucederia?*

— Abreviado em alguns dias o seu estágio carnal — respondeu, com segurança —, *em nada foi modificada a estrutura cármica do nosso amigo. É certo que as suas energias suportariam um pouco mais a organização física em combalimento. Todavia, a sua mudança mental com honesto interesse de superação do sofrimento, cujas causas conscientemente ignorava, a sua resignação ante a dor e o desejo de renovação credenciaram-no à libertação do corpo, tanto quanto do fator constringente, obsessivo que o martirizava. A função do sofrimento não é punitiva, antes retificadora, educativa. Deve despertar o homem para o exame de outros valores que ficaram à margem e necessitam de consideração. Tão logo funcionam os seus objetivos, diluem-se as injunções penosas e o indivíduo marcha com a segurança, vivendo as experiências do bem e do amor. No estudo em tela, a obsessão produzia um fenômeno de expurgação do mal que se demorava dominador no comportamento do doente, razão que propiciou ao seu inimigo sincronizar com as suas matrizes receptivas, cujo campo de sintonia foi desenvolvido quando ele preparou as condições para o infanticídio do futuro filhinho. Ainda ressumavam no seu íntimo as mesmas grosseiras e primitivas paixões que, no passado, levaram-no à delinquência. Mais tarde, diante da reação inesperada de Amanda, a falta de estrutura moral para sofrer o acontecimento fê-lo mais aberto, mais acessível à indução do antagonista, pelo remoer da mágoa, o vitalizar da revolta e por aceitar as sugestões de autopunição pela fome e martírios que se impôs.*

Convém ainda considerar que, liberando pela desencarnação o paciente, libertou-se também o seu agressor, que ora se prepara para a recuperação de valores, sem o contínuo cair na alucinada cobrança, que mais o infelicitava cada dia. Constituiu um ato de amor para ele conceder-lhe oportunidades de repouso, de reflexões novas, mediante as quais se sentirá amparado, sob a tutela de amigos e benfeitores, que o predisporão à própria felicidade, sem que se lhe faça condição essencial a desdita do outro.

Se, porventura, não houvesse ocorrido a transformação do companheiro encarnado, a pugna prosseguiria áspera, levando os contendores a mais dolorosa situação. Valtércio se demoraria um pouco, no entanto, sem qualquer benefício espiritual ou moral, quiçá, em piora lamentável, gerando-lhe maior soma de sandice de que se daria conta além das vísceras orgânicas, repetindo o erro do seu algoz, isto é, passando à desforra. Temos que quebrar o círculo de ferro em que se movimentam as criaturas, enleadas nos vícios e crimes, indo à Terra e volvendo sem que conduzam proveito e paz nas experiências que se consideram malogradas.

Eu verificava, convencido da justeza da sabedoria das Leis, que o ludíbrio e o engodo não fazem parte do Cosmo, sendo astúcias transitórias da mente mal desenvolvida, que no logro espera encontrar a ventura.

Valtércio recusou-se à progenitura. Apesar disso, aquele que não pôde renascer por ele, voltaria ao mundo, no mecanismo da reencarnação, a fim de recebê-lo, mais tarde, na condição de filho. Mudavam-se as posições e permanecia o impositivo da vida.

– *Logo mais* – informou-me o médico –, *deveremos visitar Maurício, conforme estabeleceu a irmã Angélica, a fim de o auxiliarmos nas decisões a respeito de seu futuro. Cumpre-nos o dever de inspirar e auxiliar, mas a decisão e a ação pertencem a cada um.*

Desviando a atenção do "caso Valtércio", passei a recordar-me do jovem que me despertara interesse e simpatia. Não me parecera mau, antes me deixara a impressão de um Espírito jovem nas experiências morais. Sem embargo, evocando as graves ações que lhe pesavam no campo da responsabilidade, fiquei a conjecturar em que estágio ele poderia situar-se.

Longe de mim o propósito de incorrer na leviandade de um julgamento malsão. Animava-me o sadio interesse de melhor entender as criaturas e os seus envolvimentos diante da oportunidade de evolução.

Às 22h30 fomos em visita ao jovem Maurício.

Encontrava-se residindo no Rio de Janeiro, tomando parte num grupo de rapazes e moças músicos – cantores que cobiçavam a fama e a prosperidade.

Inexperientes, tendo de enfrentar um campo crivado de espinhos e assinalado pela corrupção, em pouco tempo começaram a resvalar pela rampa da decomposição moral.

Desestruturados emocionalmente e sem madurez da personalidade, fizeram-se vítimas de exploradores profissionais, traficantes de drogas e sexo que proliferam nos diversos grupos humanos, especialmente nas áreas das artes, por encontrarem maior número de sonhadores, criaturas ingênuas e sensíveis que confiam nas promessas da mentira e se deixam conduzir docilmente por essa fauna de dilapidadores da consciência e do sentimento alheio.

Enfrentando problemas a que não estavam acostumados, procuraram as soluções erradas das fugas rápidas pelas drogas e dos prazeres exaurientes pelo sexo desvinculado do amor.

Maurício que, semelhante a outros, abandonara o lar para viver os próprios sonhos, desejava cantar, sorrir e amar a vida, conforme a utópica filosofia *hippie* daqueles dias, não se dando conta que a vida são os sacrifícios e labores pela conquista da realização interior e não o anestesiar da consciência, reduzindo o homem a um feixe de instintos, num impossível retorno às origens do primarismo que ficou no passado.

Não obstante, já comprometido, era assaltado, periodicamente, por crises de melancolia, nas quais o lar e a família se lhe apresentavam nas recordações como algo distante e perdido, que a sua incúria havia malbaratado.

Desejando o bulício da cidade de sonhos e festas para fugir da solidão, enfrentava o vazio íntimo, a soledade mais dorida.

As reminiscências que o inconsciente liberava, a pouco e pouco, produziam-lhe imenso mal-estar, uma tremenda insatisfação que o levava ao estupefaciente, ao erro mais grave, o de usar drogas alucinógenas com comprometimento da saúde e do equilíbrio emocional.

Uma estranha sensação de culpa e de falta de objetivo real martelavam-no, exigindo que ante os amigos fosse o companheiro bulhento e sorridente e, a sós, se desvelasse taciturno, deprimido. Para manter a aparência de uma realidade que não sentia, a maconha, a princípio, e as anfetaminas depois, eram o caminho para a loucura ou o suicídio, qual aconteceu a vários, e prossegue sucedendo com uma crescente massa de viciados, em geral, de toxicômanos.

Maurício despertara do encontro conosco sentindo-se mais angustiado. Experimentava a sensação de ter sonhado com um paraíso que perdera, mas no qual havia a presença da mágoa ignota que o macerava.

Não pôde ocultar de todo o seu estado aos companheiros que viviam momentos difíceis, porque o grupo não conseguia audição e os sonhos iam-se transformando em pesadelo.

Assim, nas noites seguintes, passou a deitar-se na parte superior do edifício, donde melhor observava as estrelas e fugia da presença dos demais. Ensimesmado, procurava um apoio, qualquer socorro, que, aliás, desconhecia de que forma e por quem lhe adviria.

Fomos encontrá-lo nesse estado de amolentamento emocional, ensimesmado, com lágrimas nos olhos que não chegavam a extravasar.

A irmã Angélica acercou-se e, com carinho maternal, induziu-o a um sono profundo, tranquilizador. Quando se lhe anestesiaram as percepções sensoriais, ela o desdobrou, despertando-o para o reencontro que deveria assinalar o início de uma etapa nova, decisiva, da sua existência.

Vendo-a, Maurício recordou-se da experiência anterior. A doçura do seu olhar envolveu o jovem e ele, titubeante, receoso, desejou abraçá-la, repousar no seu regaço, o que a timidez impediu. A entidade valorosa, compreendendo-lhe o conflito, tomou-o pelas mãos e, com afeto, considerou:

– *Já é tempo, filho, de retornares a Jesus. O Mestre te espera há milênios sem que Lhe ensejes a alegria de segui-lO. Até quando será necessário que o Seu convite te chegue em forma de dor e desconforto e a Sua voz te alcance na balbúrdia das alucinações? A carne é pesada carapaça que dificulta a visão luminosa do amanhecer perene e que prende ao solo, sem permitir os voos de libertação. Todavia, é também o esconderijo amigo para o culpado que necessita de oportunidade de recuperação; é o escafandro protetor para submergir no oceano das experiências naufragadas, a fim de recolher destroços; é bênção de que não se pode prescindir, enquanto exista imantação com a mãe Terra...*

Somos viajores dos infinitos caminhos do tempo, que estagiamos, por capricho, nas baixadas ermas e sombrias, quando nos esperam os acumes amplos e habitados pela felicidade. Detemo-nos, por enquanto, no paul, sofrendo a asfixia das exalações dos corpos e vegetais em putrefação, quando estamos destinados ao planalto da paz onde a brisa perfumada do amor, rociando-nos, canta a balada da perene esperança de vitória.

Já te deixaste arrastar a graves insucessos e surge-te oportunidade fecunda, que deves aproveitar.

Os teus silêncios martirizantes têm falado em prece de submissão, em pedido de auxílio ao Generoso Dispensador, que ora te atende, qual vem ocorrendo sempre. O teu apelo maior, destes dias, porém, desencadeou uma série de providências que te aguardam.

Aproveita! Agora, ou só mais tarde, muito mais tarde, poderás encetar a viagem de retorno, para recomeçar o avanço, sob ingentes e penosas cargas de dores que desconheces.

Maurício ouvia-a, quanto nós, embevecido, sinceramente emocionado. Procurava identificar nos refolhos da alma aquela voz e aquele ser, não logrando o intento. Percebendo-lhe a busca íntima e desejando encorajá-lo, ela prosseguiu:

— *Conhecemo-nos, sim. Um dia, em plena noite medieval, brilhou a luz em Assis, e o pobrezinho, tocado por Jesus, a quem amava em demasia, arrancou-nos do tédio e da inutilidade com a sua canção, convidando-nos a seguir. Por que a defecção e a teimosia, o abandono à responsabilidade e a oposição à Luz?*

Caímos para levantar. Paramos para recobrar forças e prosseguir. Permanecer no tombo ou estagiar no descanso é matar *o tempo e recuar na conquista da glória.*

Não relaciones dores, nem anotes dissabores. Quem se compraz, lamentando, na retaguarda, opõe-se ao crescimento e à conquista que o aguardam.

Esta existência significa-te muito, e almas enobrecidas, que te amam, empenharam-se para que te não faltem valor e oportunidade, serviço e realização. Não obstante, de ti depende a permanência na várzea, fitando as estrelas, ou na ascensão, no rumo dos astros lucilantes...

Ante a pausa, que se fez natural, Maurício indagou, timidamente:

— *Como fazer, Senhora? Temo cair mais e, todavia, chafurdo no erro. Sonho com o bem e me acumplicio com o mal. Desejo ajudar os outros e não sei auxiliar-me. Por onde iniciar?*

Havia uma grande sinceridade que se lhe exteriorizava da alma.

A sábia conselheira recorreu a Bernardo que lhe entregou um livro brilhante, de grande formato.

Tomando-o, ela explicou:

— *Aqui tens a* Bíblia, *o livro que narra a história do povo hebreu, na tecedura do Velho Testamento. Nessas páginas encontrarás revelações espirituais e advertências nem sempre consideradas, premonições e profetismo, anunciando a chegada de Jesus à Terra. No Novo Testamento identificarás o Mestre em contínuo labor, convidando a segui-lO, sofrendo por amor e entregando-se em doação total. Sua voz cantará aos teus ouvidos os poemas das águas, do ar, dos vegetais e de toda a Natureza, no apogeu das bem-aventuranças que te fascinarão, abrindo-te os olhos, os ouvidos e o entendimento. Medita nos seus nobres ensinos e retempera o ânimo. Terás forças para abandonar a utopia e retornar ao lar, qual o "filho pródigo" da parábola, onde te esperam carinho e afeição. Conhecendo o mundo poderás eleger, depois, a diretriz a tomar: Deus ou Mamon! Ali te chegarão amigos para apresentar-te novos rumos e ampliar-te o entendimento, consolidando-te a fé.*

Não receies romper com o mal que ainda reside no mundo íntimo. Não será um ato simples que deverá seguir à decisão; antes terás que investir muito para que alcances a meta. Quem se nega ao avanço, repousa, porém se candidata à paralisia.

Encontrarás o livro entre os guardados dos teus amigos. Examina-o, por agora, a fim de renovar a mente. Ajudar-te--emos, inspirando-te na determinação de crescer e vencer-te. Os resultados dependerão do investimento que faças, do esforço por lográ-lo. Não postergues, por acomodação ou negligência, o momento da tua felicidade. Começa-o hoje e prossegue sem tergiversação. Entrega-te ao bem e estarás amparado por onde sigas. Não te serão regateados auxílios, no entanto, terás que seguir com os próprios pés, sob o comando de uma vontade firme e de uma decisão robusta. Jesus te abençoe!

Calou-se a mensageira. Maurício mantinha a expressão de sincero desejo de acertar, os olhos luminosos e expectantes, o corpo com ligeiros tremores e a emoção, que o dominou, confortadora.

– *Ele necessitará de desintoxicação* – confidenciou-me o Dr. Lustoza. – *Bernardo irá assisti-lo com passes diários por algum tempo e será providenciada uma enfermidade-auxiliar como terapia libertadora.*

– *Enfermidade-auxiliar?* – interroguei, a meu turno.

– *Não há motivo para estranheza* – replicou, jovial. *Existem as doenças expurgadoras, as que convidam à renovação e as que ajudam na liberação dos vícios. Enfermo, por algum tempo, ele se recusará às drogas, por medo da morte e cuidará melhor do corpo, nutrindo-o e amparando-o quanto convém. Porque suas resistências imunológicas estão em quase crise, não será difícil* auxiliá-lo *na aquisição de uma infecção respiratória...*

Recebendo o concurso fluídico que lhe concedeu repouso, Maurício foi recambiado ao corpo, enquanto orando, em silêncio, a orientadora nos convocou ao retorno.

Interessado na sucessão dos acontecimentos com o jovem, inquiri o caro Dr. Arnaldo.

– *Ele se recordará deste encontro, ao despertar, pela manhã?*

– *Não o creio* – respondeu. *Viremos visitá-lo, a fim de tomarmos conhecimento de como ficou ou não impregnado das vibrações e lembranças deste evento.*

Às 9h do dia seguinte, com Sol alto, adentramo-nos, o médico e nós, no apartamento em que residiam Maurício e os amigos. O ambiente era desagradável, com psicosfera pesada, quase insuportável. A desarrumação e o desleixo disputavam-se primazia. A presença de Entidades vulgares e ociosas denotava a baixa qualidade vibratória dos residentes.

Fomos encontrar o amigo, semidesperto, ainda invadido pelas sensações de desconforto decorrente do uso dos estupefacientes. Embora não os houvesse usado, à véspera, os resíduos permaneciam produzindo efeitos mui desagradáveis.

Vimo-lo erguer-se com dificuldade. O semblante estava carregado, denotando cansaço, tristeza e uma desconhecida saudade.

Apesar de a mente encontrar-se algo entorpecida, ele tentava identificar o acontecimento da noite. Desacostumado às fixações positivas, o inconsciente não recebia as indagações da consciência, de modo a liberar qualquer impressão arquivada. À instância, porém, da ideia de que algo lhe acontecera, experimentou uma ligeira euforia, que o estimulou à higiene e ao desjejum.

Ato contínuo, começou a revolver gavetas, abrir sacolas, armários, procurando não sabia o que, até encontrar uma velha *Bíblia* entre roupas usadas e outros objetos que atulhavam um dos móveis, em desordem total. Tomou o livro, acarinhou-o, como se o identificasse de algum lugar e sentou-se com ele à mão.

– *Agora é conosco* – aprestou-se o médico a informar-nos.

Aproximou-se do jovem indeciso e impôs-lhe com energia:

– *Abre-o. Abre o livro e lê. Abre-o!*

Segurando-lhe as mãos, voltou a instar para que o abrisse.

Vimos que o jovem resmungou com desconforto, moveu-se na velha poltrona melhorando a postura e, conduzido pela destra do instrutor, abriu-o e deparou com o Salmo vinte e três, de Davi: *"O Senhor é o meu pastor, nada me faltará [...]"*.

– *A partir deste momento* – completou o médico – *a tarefa é dele. Cooperaremos, no entanto, já desperto, cabe-lhe avançar com o próprio esforço. Sigamos para outras tarefas.*

14

DEFESA E LIVRE OPÇÃO

Retornamos ao sanatório e seguimos diretamente para a enfermaria onde Argos já se encontrava, após o trânsito no Centro de Recuperação.

Houvera observado que, após a cirurgia espiritual em favor da sua *moratória*, o corpo físico absorvia lentamente uma bioluminescência que irradiava do perispírito, órgão assimilador das energias e substâncias que lhe foram ministradas.

Era como se estivesse dentro de um molde da sua própria forma, aumentado e fosforescente. Na sucessão dos dias verifiquei que a massa energética era assimilada pelas células, que se robusteciam, e grande parte era absorvida pela medula óssea, encarregada de gerar novos glóbulos vermelhos que lhe revitalizavam o organismo.

Simultaneamente, percebera que ele fora carinhosamente envolvido em uma cápsula vibratória, que não me animei a indagar a finalidade, a fim de não pecar pela indiscrição.

Agora, que o médico espiritual fazia uma averiguação do estado do convalescente que se apresentava com ótimas disposições de pronta recuperação, não adiei a inquirição, ao que o dedicado instrutor, sempre disposto a ensinar, informou-me:

— *Conforme vimos, o nosso paciente recebeu expressiva quota de* maaprana *e* clorofila, *ao lado da energia animal e das forças fluídicas do diligente Bernardo. Todo esse contingente foi assimilado perispiritualmente; ao longo dos dias passou a sustentar o metabolismo geral, fomentando o nascimento de células sadias, que ora lhe restauram a organização fisiológica. Ademais, como medida acautelatória foi-lhe dispensada uma vitalização especial, no corpo perispirítico e na área psíquica, com que ficou imune, temporariamente, à agressão dos comparsas interessados na extinção da sua vida física. Esse envolvimento vibratório que os passes do irmão Bernardo vitalizam e sustentam é uma camada protetora, dificilmente vencida pela pertinácia dos inimigos vigilantes e rebeldes.*

Outrossim, há de ter notado que os antigos verdugos da paz e do equilíbrio do nosso Argos não se tenham feito presentes até este momento. Justo referirmo-nos que eles não ignoram a interferência superior, e porque conhecem os métodos e a técnica de infelicitar, reservam-se por aguardar pelo momento próprio para voltarem à carga, já que estão cientes de que a violência não faz parte do currículo das ações nobilitantes.

Examine agora como, à medida que o tono vital se refaz no organismo, as defesas vibratórias também diminuem, de modo a eliminar-se a hipótese de que o companheiro de lutas usufrua de regime especial ou de exceção.

Na razão direta em que ele se recupera, adquirindo lucidez e força, a responsabilidade e o discernimento devem-lhe comandar as ações, dele dependendo, doravante, sintonizar com as esferas de paz ou recuar aos núcleos de tormento. O homem se torna o que acalenta no sentimento, como decorrência do que constrói na mente.

Constatei que Argos, apresentando as características e aparência de outros enfermos, mantinha pequena diferença. A bioluminescência, que se exteriorizava na sua aura, no momento estava sob a vigilância do desafeto que se fazia acompanhado de outros Espíritos que ostentavam horrível carantonha, não ocultando as intenções que os trouxeram até ali.

Nesse momento, dei-me conta de que não observara com a necessária atenção, ou com o interesse do estudioso das questões espirituais, o antigo praguense que tivera a vida roubada pelo hábil florete do apaixonado conquistador da sua amada...

A expressão da face denotava desprezo e petulância; o olhar parecia incendiado pela paixão da vingança e algumas deformidades lhe resultavam das aflições e desventuras que, sustentadas por decênios a fio, encarregaram-se de produzir.

Não éramos vistos em razão de transitarmos em faixa vibratória de teor diferente daquela em que ele e os asseclas se comprazian.

Enquanto o observava com piedade por compreender-lhe a sandice, o Dr. Lustoza sugeriu-me que apurasse a audição e registrasse o que conversavam os sequazes da própria e da alheia desdita.

Concentrando-me com o mais acurado pensamento de ser útil, não tive dificuldade em anotar:

— *Ele ainda se encontra sob o amparo dos antigos hussitas...* — falava o indigitado cobrador, para quem o tempo parecia não haver passado. — *Posso perceber os sinais que os caracterizam, no entanto, sei, por experiência pessoal, que esse socorro não é permanente e tão logo ele cesse, o que já vem ocorrendo, estaremos ativos no prosseguimento dos nossos propósitos de justiça.*

A palavra soou-me estranha, ouvindo-a pronunciada pelos seus lábios. Todos os perseguidores sempre apelam para o que não fazem, que é o uso da verdadeira justiça, cuja aplicação dispensa o ódio, a mágoa e o ressentimento vitalizadores das paixões asselvajadas e destruidoras. Para a sua aplicação recorrem ao crime covarde, utilizando-se da sua *invisibilidade* em relação aos homens, de modo a poder atacá-los cruelmente na defesa de interesses que já morreram e não tem qualquer sentido evocar.

O inditoso, porém, prosseguiu:

— *Tenho encontrado a traidora, que me esqueceu, entregando-se por ocasião do primeiro assalto que o bandido lhe fez. Igualmente não a perdoei, perdendo-a de vista, por um largo período, para reencontrá-la mais tarde e novamente perdê-la... Fui um homem religioso, estive ao lado do rei* Sigismund *nas lutas de reconquista da pátria e pureza da fé católica... Voltei às pelejas, novamente abraçando a religião... Por fim, outra vez Deus abandonou-me, em França, quando eu me aliava à Reforma, vinculado ao Cristo, sendo trucidado pelo meu ignóbil perseguidor... Desde então, abandonei a esperança religiosa e desliguei-me de qualquer sentimento evangélico, por constatar que o nosso deus agora se chama* força *e seu filho é o* poder. *O vencedor é aquele que usufrui as glórias e não os que caem sob as tenazes dos arbitrários dominadores. Por estas razões, não regatearei esforços em me submeter a quaisquer exigências dos meus amigos e orientadores para conseguir os resultados que almejo. Pagar-me-ás, bandido!*

— *Bravos! Muito bem! Estamos de acordo!* — apoiaram os acompanhantes de fácies bestial, horrenda.

Gargalhadas estridentes e tresloucadas completaram a acusação.

A última frase do verdugo fora pronunciada com singular e especial atitude de cólera, mediante a qual era extravasado todo o ódio que o vitimava.

Ato contínuo, saíram em turbulência, misturando-se à população ociosa e indigitada que por ali se movimentava.

É certo que o trânsito dos benfeitores espirituais não era menor. Como, porém, cada criatura respira o clima mental que gera, muitos dos pacientes e funcionários, onde quer que se encontrassem, como é fácil de compreender-se, arrastavam os seus associados psíquicos e emocionais, no *parasitismo* em que permaneciam.

O Dr. Arnaldo, que observava a ocorrência, aproximou-se do enfermo que havia registrado, incomodamente, o psiquismo do seu antagonista, através de alguns petardos mentais que lhe haviam sido dirigidos, recebendo, de imediato, o concurso fluídico do esculápio, que o trouxe à calma, demorando-se no sono restaurador de forças.

Saímos ao jardim e procuramos, no bosque próximo, o acolhimento da Natureza.

A alva levantava o manto da noite com a delicadeza dos primeiros raios de luz ouro-violeta que anunciavam a chegada do *carro* do Dia.

O espetáculo do amanhecer sempre me comoveu, mesmo quando, na Terra, falando-me, sem palavras, da vitória da claridade sobre a treva, qual me elucidasse a respeito do triunfo do bem sobre o mal. No sentido oposto, o anoitecer, embora as cores cambiantes do Sol coroando as nuvens fugidias, permanecia-me como um convite à meditação, à nostalgia, induzindo-me à saudade, que tentava superar mediante as esperanças de um amanhã radioso...

Ante o esplendor da madrugada, dei-me conta de que o meu estágio, naquele sanatório, entrava pela segunda semana. Em um prazo relativamente curto, quantas experiências me foram oferecidas e quantas oportunidades abençoadas me haviam chegado!

Diante do amigo que se recolhera a compreensível mutismo e reflexão, sob a bênção do velho amigo Sol que nos amparara na Terra e tem sido o centro gentil da órbita do planeta querido, agradeci, em prece, a Deus todas as Suas dádivas e saudei o Astro-rei como faziam os antigos, inocentes e sinceros adoradores da sua vitalidade, que nele identificavam a mais bela manifestação do Criador.

15

TRAMA DO ÓDIO

Retemperado o ânimo, recebi o convite do médico afeiçoado para que retornasse ao sanatório. Àquela hora, diversas atividades movimentavam a Casa.

À entrada, deparei-me com um grupo de Entidades perversas sob o comando de aturdida mulher, desencarnada, em cujo semblante estavam insculpidas as marcas da loucura que a vencia. A cólera extravasava em palavras rudes e vulgares, traduzindo-lhe a condição de inferioridade chocante em que se demorava. O aspecto deformado, vampiresco, respondia como consequência da sua atitude mental, cultivada em campos vibratórios da pior qualidade.

Exalava odores pútridos e acolitava-se por um bando de quase uma vintena de Espíritos atoleimados e viciosos, numa baderna ensurdecedora.

– *Aguardemos-lhes a saída* – blasonava com voz estridente. – *Hoje me compensarei, desforçando-me dele, e dela me apossando. O plano não pode falhar e conto com a cooperação dos amigos.*

Os seguidores atendiam-na algo atemorizados, porquanto a infeliz levantava, periodicamente, um chicote que silvava no ar. Mantinha alguns dos hábitos terrenos, especialmente na indumentária: botas e calças de cavalgar! Instintivamente me senti constrangido diante daquele ser que se apresentava em tão estranha compostura.

Já tivera oportunidade de conhecer inúmeros desencarnados em aflição, cultivadores da insânia, do rancor e do ódio. No entanto, aquela cruel personagem produzia-me um misto de mal-estar e receio, considerando a sua exteriorização psíquica de pesado teor pestilencial.

Percebendo-me o aturdimento em que caíra, o amigo Dr. Lustoza admoestou-me com o seu oportuno concurso, chamando-me à razão:

— *Não se impressione o amigo Miranda. As alegorias religiosas influenciam muitos desencarnados, que trouxeram da Terra os conceitos sobre os infernos e os seus habitantes, da mesma forma que inúmeros encarnados recebem induções psíquicas de Entidades impiedosas que lhes povoam as mentes com caricaturas terrificantes e fantasias aberrantes da Vida espiritual, embora reconheçamos que, nas regiões punitivas e reparadoras que a mente criou através dos milênios para reeducar os infratores das leis, pululam quadros de dor e transitam seres em tormentos que nenhuma fantasia consegue compor...*

Fazendo uma ligeira pausa, continuou:

— *Nossa irmã aqui se encontra acompanhando familiares que lhe padecem a vindita e acredito que, logo mais, ocorrerá o desfecho de uma terrível urdidura do ódio que ela cultiva. Não estranhemos, nem nos surpreendamos diante das lições com que a vida nos chama ao crescimento e à elevação espiritual. Resguardemo-nos na oração e na confiança irrestrita em Jesus, não nos permitindo a observação descaridosa nem o exame indiscreto das condições em que cada qual prefere estagiar. Vive-*

mos os padrões mais condizentes com as nossas reais aspirações, aquelas que acalentamos no recôndito dos sentimentos.

Vimos um grupo de pessoas que saíam do sanatório na direção do pátio de estacionamento de veículos.

Tratava-se de dois cavalheiros e uma dama ainda jovem, em adiantado estado de gestação.

Ao vê-los, a comandante da horda de alienados espirituais pôs-se a deblaterar, informando:

— *Não irão longe, os infelizes. Acompanhemo-los. Tudo está pronto para a regularização do compromisso pela qual espero com impaciência.*

Os sequazes seguiram-na e tive a ideia de que, alcançando as pessoas, envolveram-nas numa nuvem de densa neblina escura, perturbadora.

O amigo e orientador, sem qualquer comentário desairoso, esclareceu-me:

— *O senhor de meia-idade é viúvo da nossa irmã desesperada, que desencarnou há cerca de quatro anos. Reside em cidade próxima, no Vale, e a sua presença aqui se justifica em razão da alta que o seu irmão Jaime, o rapaz que o acompanha, recebeu nestes últimos dias, após o tratamento a que esteve submetido durante quase um ano. No transcurso da sua enfermidade, foram investidos esforços e aplicados muitos recursos espirituais a fim de impedir que influências mais sérias lhe roubassem o corpo já sob a ação da doença grave... A dama é a sua segunda esposa, que aguarda, em clima de festa, a chegada do filhinho muito desejado. São pessoas comuns, cujas vidas transcorrem em faixas de normalidade, sem dar-se conta das responsabilidades do Espírito, máxime das interferências que os mesmos mantêm em relação com aqueles que domiciliam no corpo somático.*

A irmã Ernestina não aceitou de bom grado a desencarnação, havendo-se rebelado, desde quando a lucidez se lhe apresentou na realidade inevitável da vida. Dominada pelo desejo carnal, de que não se consegue liberar, logo pôde, passou a sitiar a casa mental do companheiro terreno com extremos de alucinação. O quadro piorou, quando ele, o nosso Egberto, homem de pouco menos de cinquenta anos, sentiu-se mais atraído pela sua atual esposa, a nossa irmã Amenaide, que já o sensibilizava mesmo antes da viuvez... Picada pelo ciúme doentio, a nossa Ernestina, ressumando rancor, sintonizou com técnicos em desforço mortal e em obsessões, que a auxiliaram, mediante negociata infeliz. Ajudá-la-iam na retirada da adversária do lado do esposo, desde que os seus despojos lhes pertencessem e pudessem roubá-la em Espírito, após a tragédia que programaram para este dia. Tudo planejado, desde há meses, instruíram-na e enviaram alguns dos seus acólitos para o cometimento inditoso que deverá ter curso logo mais.

Fiquei aterrado ante a programação da tal porte.

As pessoas pareciam-nos tão distantes de perceber a desdita que as seguia!... Sorriam, dialogavam, vivendo as emoções da recuperação da saúde, enquanto o ódio espiritual tramava o cruel desatino. Advieram-me várias questões que não podia, de imediato, apresentar e, em face da inocência aparente daquelas próximas vítimas, não pude sopitar as lágrimas e a oração que me brotou espontânea, na alma.

O Dr. Lustoza, acostumando à urdidura de tais programas nefandos, elaborados sob o beneplácito das leis, que deles prescinde, auxiliou-me, no estado íntimo que me tomou conta, referindo-se:

– Ninguém está em desamparo conforme o sabemos. Para todas as ocorrências há explicações e a injustiça não tem artigos nem parágrafos nos Códigos do Pai. O que vemos, nem sempre é conforme observamos, e o que acontece, normalmente resulta de um desencadear de ações e reações cujo clímax nos chega ao conhecimento. Confiemos e disponhamo-nos a auxiliar.

Vimos chegar o irmão Bernardo e dois padioleiros espirituais, que se reuniram a nós, sob a orientação do médico compassivo.

A família tomou o veículo, um caminhão já desgastado pelo tempo, e começou a viagem, na direção do lar.

Seguimo-los, utilizando-nos dos recursos da volitação, atentos ao quadro que se desenhava patético aos nossos olhos.

A turbamulta se adentrara pela cabina do carro, na qual se acomodavam os familiares distraídos, sem nada perceberem, em razão de terem os centros da sensibilidade mediúnica anestesiados, por falta do exercício mental da meditação, do recolhimento, das ideias superiores.

Quando as criaturas se conscientizarem a respeito da vida; quando melhor entenderem os fenômenos da existência, alimentando o pensamento com as ideias elevadas, que decorrem da prece, que propicia inspiração; da meditação, que irriga de paz; das ações caridosas, que atraem o concurso dos benfeitores espirituais, modificar-se-á a paisagem humana, e a dor, em muitos casos, não ocorrerá, cedendo lugar à harmonia e ensejando a purificação pelo mecanismo do bem atuante.

Observava que nenhum dos beneficiados por aquela hora se recordara de orar, em agradecimento pela dádiva conseguida; de elevar o pensamento a Deus; de cuidar da sua realidade de Espírito que somos todos nós. Entregaram-se à alegria ingênua, aos comentários festivos, ao anedotário.

O Sr. Egberto, em homenagem à saúde do irmão, usara algum alcoólico, emulado pela alegria, sem lembrar-se dos perigos que espreitam os motoristas, nas viagens, particularmente naquela, que impunha a descida da Serra da Mantiqueira, com as curvas fechadas, contínuas, e o abismo...

Não pude prosseguir em mais demoradas reflexões, porquanto a cidade ficara para trás e o velho caminhão começara a descer, sobre a pista umedecida por ligeira chuva de final de inverno...

Numa sucessão de curvas, vi o Espírito Ernestina chamar o marido com vigor, enquanto os outros acompanhantes puseram-se a gritar, produzindo uma psicosfera atordoante. O ambiente, no interior do veículo, subitamente fez-se soturno, dominado por um terrível silêncio, prenunciador da tragédia.

Aturdido, o Sr. Egberto passou a escutar na casa mental, ligeiramente excitada pelos vapores do álcool, a voz da esposa desencarnada e, sob a forte incidência vibratória dela, *viu-a*, apavorando-se com o seu aspecto terrível, passando a conduzir o carro com desespero ante a cena alucinadora que se lhe imprimiu no pensamento. Numa manobra brusca, equivocada, o caminhão tombou no despenhadeiro, ante os gritos de desespero dos seus ocupantes.

Ao primeiro impacto a porta se abriu e D. Amenaide foi arrojada fora, golpeando-se nas pedras da ribanceira e desencarnando de imediato, o mesmo ocorrendo com o filhinho que teve a vida física ali interrompida.

O carro espatifou-se ladeira abaixo, roubando, também, a vida de Jaime, enquanto o motorista ficou em estado de choque...

A alucinação estabeleceu-se entre os perturbadores desencarnados. A inditosa Ernestina, que agora se apresentava acompanhada dos amigos e inspiradores da desdita, aproximou-se da recém-desencarnada com galhofa constrangedora.

Nesse momento, o Dr. Arnaldo Lustoza, profundamente concentrado, convidando-me à mesma atitude, apareceu ante a visão sádica dos infelizes vingadores que tentaram agredi-lo, atirando-lhe epítetos vergonhosos e acusações descabidas, identificando-nos, simultaneamente, a todos.

A chusma, no entanto, aterradora, não dispunha de recursos para vencer a irradiação que emanava do grupo em prece, amparado por verdadeira cortina vibratória. Assim, ficaram a distância observando-nos e chicanando, requerendo a posse das vítimas.

O irmão Bernardo e o médico, com técnica mui especial, liberaram a irmã e o seu filhinho dos liames carnais, colocando uma móvel substância, que retiravam de todos nós e dos recursos da Natureza, qual se fosse um colchão alvinitente de espuma, que lhes erguia os Espíritos, ao mesmo tempo em que lhes falavam ternamente, impedindo-lhes o medo e a alucinação...

Por quase trinta minutos a operação teve curso, após o que, vi a irmã Amenaide ser colocada na maca com os sinais da gestação, parecendo sentir muitas dores, e o filhinho profundamente imantado, em sono profundo, causando-me grande surpresa.

— *Conduzamo-los, de imediato, à nossa esfera de ação* — determinou o médico —, *onde o vosso amigo Héber nos aguarda. Defendamos o cadáver do jovem cunhado, para o atendermos após a necrópsia a que será submetido pelas autoridades policiais, que virão mais tarde.*

O espetáculo patenteava-se-me sob dois aspectos mui diversos: os dois cadáveres mutilados e ensanguentados, o corpo semimorto do condutor do grupo e, do nosso lado, o socorro urgente, conforme as circunstâncias, àqueles que logo deveriam receber ajuda, demandando à Vida, embora a aparente odiosa cena da morte...

O amor vigilante do Pai, utilizando-se de servos imperfeitos mas dedicados, amenizava a trama do ódio e da vingança, oferecendo esperança e bênção.

16

CAUSAS OCULTAS DO INFORTÚNIO

Chegamos ao núcleo de socorros conduzindo nossos irmãos, D. Amenaide e o filhinho a ela profundamente vinculado pela gestação, qual se a desencarnação de ambos não houvesse sucedido.

O benfeitor Héber recebeu-nos em um amplo edifício e conduziu-nos, imediatamente, a um centro cirúrgico, em tudo semelhante aos existentes na Terra.

Levada a uma mesa especial, a gestante adormecida, com sinais reflexos de dor, recebeu passes calmantes e então se aquietou. Surpreso, vi adentrarem-se na sala alguns trabalhadores vinculados à Medicina, que procederam a uma cirurgia cesariana, nos mesmos moldes conforme sucede em qualquer hospital do mundo.

Após o ato, observei que o ser pequenino repousava ao lado da mãezinha que fora transferida para uma enfermaria especial, adredemente preparada para recebê-los. Depois de ligeiro choro o filhinho adormeceu, ficando ambos entregues a nobre senhora, toda sorrisos, que doravante se encarregaria de auxiliá-los e assisti-los.

Tudo me eram novidades. Até aquele momento não havia testemunhado um parto cirúrgico em qualquer entidade recém-desencarnada e nunca me ocorrera que tal acontecesse. Talvez, pelo atavismo inconsciente de que o Mundo espiritual é constituído de *matéria* rarefeita e os acontecimentos sucedem em pauta de mecanismo especial, descuidara da observação de que não há saltos nos eventos que têm curso no plano físico, tanto quanto nas Esferas que lhe estão próximas, poderosamente sofrendo as influências psíquicas.

O certo é que me encontrava jubiloso e perplexo.

A tragédia provocada por Ernestina e seus asseclas sob orientação de mentes mais hábeis e mais perversas era-me lição de grave advertência, conclamando-me a acuradas meditações em torno do ensino evangélico sobre a "vigilância e a oração", de tanta relevância e tão pouco considerado.

Na trama dos destinos estão presentes inúmeros fatores que trabalham os acontecimentos, propelindo o homem aos resultados da busca ou retardando-lhe o passo. De outro modo, encontram-se presentes interferências mentais e espirituais que estão a merecer estudos, exame cuidadoso por parte de todos nós para uma colheita mais feliz de bênçãos e estabelecimento de critérios que colaborem na sua mecânica.

Os homens deixam-se arrastar pelos acontecimentos, reagindo contra uns e aceitando outros, sem aprofundarem as causas próximas para elaborar métodos preventivos ou de recuperação, quando na impossibilidade de atingir as mais remotas.

A precipitação e a indiferença que governam muitos comportamentos respondem pela tardança do processo da evolução, desde que, no primeiro caso, a imprevidência que se agita promove distúrbios e consequências nos atos que poderiam ser evitados ou contornados, e, no segundo, o desinteresse complica situações que poderiam tomar curso mui diverso daquele que, normalmente, envolve o negligente com agravamento da situação na qual se encontra.

Raciocinando a respeito dos últimos sucessos em que me encontrava presente, eram compreensíveis as suas ocorrências desde que a vida real, permanente, inalterável, é a espiritual, sendo a terrena uma experiência transitória, evolutiva, para as finalidades superiores daquela.

Porque o meu fosse um estágio de aprendizagem, embora aqueles Espíritos não estivessem diretamente ligados ao curso da nossa história, qual ocorrera com outros fatos que narramos, aguardei ensejo de apresentar ao nosso Dr. Lustoza as apreensões em forma de perguntas que lhe ensejassem melhor esclarecer-me sobre as urdiduras dos fenômenos trágicos, examinados do *lado de cá*.

A oportunidade não se fez demorada. Quando nos retiramos da câmara de repouso em que ficaram a senhora cirurgiada e o seu filho, antes de qualquer indagação, o amigo compreensivo nos explicou, a Bernardo e a mim:

— *A nossa irmã Amenaide acaba de resgatar um grave erro praticado há pouco menos de um século... Agora se recompõe sob o amparo da atual trisavó, que fora, nos dias distantes, sua mãezinha abnegada. Despertará lentamente e será orientada pelo carinho da nobre senhora, que a poupará de choques e aflições dispensáveis, informando-a, no momento próprio, sobre a desencarnação, até que se possa inteirar de todo o ocorrido. Enquanto isso não suceder, ser-lhe-á mantida, discreta e silenciosamente, a impressão de que se fez necessária a internação hospitalar para o parto...*

E porque me percebesse a interrogação mental a respeito da cirurgia, aclarou:

— *Em muitos casos de gestantes acidentadas, em avançados meses de gravidez, em que ocorre, também, a desencarnação do feto, é de hábito nosso, quando as circunstâncias assim nos permitem, proceder como se não houvesse sucedido nenhuma interrupção da vida física. Em primeiro lugar, porque o Espírito, em tais ocorrências, quase sempre já se encontra* absorvido *pelo corpo que foi interpenetrado e modelado pelo perispírito, no processo da reencarnação, merecendo ser deslindado por cirurgia mui especial para poupar-lhe choques profundos e aflições várias, o que não se daria se permanecesse atado aos despojos materiais, aguardando a consumpção deles. É muito penoso este período para o ser reencarnante, que pelo processo da natural diminuição da forma e perda parcial da lucidez, é colhido por um acidente deste porte e não tem crédito para a libertação mais cuidadosa. Quando isso se dá, os envolvidos são, quase sempre, irmãos calcetas, inveterados na sandice e na impiedade, que sofrem, a partir de então, demoradamente, as consequências das torpezas que os arrojam a esses lôbregos sítios de tormentos demorados...*

No caso em tela, o pequenino se desenvolverá como se a reencarnação se houvera completado, crescendo normalmente, participando das atividades compatíveis aos seus vários períodos em institutos próprios, que os amigos conhecem.

Em segundo lugar, a cirurgia fez um grande bem à parturiente, que não sofrerá o choque da desvinculação com o filho, podendo recompor-se mental e emocionalmente, qual se estivesse numa maternidade terrestre, preservando a sensação do sentimento materno com todos os requisitos de carinho e devotamento até o momento próprio, em que ambos se integrarão na realidade espiritual.

Não cessemos de repetir que não existem violência, dádivas de exceção nem privilégios nas ocorrências da Vida, na qual todos nos encontramos situados.

Anuímos de bom grado, Bernardo e eu, com a elucidação, que respondia em boa lógica às indagações.

Vivendo ainda muito próximos dos interesses humanos e considerando ser a vida física uma cópia imperfeita da espiritual, compreender-se-á que, nesta última, encontram-se todos os elementos da primeira, embora a recíproca não seja verdadeira.

Acurando meditação no serviço cirúrgico em favor dos recambiados ao núcleo de socorro, eu encontrava resposta para sutis questões que envolvem a problemática do perispírito, esse órgão modelador do soma.

A brusca separação do feto, pela desencarnação da gestante, ocasiona uma lamentável perturbação no Espírito reencarnante, que se sente, simultaneamente, em duas esferas vibratórias: ainda não perdeu o contato com a vida espiritual, sofrendo alguma turbação, que aumenta na razão direta em que mergulha nos fluidos mais grosseiros da matéria, e, antes de apropriar-se da forma, vê-se expulso dela, encharcado de energias densas e pesadas a atormentá-lo, na dificuldade de situar-se, em definitivo, num ou noutro campo de vida.

A providência caridosa que dá curso ao processo da *reencarnação*, mediante a cirurgia espiritual, impede que o Espírito experimente o choque da morte corporal e todas as suas consequências. A morte física é-lhe apenas um sono mais violento em que mergulha, no momento, a consciência já um tanto obnubilada, possibilitando eliminar os distúrbios mentais da perturbação decorrente da perda do corpo e facilitando a reconquista do conhecimento, qual ocorre no processo humano...

A vida não sofre frustrações, embora os disparates com que o homem veste as suas ambições e desaires.

Porque ainda me bailassem na mente inquietações em torno da trama do ódio de Ernestina, que lograra alcançar os objetivos a que se propusera, indaguei ao amigo sobre as nascentes próximas do problema cujo resultado acabáramos de acompanhar.

Habituado ao meu interesse de adquirir conhecimentos, o médico não se fez rogado, explicando:

— *As causas próximas, porque a seu turno são consequências de atitudes mais recuadas, conforme aludi antes, têm as suas matrizes nos dias da escravidão negra, no Rio de Janeiro.*

A nossa irmã Amenaide era, então, mimada esposa de abastado fazendeiro, no solo fluminense, cuja genitora, apesar de amorosa, não conseguira lapidar o caráter da filha, que se revelava exigente, caprichosa, e sem maiores expressões de piedade pelos escravos e serviçais da Casa. O matrimônio estabelecido pelos pais não a harmonizara intimamente, antes a tornou mais extravagante, quanto à posse de tudo que lhe dizia respeito. Amava o esposo, que lhe dera um filho varão e acreditava-se proprietária da alma do companheiro, de certo modo acostumado a aventuras furtivas, de que ela não tomava conhecimento. O seu estado de espírito inquieto fazia-a mais mesquinha e insensível à dor alheia.

Numa oportunidade qualquer, à mesa de refeição, o esposo referiu-se a uma jovem liberta pela Lei do Ventre Livre, *que servia à Casa, com encômios à sua beleza física e porte altivo, dizendo que os jovens de repente mudam de aspecto, assumindo aparências inesperadas.*

A esposa, dando um tom muito natural ao assunto, inquiriu-o a respeito do que de mais harmonioso observava na mucama, a ponto de chamar-lhe a atenção. Sem maior preocupação ele referiu-se às formas arredondadas do corpo, ao busto bem proporcionado...
O assunto se encerrou, sem qualquer comentário adicional.
Menos de uma semana depois o chefe de família afastou-se, em viagem à capital, a cuidar de negócios, como fazia de hábito. Demorou-se fora por vários dias e, ao voltar, conforme usança da época, despachou um serviçal para informar a sua chegada, dando, à família, as primeiras agradáveis notícias. O retorno ocorreu ao cair da tarde, sendo recepcionado com alegria geral. À hora da ceia bem preparada, um acepipe chamou-lhe, em especial, a atenção, pelo sabor: tratava-se de carne tenra, especialmente condimentada. Não sopitando a curiosidade, indagou à companheira onde adquirira tão especial vianda, ao que ela redarguiu ter sido quem a cozera com particular carinho, em sua homenagem. Terminado o repasto, enquanto os cônjuges conversavam, a senhora, com naturalidade, lhe informou que não pudera esquecer a referência elogiosa que lhe fizera à serva. Assim, com o objetivo de honrá-lo, mandou cortar-lhe os seios e, à semelhança de Salomé, porém, com requintes de carinho, preparara-os para servi-los à ceia... Dominado por súbito mal-estar e náuseas, ele correu à senzala e encontrou a jovem amputada, sobre a cama de varas, sob dores atrozes, exangue, excruciada, vindo a falecer na madrugada seguinte...
    O narrador calou-se, dando-me margem a melhor sentir o drama da pobre serva, que ignorava a causa do martírio, deixando-me penetrar na extensão da loucura de que são vítimas pessoas aparentemente sadias. Ali estava a

terrível ação do ciúme doentio, que chegava a extremos de perversidade mórbida, para saciar a própria paixão.

Ato contínuo, o médico deu prosseguimento à narrativa:

— *Abriu-se imenso abismo no relacionamento dos cônjuges. A vítima não encontrou quem lhe reclamasse, na Terra, a inocência, nem a lamentasse por mais tempo. O poder, no mundo, anestesia muitas mentes e esfacela inúmeros sentimentos.*

Despertando, além do corpo, dominada pela insânia do ódio que a envenenou, perturbou-se por anos a fio, caindo nos baixos círculos de expiação espiritual, entre antigos escravos sedentos de vingança, que ainda se encontram na psicosfera do planeta, assumindo personalidades mitológicas e vivendo Entidades do culto afro-brasileiro, imanadas a propósitos de desforço, barafustando-se em ações perniciosas, as quais dão curso à sanha da vindita que se permitem.

A pouco e pouco foi conscientizada em torno das ocorrências da vida e da sua indestrutibilidade, armando-se para o desforço na hora própria. Sem manipular, porém, o próprio desterro, veio à reencarnação e, sob o impositivo das leis, consorciou-se com aquele que fora motivo indireto da sua desdita. O escafandro abençoado da carne amorteceu-lhe as recordações infelizes e, sob a custódia do afeto, ajustou-se ao lar que teve duração efêmera, desencarnando um decênio depois, sem deixar filhos. O viúvo veio a reencontrar a antiga esposa e, apagadas as reminiscências, no mesmo solo fluminense de outrora, consorciou-se, vivendo a emoção que a perspectiva da paternidade lhe acenava. A desencarnada, todavia, picada pelo ciúme e identificando nela a adversária antiga, fez um quadro de agressão e rancor que a levou a sintonizar com os antigos comparsas, que elaboraram em conjunto a trama que acaba de consumar-se.

Na urdidura do resgate compulsório, que dispensava a interferência de Ernestina e sua grei, já que o acidente poderia originar-se numa falha mecânica do veículo, o jovem cunhado que perece é o mesmo capataz que decepara os seios da jovem escrava e renasceu sob a injunção da problemática tuberculosa, encerrando o ciclo reencarnacionista, quando a cura orgânica lhe acenava oportunidade de uma vida mais larga.

As peças se enquadram perfeitamente nos complexos programas de equilíbrio espiritual do ser, embora ele, não poucas vezes, tentando apressar soluções, coopere, inconscientemente, para que transcorram os fatos como são de melhor resultado para todos, apesar de piorar-lhe, por algum tempo, a situação.

Como vimos, Amenaide e o cunhado resgataram, através da expiação, e o nosso Egberto, novamente viúvo, reeducar-se-á na dor, padecendo o penoso trauma mediante o qual ascenderá, candidatando-se a um futuro melhor.

Ante a pausa espontânea, indaguei:

— *E Ernestina? Que lhe acontecerá? Outrossim, como o amigo se encontra inteirado destes fatos? Já os conhecia?*

O interlocutor desviou a vista, fixou-a num ponto distante, como a organizar informações sintéticas, e, sem mais delongas, redarguiu:

— *Este sanatório é-me uma escola de bênçãos onde aprendo o amor pela vivência do trabalho, ou no qual cresço no dever sob os convites da caridade para com o próximo, exercício de evolução para mim próprio. Aqui estagio há largo tempo, na condição de aprendiz da vida, cooperando no esforço superior da irmã Angélica, que em tempo próprio me recambiou aos sentimentos cristãos, convocando-me à seara da fraternidade evangélica...*

Houve época, não distante, em que me encontrava em complicado processo de alucinação corretiva, na qual expiava as atitudes imprevidentes de várias reencarnações malsucedidas, quando fui por ela resgatado da situação muito infeliz. Logo me recobrei, mediante cuidadoso tratamento espiritual, descobri que ajudar os outros é auxiliar-me, e pensar no próximo primeiramente, representa a única alternativa para superar-me, transformando dores em bênçãos, mágoas em esperanças, distúrbios íntimos em conquistas de paz...

Em razão do exercício médico, na última experiência humana, fui localizado aqui a fim de melhorar-me no serviço aos enfermos.

Abnegadas religiosas e nobres equipes médica e paramédica que aqui trabalham, em ambos os planos de ação, têm-me constituído mestres hábeis na arte da abnegação e da paciência, iluminando-me com exemplos de elevação pela renúncia. Diversos deles, que por aqui transitaram, ao desencarnar, rogaram a felicidade do retorno, prosseguindo no labor a que se afeiçoaram. Mantêm contatos mentais com os antigos cooperadores, que os registram e, não raro, as ingênuas religiosas que os detectam psiquicamente assustam-se, esconjurando-os, no entanto, beneficiando-se com a assistência que recebem.

Antiga diretora da Ordem aqui prossegue conosco, arregimentando colaboradores e ampliando os quadros dos serviços de beneficência. Nessa área, a nossa mentora tem oferecido larga quota de auxílio, considerando os pacientes que se lhe vinculam e para aqui são trazidos para o benefício da saúde. Por motivos compreensíveis, há muito tormento nesta Casa, nas diversas áreas do comportamento humano: sexo, vícios diversos, abusos de muita ordem, que levam a tresvarios e a suicídios periódicos. As gentis irmãs, vigilantes e discretas, acorrem sob inspiração contínua, atendendo emoções e dramas, ocultando os efeitos danosos das cenas de autodestruição, a fim de manter-se o moral dos doentes graves e de compleição emocional débil...

Inteiro-me, normalmente, quando chegam os enfermos, da sua ficha cármica, dos seus acompanhantes, dos seus mais afligentes problemas, de modo a uma eficaz terapia de nossa parte, tanto quanto sobre os compromissos que lhes dizem respeito, afeiçoando-me e dedicando-me, conforme os títulos de merecimento de cada qual. Com regularidade, todos os obreiros ouvimos conferências e participamos de seminários realizados por visitantes de outras Esferas que nos vêm adestrar em técnicas socorristas mais avançadas, tomando alguns casos de internados para montarem os estudos sobre seus problemas, cujos resultados são valiosos.

Desse modo, quando Jaime veio ao internamento, tive informações mais pormenorizadas sobre os fatores propiciatórios e desencadeadores da sua enfermidade, interessando-me pela problemática familiar e afeiçoando-me ao grupo. Quanto me permitiram as oportunidades, dispensei-lhe assistência, que foi distendida ao seu irmão e à sua cunhada, cuja história humana muito me sensibilizou. Nesse ínterim, conheci Ernestina e passei a orar por ela, intentando, sem qualquer violência de minha parte, intuí-la ao bem, despertá-la... Conhecendo-lhe a planificação e o mórbido interesse de prejudicar a família que ficara na Terra, nada mais pude fazer, senão acompanhar os acontecimentos, para minimizar-lhes os efeitos, conforme sucede neste desfecho.

Silenciando, como a concatenar ideias, concluiu:

— *Nossa irmã Ernestina agora sentir-se-á frustrada, como todo vingador que, após a sanha do desforço, perde a razão da luta exauriente, descobre a inutilidade dos propósitos alimentados, aturde-se, sofre e desperta para outra realidade. Cessada a razão central da sua pertinácia no tentame do mal, experimentará o recrudescer dos remorsos. Poderá ser recambiada à reencarnação ou tombará nas mãos dos asseclas, igualmente revoltados ante o fracasso dos planos de vampirização e obsessão de nossa Amenaide. Os desígnios de Deus são inescrutáveis e os dados de que dispomos são insuficientes para uma avaliação de futuros sucessos, além do que, o nosso é o dever de ajudar sempre, cujos resultados pertencem a Deus.*

Eram-me informações valiosas as que acabara de receber.

A vida são os acontecimentos que desencadeamos por livre opção, através do comportamento que o homem elege, na pauta da sua evolução inevitável, dependendo dele, a breve ou em longo prazo, alcançar a felicidade que lhe está destinada desde o princípio.

Respeitando o silêncio do amigo, recolhi-me, também, em meditação.

17

DESENCARNAÇÃO E VAMPIRISMO

Cada vida é um livro aberto, rico de experiências e lições das quais se podem retirar proveitosos ensinamentos para a realização interior. Mesmo das existências humanas mais obscuras flui um manancial de alto valor, se soubermos avaliar as realizações e sofrimentos, as lutas e renúncias, os esforços e os silêncios vividos para a aquisição da felicidade, segundo o parecer de cada criatura.

Ainda me encontrava sob as impressões do drama que arrebatara as vidas de Jaime, de D. Amenaide e de seu filhinho, quando o Dr. Lustoza me convidou a visitar um paciente que se ultimava, no plano físico.

O vetusto e nobre hospital, composto de vários blocos, tinha uma entrada senhorial, forrada a mármore, ampla, o que atestava, na sobriedade de linhas, o gosto arquitetônico dos seus construtores e o cuidado para oferecer aos seus pacientes, que eram considerados hóspedes, que verdadeiramente assim se consideravam, tais as altas somas desembolsadas para o seu tratamento, assistência cuidada e especial, bem como uma larga cota de conforto físico e moral. Não obstante, havia a ala dos indigentes, com menos apuro e comodidade, onde, no entanto, dispensava-se assistência competente aos internados.

Dirigimo-nos a um apartamento bem decorado, no qual se debatia, nas garras da tuberculose pulmonar, um senhor de sessenta anos aproximadamente.

O ambiente bem-cuidado, com uma ampla janela aberta na direção do bosque na montanha, por onde entrava a claridade do dia, contrastava terrivelmente com a psicosfera ali reinante, irrespirável, na qual se movimentavam Espíritos viciosos, ostentando máscaras de agressividade, com atitudes visivelmente hostis. Confabulavam irônicos e referiam-se ao moribundo com indisfarçável animosidade.

Antes que a surpresa me convidasse a descabida ou precipitada análise, o médico amigo veio-me em auxílio, elucidando-me:

— *O enfermo, que se encontra em processo de desencarnação, é o senhor Marcondes Leal, proprietário de imenso latifúndio próximo a esta cidade, que mantém com mão de ferro. Havendo herdado uma sólida fortuna e largos tratos de terra, tem vivido inconformado, ingerindo vibrações de baixo teor, a que faz jus, em face do temperamento irascível e rude. Aqui está internado há quase cinco anos, sem que a doença pudesse ser debelada, embora os cuidados e a dedicação de todos que o assistem com o desvelo que o dinheiro pode comprar. Tirano doméstico, tornou um tormento contínuo a vida da esposa e de dois filhos, hoje adultos, que o suportam, anelando pela sua desencarnação, esperada com alguma ansiedade pela família, há bom tempo...*

Desnecessário dizer que o nosso Marcondes identifica a indiferença dos seus, reagindo com cólera e mortificando-se por não poder descarregar, com revide, a peçonha do inconformismo sobre aqueles que lhe padeceram a injunção familiar. Outrossim, rebela-se ante a aproximação da morte, pelo fato, entre outros, de ser constrangido a deixar o imenso patrimônio que preservara e aumentara com ganância e avareza...

O amigo olhou mais demoradamente o senhor Marcondes, que estorcegava sob as tenazes invisíveis da dificuldade respiratória, e prosseguiu, sem ocultar a compaixão de que se encontrava possuído:

– *As suas dores não se encerrarão, no entanto, quando lhe cessarem os movimentos físicos... Como vemos, as presenças espirituais que aqui se movimentam são de péssima procedência e têm motivos para fazê-lo. Alguns são adversários pessoais do nosso Marcondes, que os tem desde vivências anteriores; outros foram adquiridos na atual reencarnação e outros, ainda, procedem de simpatizantes e amigos daqueles a quem ele prejudicou mais recentemente, que aderiram às mágoas dos seus amigos e se resolveram por cooperar no extermínio da personagem odiada. Dispondo de meios valiosos para gerar simpatia e bem-estar, desenvolver a prosperidade própria pelo enriquecimento de muitos, preferiu a caminhada solitária do egoísmo, calcando sob os pés as oportunidades que tem negado ao seu próximo. O pobre amigo tem sido um semeador de males, estando a colher os primeiros frutos amargos da sua plantação, a fim de penetrar nas urdiduras da maldade que cultivou, quando experimentará os espinhos mais ferintes que se lhe cravarão na alma com mais intensas dores.*

Note o irmão Miranda que, apesar das preces das religiosas que o cercam de carinho desinteressado, em lhe conhecendo as fraquezas e mazelas, aqui não luz a paz nem se encontra a esperança... A alucinação que dele se apossou, fê-lo afastar-se de Deus, de qualquer sentimento religioso, divorciando-se das bênçãos da fé, que é lenitivo seguro nestes momentos. Sempre estremunhado, cultiva formas-pensamento que nutre os seus adversários desencarnados, recebendo, com incidência poderosa, a resposta deles transformada em energia deletéria, que terminou por arruinar-lhe a vida física e a mental já seriamente abalada. Temos, no companheiro duplamente afetado, no corpo e na alma, um exemplo típico da ação do petardo mental disparado pelo ódio contra alguém que o recebe, em sintonia de faixa psíquica equivalente.

Vemos pessoas que se fazem odiadas por milhões de criaturas e, aparentemente, prosperam, gozam de saúde, parecem viver felizes. Entre muitos outros, reportemo-nos a alguns exemplos, historicamente próximos, como Hitler, Eichmann, Stalin... Em verdade, não escaparam de si mesmos, vitimados na trama cruel que movimentaram contra a Humanidade, exterminando verdadeiras multidões e permanecendo tranquilos... Nestes casos de aparentes exceções, personagens de tal porte transformam-se em instrumentos da vida, que os homens necessitam sofrer, a fim de despertarem para os valores mais altos da existência. São látegos a zurzir com impiedade as espáduas da sociedade ora desatenta, ora conivente, expiando as suas arbitrariedades em mãos mais canibalescas, nos processos rigorosos da evolução.

Hitler acreditava-se predestinado pela Providência para reunir os povos germânicos, recordando-se de existências pregressas, quando desempenhara papel de relevo histórico na comunidade europeia, e quantos males se permitia ou autorizava praticar, supunha-se sob divino desígnio para produzi-lo, enlouquecido de soberba e maldade. É certo que a Divindade não necessita de homens arbitrários para estabelecer, na Ter-

ra, a justiça, o equilíbrio e a paz. Desde que se levantem falsos árbitros do direito e da ordem, alicerçados em postulados equívocos ou falsos, tornam-se, por si mesmos, mecanismos de provação, de expurgo, sob cujos propósitos sucumbem os que se encontram incursos, como delinquentes nos Soberanos Códigos, assim reparando os gravames e crimes perpetrados... Na fúria que os domina, a sede de sangue e de destruição impede-os de absorver, de momento, as ondas da reação do ódio e do rancor, não os impossibilitando, todavia, de intoxicar-se com as próprias emanações psíquicas e espirituais, bem como as daqueles que os seguem da Erraticidade, levando-os a suicídios selvagens ou à alienação total...

O Dr. Lustoza silenciou, numa ligeira interrupção da narrativa. Pudemos observar, debatendo-se na tenda de oxigênio, o olhar esgazeado, a dispneia violenta, o senhor Marcondes em agonia. Um filete de sangue vivo escorria-lhe por um dos cantos dos lábios. A tosse impertinente, cansativa, obrigava-o a expelir golfadas sanguíneas que o faziam rebolcar-se em aflição pungente. Uma religiosa orava, enquanto uma enfermeira experiente assistia-o, aguardando o momento final, próximo.

— *Temos estudado a obsessão como fator desencadeante de enfermidades orgânicas* — prosseguiu, com a mesma serenidade, o amigo vigilante. — *Agora temos um fenômeno com maior complexidade ante os nossos olhos. Em face das suas atitudes, o nosso enfermo passou a sofrer o cerco das Entidades perversas que interferiam no seu comportamento mental com as naturais reações psicológicas e humanas. Simultaneamente, o desencadear da animosidade que as suas atitudes provocavam, fez que as pessoas passassem a desfechar-lhe flechadas mentais, desejando-lhe a ruína, a infelicidade, a morte. A princípio, em razão de encontrar-se mergulhado em verdadeira carapaça das próprias construções psíquicas, aqueles petardos não o atingiam com facilidade. Naturalmente se diluíam no choque vibratório das suas resistências portadoras de teor diferente, em ondas de dispersão, pelo que a mente exteriorizava contra as demais pessoas. Produziam-se, nesse campo magnético, inevitáveis choques vibratórios que, ao longo do tempo, tiveram as primeiras brechas, em razão da intensidade com que eram emitidos os pensamentos destrutivos, alimentados pela fúria das suas vítimas, no lar e fora dele, somando força devastadora. Lentamente, as sucessivas ondas prejudiciais alcançaram-lhe os equipamentos orgânicos, desarticulando as defesas imunológicas que foram vencidas, degenerando células e dando início, a princípio, à irrupção do bacilo de Koch, agora em fase final do processo. Casos há em que a incidência do pensamento maléfico aceito pela mente culpada destrambelha a intimidade da célula, interferindo no seu núcleo e acelerando a sua reprodução, dando gênese a neoplasias, a cânceres de variadas expressões.*

A mente é dínamo gerador de energia cujo potencial e finalidade estão governados pelo comportamento moral, pelo desejo de quem os emite. Há enfermidades de diferentes procedências que se instalam sob a contribuição da conduta mental dos próprios pacientes, dando margem a fenômenos de autodestruição a curto ou largo prazo, de desarticulação das defesas psíquicas e orgânicas, quando irrompem problemas graves na área da saúde, com muitas dificuldades para uma diagnose correta, quanto para uma terapêutica segura. O homem é, intrinsecamente, o que pensa, sendo esse seu mecanismo mental o resultado das suas experiências pregressas, noutras reencarnações, o que motiva as fixações, as preferências, os ideais sustentados. De mais alto valor, portanto, o cultivo sistemático dos pensamentos positivos, das ideias enobrecedoras, da conversação edificante, das aspirações otimistas, que facultam a renovação das paisagens íntimas e a substituição dos clichês infelizes, propiciadores de doenças, de turbações do raciocínio, de desajustes de todo tipo.

No caso em tela, do nosso senhor Marcondes, foram os petardos mentais dos encarnados que, por sintonia dele próprio, desencadearam os distúrbios que o afligiram, dentro, naturalmente, das balizas do seu programa cármico. Infelizmente, nada podemos movimentar em seu favor, neste momento, porque ele se encontra muito vinculado a outra área de interesse, sintonizado com aqueles que lhe compartem, do nosso lado, a economia emocional, moral e espiritual. Aqui nos encontramos na condição de observadores e aprendizes, esperando, no futuro, poder ministrar-lhe alguma assistência, apesar de sabermos que ele não se encontra fora do divino amparo, experimentando as ações-reações do que tem preferido, cultivado e distribuído. Como ninguém foge de si mesmo, por mais estranha e dispersa seja a sementeira, a colheita se fará compulsoriamente, no mesmo campo e mediante os mesmos elementos espalhados. Agora, oremos e aguardemos.

Recolhi-me à prece intercessora, fraternal, apiedado do irmão tristemente equivocado, para quem os valores transitórios eram mais importantes do que os bens imperecíveis do sentimento, da vida espiritual, do bem. Não me sentia, como não me encontro, em condição de censurar o comportamento enganoso do moribundo, em razão de poder aquilatar os próprios erros e o quanto me cumpre ainda avançar pela trilha do dever que me aguarda. Compungia-me ver o desfecho infeliz de uma existência física que fora aquinhoada com recursos inestimáveis para o sucesso sobre as dificuldades, a vitória do Espírito sobre as injunções do corpo e do mundo. A reflexão levou-me à emoção sincera, porquanto a cena da desencarnação, ali, era confrangedora. Não havia o concurso dos técnicos em libertação, tendo o enfermo tombado no automatismo dos fenômenos biológicos, demorados, que se arrastam até o total desgaste dos fluidos e forças vitais, prendendo o Espírito à matéria, por largo tempo após a chamada morte orgânica, quando o cadáver entra em decomposição.

À medida que os minutos passavam, o agonizante dava mostras de maior sofrimento, estertorando e emitindo pensamentos de malcontida ira contra todos e tudo. O suor abundante e o colapso periférico, com o entorpecimento e o arroxear das extremidades do corpo, denotavam a vitória da morte sobre a matéria que não mais podia lutar, enquanto o Espírito permanecia lúcido, na destrambelhada usina mental, agarrando-se aos despojos que se lhe negavam ao comando.

Nesses comenos, ouvi um dos mais terríveis obsessores presentes que já o afligia, tentando desgarrá-lo do corpo, informar a indigitado companheiro:

– *Já não demora. Em menos de dez minutos tudo estará acabado. Vá buscar os* sugadores.

Fiquei perplexo ante a ordem inusitada.

Mentalmente o Dr. Lustoza sugeriu-me calma, silêncio e oração.

De súbito, irromperam na câmara onde a morte triunfava, quatro Entidades, de aparência lupina, atadas a cordas, como se fossem cães, embora mantivessem alguns sinais humanoides, que emitiam contristadores uivos e se movimentaram, inquietas, nas mãos vigorosas que lhes sustentavam as correias presas aos pescoços. Denotavam sentir o que acontecia, tal a agitação de que davam mostras.

O desencarnante percebeu chegar a hora e, aterrado sob asfixia cada vez mais constritora, debateu-se, tentou gritar, mas a tosse rouca o venceu com brutal hemoptise, impedindo-lhe a respiração, vitimando-o, em definitivo.

O vigilante perseguidor, com terrível ricto na face macilenta, ordenou:

– *Soltem os* animais!

Vimos as Entidades sinistras arrojarem-se sobre o defunto e, numa cena perturbadora, profundamente asquerosa, sugar as energias da pasta sanguínea, como do cadáver, retirando por absorção bucal os fluidos empestados que eram eliminados.

Após o vágado que o Espírito experimentou, atônito, sem entender o que realmente acontecia, arquejante sob a mesma dificuldade respiratória que o enlouquecia de dor e angústia, ouviu-se chamado nominalmente pela voz apavorante do inclemente inimigo, que lhe dizia:

– *Marcondes, não há tempo para repouso desnecessário. Você sempre dizia aos empregados e familiares que é necessário estar desperto, agir... Acorde, não malbarate os minutos. A morte não dá repouso; prossegue a vida conforme cada qual a usa. Chegou a sua vez, miserável!*

Simultaneamente, passou a desenredar o falecido dos seus despojos, usando de violência, o que produzia no Espírito lancinantes dores, que extravasava, a gritos confrangedores, recebidos com gargalhadas de zombaria por parte dos assistentes igualmente insensíveis, odientos.

Os sugadores locupletavam-se sobre os restos mortais, como se fossem chacais famintos disputando animais abandonados pelos que os houveram destruído... Pareciam embriagar-se na volúpia com que se atiravam e roubavam as últimas energias do corpo em cadaverização.

Logo depois, o vigoroso algoz, num gesto brusco, deslindou as últimas amarras fluídicas e segurando, à força, o alucinado senhor Marcondes, que experimentava inomináveis quão indescritíveis aflições e submeteu-se, debatendo-se, à nova injunção.

— *Retirem os* animais — impôs, feroz. — *Saiamos daqui.*

As Entidades reagiram ao seu condutor, não desejando abandonar o repasto, no que foram forçadas a chibata, e o grupo heterogêneo, ridículo e apavorante retirou-se com grande chocarrice, levando o recém-desencarnado.

Transcorrera menos de uma hora desde o desenlace e tudo parecia haver acontecido em um demorado período de incessantes aflições.

No plano físico a religiosa, que orava, revestia-se de opalina claridade que resultava da sua comunhão com as Esferas superiores e, ajudada pela enfermeira e mais os auxiliares que foram chamados, o cadáver foi recomposto, enquanto o apartamento era assepsiado, a fim de que tudo retornasse à normalidade habitual.

— *Já nada temos a fazer aqui* — falou-me o generoso Dr. Lustoza. — *Outros deveres nos esperam. O nosso irmão, senhor Marcondes, começa doloroso e demorado período de reparação, no qual a dor desempenhará o papel que ele não se permitiu fosse realizado pelo amor. O tempo, esse benfeitor ignorado e paciente, encarregar-se-á de ajustar e pôr nos seus devidos lugares tudo quanto se encontra em desconcerto e desequilíbrio.*

O espetáculo tenebroso imprimira em minha mente todo o horror da desencarnação do atormentado enfermo, fazendo-me recordar uma antiga oleografia religiosa, intitulada "A morte do pecador", na qual se retratava algo semelhante, porém menos aterrador. Provavelmente o pintor tivera alguma visão psíquica do evento, que fixara como advertência aos desatentos em torno das questões espirituais.

O momento, todavia, não me permitia quaisquer indagações.

Saímos em direção ao jardim e nos deparamos com o triunfo do Sol abençoando a Natureza.

18

MAURÍCIO DESPERTA

Permaneciam-me as impressões constrangedoras da desencarnação do Sr. Marcondes e o quanto conservava da desagradável cena de vampirização dos seus despojos carnais, levando-me a demoradas reflexões e preces intercessoras pelo seu refazimento.

A morte, indiscutivelmente, é o encerramento do ciclo biológico, do ponto de vista físico, todavia, a libertação sempre se dá de acordo com os condicionamentos e vivências que são mantidos ao longo da existência.

Não havendo, nos Estatutos Divinos, regimes de exceção, é muito justo que cada candidato ao progresso cresça conforme os seus recursos e ascenda na escala da evolução mediante os sacrifícios que se imponha.

O estado mental e as ações morais de cada criatura respondem pelas suas legítimas conquistas, aquelas que se lhe incorporam, inelutavelmente, à realidade interior.

Consoante o homem vive, assim desencarna, experimentando as presenças espirituais com as quais afina e atrai, da mesma forma que os sentimentos cultivados se lhe transformam em amarras constritoras ou asas de liberação.

Sob qualquer hipótese, porém, a desencarnação é momento grave para todos os Espíritos, que nela encontramos o desenfaixar dos liames retentivos na Terra, para o prosseguimento da vida em novas experiências, continuação natural das que nos permitíamos viver.

Os vampirismos, em linha geral, são um estágio avançado de alienação e zoantropia dos desencarnados que tombaram nas garras da própria insânia, deixando-se dominar por mentes impiedosas da Erraticidade inferior, as quais se atribuem a governança dos destinos que se lhes permitem submissão, em face do comportamento alucinado mantido, enquanto na Terra...

Por outro lado, as suas vítimas encarnadas experimentam as pungentes angústias que decorrem da conjuntura infaustosa, em subjugações cruéis, de curso demorado, que se alongam até além da sepultura. Sob outro aspecto, o vampirismo entre desencarnados que se odeiam constitui lamentável acontecimento que sensibiliza e propõe imediata transformação em quem o observa, sem que os envolvidos na rude peleja consigam experimentar breve pausa que seja para a reflexão ou o repouso...

O que eu observara, no entanto, quando da chegada dos *vampiros* para absorver as últimas energias do cadáver recém-desencarnado e sugar os elementos vitais que permaneciam no sangue expelido, suplantava tudo quanto até então eu conhecia no gênero...

Acompanhara essas experiências dolorosas em matadouros, quando hordas ferozes se arrojavam sanguissedentas sobre os animais abatidos, ainda com os reflexos condicionados impondo-lhes tremores.

Esse comércio entre as mentes atormentadas-atormentadoras é o resultado dos desmandos de uns e de outros, vítimas e algozes que se mancomunam, mediante inditosa vinculação, produzindo paisagens infinitamente contristadoras e gerando redutos coletivos de expiação inimaginável para os domiciliados no corpo físico. Mesmo para muitos Espíritos desencarnados, que se movimentaram na linha da dignidade e do equilíbrio, esses redutos de sombra e purgação demoram-se ignorados, até quando se lhes faz necessário que dispensem socorro àqueles que ali estagiam, e são-lhes afetos ou conhecidos que rogam e aguardam ajuda...

Tudo são lições que propiciam o crescimento espiritual de quem anela, realmente, pela espiritualização própria.

Como as mentes encarnadas, mesmo algumas daquelas que travam conhecimento com a vida do Além-túmulo, jazem adormecidas, preferindo as utopias e os engodos, as fantasias da imaginação descontrolada – com isso não pretendemos censurar quem quer que seja –, cada dia aumentam os fenômenos obsessivos e as desencarnações inditosas tornam-se mais comuns em face do esclarecimento que foi desdenhado, cedendo lugar à indiferença e ao desar...

Vivem-se, por isso, panoramas de perturbação variada, nos arraiais terrenos, cada vez mais lamentáveis, que a dor abençoada se encarregará de modificar na sucessão dos tempos.

Felizes aqueles que se derem conta dos deveres a executar e se afadiguem nos esforços pela edificação da responsabilidade ativa sem mecanismos escapistas ou justificações levianas, destituídos de qualquer legitimidade...

Reservei-me estudar a questão do *vampirismo* aos despojos carnais, concluindo, mais uma vez, que morte é somente mudança de traje, sem o descartar das roupagens fluídicas, que condensam a matéria.

Rompem-se e desgastam-se os aparatos externos, conquanto permaneçam as *matrizes* fornecedoras das suas formas, mantendo a camada envolvente do Espírito que, no caso de viver experiências grosseiras, favorece a demorada subjugação vampirizadora. Nos casos de Espíritos equilibrados, os dínamos psíquicos que se encarregam de elaborar as forças fluídicas produzem energias de peso específico, que alçam o ser a regiões de plenitude superior, aformoseando-o e propiciando-lhe paz por ausência de condicionamentos perniciosos e de intoxicação por venenos vibratórios.

Pulsa a vida em toda parte dentro dos padrões estabelecidos pelo Pai, no entanto, exteriorizando-se conforme o estágio evolutivo dos grupos sociais e dos indivíduos que nela se movimentam e se agitam.

A rampa do abismo tanto quanto o ascensor que leva aos altos planos são elaborados por cada Espírito, conforme aspire à queda ou à elevação.

Aprendendo com as lições que nos eram propiciadas, recebi o diligente Dr. Lustoza que veio ao meu encontro, informando:

– *Tive notícia de que o nosso Maurício retornou ao lar.*

A informação me chegou como estímulo, retirando-me das reflexões mais fortes para acompanhar as esperanças de um futuro abençoado pelas realizações de vidas, que estavam sendo chamadas ao crescimento e à vitória.

– *Após o encontro que manteve com a nossa irmã Angélica* – prosseguiu, otimista –, *conforme nos recordamos, encontrou a Bíblia e deixou-se, inspirado, ler e meditar alguns salmos, passo inicial para a renovação que se lhe fazia indis-*

pensável. Posteriormente, passou a ler o evangelho, segundo São Mateus, e a vida de Jesus, particularmente o "Sermão da Montanha", banhou-lhe a alma com serenidade e iluminou-lhe a mente obnubilada com novos conceitos que o estão norteando. Dispensável dizer que a nobre benfeitora vem-lhe oferecendo assistência pessoal, tendo em vista o futuro que ele poderá eleger e construir com amplas possibilidades de serviço e realização, na equipe espírita que ela vem auxiliando e conduzindo...

O narrador fez uma ligeira pausa e deu prosseguimento:

– *À medida que os dias se sucederam, as fixações do inconsciente* – que guardou as emoções e esclarecimentos do desdobramento pelo sono – *foram subindo à consciência como recordações agradáveis que lhe propiciaram júbilos e amarguras. Os primeiros, em razão de fruir de uma paz a que se desacostumara, e as segundas, em razão de sentir-se deslocado no grupo a que se associara.*

O organismo debilitado, ante as emoções novas, e apesar da especial assistência que vem recebendo, ressentiu-se, arrebentando as últimas resistências e nele se instalando um problema de saúde, que será contornado em momento próprio. Como era de esperar-se, adveio-lhe a recordação do lar, a saudade da família, e a solidão entre tantos desavorados impôs-lhe a viagem de volta, como solução feliz, que lhe foi transmitida pelos fios invisíveis da intuição.

Fez-se o "filho pródigo", cuja parábola arrancou-lhe lágrimas nascidas no âmago do ser, em arrependimento sincero, oportuno. Com novas disposições, enfermo e fracassado na competição das enganosas conquistas de coisa nenhuma, encetou a viagem de retorno. A imensa distância foi sendo vencida a penates, usando o recurso da carona, *dos expedientes em uso pela atual juventude inquieta, o que lhe permitiu surgir no lar*

para gáudio dos pais ansiosos e dos irmãos afetuosos, que jamais haviam concordado com a loucura *da sua tentativa equivocada de buscar o sucesso...*
Agora se recupera e medita, chora e espera.
A irmã Angélica nos convidou para uma visita ao jovem amigo, quando se lhe propiciará uma ensancha de travar contato com o Espiritismo, em razão da visita que lhe será feita por abnegado seareiro das nossas hostes, domiciliado na região e devotado lidador da Terceira Revelação. À hora própria seguiremos daqui, com o nosso Bernardo, devendo encontrar-nos com a mentora que nos aguardará para que participemos do evento benéfico.

Eram-me informações valiosas, em considerando que o nosso caro Maurício encontrava-se fortemente vinculado ao processo de crescimento espiritual dos nossos Argos e Áurea.

Ante a expectativa dos próximos acontecimentos, aguardei com otimismo o momento que nos traria novas aquisições e dados para a própria renovação moral.

19

PROGRAMA DE EVOLUÇÃO

À hora convencionada, reuni-me com os amigos Bernardo e Dr. Lustoza, após o que demandamos à cidade onde Maurício residia.

Depois de uma rápida viagem nos deparamos com um pequeno burgo interiorano, onde as pessoas invariavelmente se conhecem e se estimam, sem os tumultos e agitações dos grandes centros urbanos.

No seu bucolismo, a cidade agradável parecia tomada pela paz. Não obstante situada em região habitualmente calcinada pela falta de chuvas, o seu povo trabalhador respirava uma psicosfera de fraternidade amena.

Às 20h estávamos na casa onde se deveriam reunir pessoas interessadas no conhecimento do Espiritismo.

Na cidade de tradição católica e conservadora dos hábitos religiosos da Igreja Romana, era a primeira vez que se falaria claramente sobre a Doutrina Espírita para um grupo de curiosos e interessados.

Aproveitava-se a estada, por alguns dias, de dedicado médium, residente em lugar próximo relativamente, que cultivava o conhecimento espírita, afadigando-se na vivência dos postulados que abraçava, mediante o exercício da caridade e da propaganda das lições felizes, que se apresentavam como solução para os ingentes e angustiosos problemas humanos.

O grupo não excedia a quinze pessoas, reunidas na ampla sala de refeições da família que hospedava o trabalhador do Evangelho Redivivo.

Maurício havia sido informado do acontecimento, e porque lhe bailassem na mente as recordações do encontro espiritual com a benfeitora, anuiu de bom grado em comparecer ao ato.

Fizera-se acompanhar por alguns outros membros da família, também ignorantes dos ensinamentos Kardequianos, que esperavam, inquietos, esclarecimentos para as dúvidas que acalentavam, outrossim, também por verem algum fenômeno mediúnico, em razão do conceito equívoco que se mantém em torno do Espiritismo como sendo manifestação mediúnica.

A irmã Angélica superintendia a reunião, que tivera o cuidado de promover, tendo em vista o ensejo para o despertamento do seu pupilo, ao mesmo tempo em que ensejava uma correta divulgação da Mensagem racional espírita, abrindo campo de trabalho em área nova, para futuros cometimentos.

Logo a defrontamos, a amiga afetuosa esclareceu-nos quanto aos objetivos buscados e apontou-nos com simpatia o médium palestrante.

— *Trata-se do nosso irmão Antônio Fernandes* — esclareceu, afável —, *que veio ao conhecimento espírita batido pelos látegos do sofrimento, após perturbadora provação nos anéis constritores da obsessão. Portador de mediunidade espontânea e com muitos compromissos negativos com a retaguarda, de cedo nele se instalaram as matrizes de tormentosa obsessão que, por mercê de Nosso Pai, não o levou ao manicômio ou ao suicídio... Sofreu agruras e inquietações que conhecemos nos processos de tal natureza... Todavia, a pouco e pouco, despertou para as realidades mais eloquentes da vida, esforçando-se pela própria e pela iluminação dos adversários que o comprimiam psiquicamente, na demorada injunção perniciosa. Amparado por familiares credenciados, que estagiam em nosso campo de trabalho, ele foi orientado e soube aproveitar as diretrizes recebidas, incorporando-as ao dia a dia da sua atual existência. Certamente que ainda não se liberou* in totum *dos conflitos e das turbações mentais, derrapando com alguma frequência em quadros depressivos que o anestesiam temporariamente. Apesar disso, em se considerando a sua boa vontade para com o trabalho da solidariedade, dedicados benfeitores têm-no utilizado para serviços espirituais nesta região, onde vem granjeando simpatias e amizades de ambos os lados da vida. Já seria tempo de o nosso amigo haver-se liberado em definitivo. Sem embargo, tem-se esforçado, quanto lhe permitem os parcos recursos intelectuais, tendo-se em vista que não logrou conquistar maior lastro de conhecimentos. Vem estudando as obras básicas da Codificação e, por um atavismo ancestral, apraz-lhe ler e comentar a* Bíblia, *experiência que superará quando adquira mais amplo conhecimento doutrinário, obtendo a indispensável segurança sobre a qual se erige a convicção espiritista.*

A mentora relanceou o olhar pela sala e, ante o grupo heterogêneo, em que os interesses também se diversificavam, prosseguiu:

– *Seria ideal se pudéssemos contar com um cooperador melhor adestrado para a tarefa que se nos apresenta desafiadora. Como, no entanto, não conseguimos encontrar anjos em nosso campo de ação, porque ainda não merecemos a sua convi-*

vência e não dispomos de servidores ideais, somos felizes por poder contar com obreiros modestos, caracterizados pelo espírito de serviço, com coragem suficiente para vencer os preconceitos e as conveniências dos grupos sociais e das pessoas negativas, afadigando-se na distribuição do bem. Pelas suas mãos ativas, muitas bênçãos do Alto têm alcançado obsessos e enfermos outros que o buscam ou que lhe são conduzidos pela superstição ou crença de pessoas bondosas e desinformadas das finalidades reais da vida.

Fazendo uma pausa ligeira, concluiu:

– Passemos à nossa experiência de fé, programada para esta noite.

Acercou-se do médium e imantou-o com energias superiores. O sensitivo percebeu a presença da entidade amiga e, solicitando permissão ao seu anfitrião, explicou que era chegada a hora da reunião, que deveria começar por uma oração que ele proferiria, acompanhado, em silêncio, pelos presentes.

Todos se recolheram à introspecção, enquanto o médium, visivelmente inspirado, proferiu comovida súplica de amparo para todos, após o que deu início à sua alocução.

A palavra era-lhe fácil, escorrendo-lhe dos lábios com encantamento e segurança, sob o edificante controle mental da venerável irmã Angélica.

Fez um ligeiro retrospecto das paisagens humanas religiosas, detendo-se na excelência do Cristianismo primitivo e nas transformações porque passou, através dos séculos, para dissertar com clareza sobre os fenômenos mediúnicos em todos os tempos, situando com precisão a tarefa e missão de Allan Kardec, diante dos informes que lhe chegavam e da grandeza da Doutrina que lhe cumpria apresentar, haurida no intercâmbio com os Espíritos, de modo a constituir uma base racional e fundamental para a fé, num árido campo de investigação científica, do que decorre uma filosofia existencial consentânea com a ética evangélica, numa Religião capaz de enfrentar a razão em todos os períodos da Humanidade.

A sua forma simples de expressar o pensamento que lhe era transmitido enriquecia-se, não poucas vezes, de beleza cristalina, porque a verdade, na sua expressão de profundidade, é simples, sem retoque e pura.

A emoção, por inúmeras vezes, visitou-o e ao grupo, numa comunhão mental e emocional sincera, como se estivessem contemplando com os olhos espirituais uma nova Humanidade que ali se desenvolveria, numa imensa gleba a joeirar que, desde aquele momento, apresentava-se ditosa.

Ao terminar, foi vivamente aplaudido, abraçado entre sorrisos e encômios, aliás, desnecessários, mas habituais em acontecimentos deste porte.

Vieram as perguntas gerais, que foram respondidas com calma e lógica, passando-se, como é natural, aos problemas pessoais, que receberam um tratamento de bondade à luz da Doutrina.

Nesse comenos, gravemente sensibilizado pelo que acabara de ouvir, Maurício pareceu despertar para uma realidade nova. Tudo agora lhe era claro, familiar, simples de tal forma que se interrogava como lhe fora possível viver até aquele momento sem a identificação com esses conceitos e ideias. Um súbito entusiasmo pela vida lhe assomou, dominando-lhe o Espírito, e prometeu-se dar a existência, dedicar-se a essa Revelação que se lhe apresentava maravilhosa, confortadora.

Acercou-se do palestrante e percebeu a simpatia irradiante do medianeiro, com o qual se identificou por afinidade ancestral, desconhecida, que lhe desbordou os recônditos da alma.

O trabalhador da Causa percebeu-lhe o estado íntimo, a timidez e a ansiedade, sendo teleguiado pela instrutora a facilitar o intercâmbio de ideias:

– Então – abriu o diálogo –, *que lhe pareceu a palestra, especialmente considerando a sua juventude?*

Diretamente abordado e algo confuso pelo inesperado, Maurício respondeu:

– *Foi-me uma excelente experiência de que eu muito necessitava. Tudo quanto eu sabia sobre essas coisas, era deprimente, negativo, surpreendendo-me agradavelmente ao constatar o conteúdo fascinante e lógico de que é portador o Espiritismo...*

– *É natural* – ripostou o expositor. – *A ignorância e a má-fé sempre difamam o que desconhecem, apresentando, com as tintas fortes da própria incúria, aquilo que não deseja que se expanda nem alcance outras áreas humanas.*

– *Que deverei fazer para tornar-me um espírita?* – indagou, interessado. – *Descubro que eu sempre soube como se expressa a Justiça de Deus e como funcionam os mecanismos da vida. Só que eu não me dava conta de que esses raciocínios, que, às vezes, me visitam, já estão elaborados e ganhando campo nas mentes humanas...*

O interlocutor sorriu, redarguindo, entusiasmado:

– *A verdade não é patrimônio de indivíduos nem de grupos. Tem caráter universal. É a mesma em toda parte e em todos os tempos, variando na forma, no vestuário, com que se apresenta para ser oferecida aos homens. O Espiritismo é uma*

Doutrina perfeita na sua estruturação científica, filosófica e religiosa, tendo muito a ver com os diversos ramos do conhecimento, que aclara, já que investiga as causas, enquanto a Ciência ainda examina os seus efeitos. A sua fonte de inexaurível orientação são os livros que Allan Kardec publicou, devendo o neófito adentrar-se no exame e estudo da Doutrina, propriamente dita, através de "O Livro dos Espíritos", compêndio que responde as mais diversas, complexas e embaraçosas questões do pensamento, propondo soluções aos enigmas das "ciências da alma", bem como dos conflitos da fé que tanto têm atormentado religiosos, honestos ou não, que se debatem em dúvidas afligentes.

— *Pois, candidato-me a lê-lo, a estudá-lo, meditando esta nova filosofia, de que muito necessito. Sou um Espírito atormentado, carente de paz e de equilíbrio.*

— *Busque, então, elaborar um programa de renovação, mergulhando a mente e o sentimento nos conceitos superiores do Espiritismo, que lhe facultará o encontro com você próprio, colorindo a sua vida com esperança e proporcionando-lhe paz.*

— *Enquanto respondia, sob a indução da mensageira espiritual, o médium irradiava, sobre o jovem irrequieto, fluidos de paz, que lhe iriam restaurar o equilíbrio físico e psíquico.*

Nesse instante, a irmã Angélica requereu a cooperação de todos nós para aplicarmos recursos restauradores nos presentes, que se demoravam em conversação edificante, depois do que, servidos refrescos e salgados, foi dispersado o grupo.

— *Estão plantadas as pilastras de um novo edifício de amor, à luz do Espiritismo, nesta cidade, nestes corações, em nosso Maurício* — concluiu a benfeitora, convidando-nos a caminhar pela cidadezinha adormecida sob o lucilar das estrelas prateadas no zimbório do firmamento.

20

PROCESSO DESOBSESSIVO

Antes de demandarmos às atividades habituais, e porque fosse visível o jubilo da irmã Angélica em relação ao formoso cometimento da noite com a consequente conquista, para as hostes do bem, do jovem Maurício, acerquei-me e, sem delongas, com caráter congratulatório, referi-me:

— *Graças ao Senhor foi logrado um resultado feliz em relação às dificuldades e empeços obsessivos que envolviam a atual jornada do nosso recém-converso. Naturalmente que, agora, serão mais fáceis as futuras conquistas e tudo há de transcorrer em clima de melhores possibilidades...*

A sábia entidade ouviu-me com simpatia, contudo, em face da sua larga experiência em relação aos complexos problemas do comportamento humano, ademais em torno dos grilhões das obsessões, elucidou:

— *De fato, o passo que foi dado é muito significativo no processo liberativo do nosso amigo. No entanto, não desconhecemos que surgirão graves desafios e embates vigorosos, contínuos, deverão ser travados ainda, a fim de que, a pouco e pouco, ele se desenovele do cipoal em que se enroscou através dos tempos.*

A obsessão é resultado de um demorado convívio psíquico entre dois Espíritos afins, seja pelo amor possessivo que desencadeia as paixões inferiores ou através do ódio que galvaniza os litigantes, imanando-os um ao outro com vigor.

Quando são tomadas as primeiras providências para a terapia desalienante surgem os efeitos mais imediatos, como decorrência dessa atitude: 1.º) a revolta do inimigo, que muda a técnica da agressão, reformulando a sua programática perseguidora, mais atacando a presa com o objetivo de desanimá-la; 2.º) enseja uma falsa concessão de liberdade, isto é, afrouxa o cerco, antes pertinaz, permanecendo, porém, em vigília, aguardando oportunidade para desferir um assalto fatal, no qual triunfem os seus planos infelizes. Na primeira hipótese, a vítima, não adestrada no conhecimento da desobsessão, porque se sente piorar, raciocina, erradamente, que a medicação lhe está sendo mais prejudicial do que a enfermidade e, inspirada pelo cômpar, planeja abandonar o procedimento novo, o que, às vezes, realiza, permitindo à astuta entidade liberá-lo, momentaneamente, das sensações constritoras para surpreendê-lo, mais tarde, quando as suas reservas de forças sejam menores e os recursos de equilíbrio se façam pouco viáveis... No segundo caso, sentindo-se menos opresso, o obsidiado se crê desobrigado dos novos compromissos e volve às atitudes vulgares de antes, tombando, posteriormente, na urdidura hábil do seu vigilante carcereiro espiritual. Jesus afirmou com razão que "o Espírito imundo *ao sair do homem, anda por lugares áridos, procurando repouso, e não o achando, diz: voltarei para minha casa donde saí; ao chegar, acha-a varrida e adornada. Depois vai, e leva consigo mais sete Espíritos piores do que ele, ali entram e habitam; o último estado daquele homem fica sendo pior do que o primeiro".*

Sempre é conveniente recordar que todo obsidiado de hoje é algoz de ontem que passou sem a conveniente correção moral, ora tombando na maldade que ele próprio cultivou.

Dando-me margem para acompanhar o seu raciocínio, fez uma ligeira pausa e logo prosseguiu:

— *Como é compreensível, o vício mental decorrente da convivência com o hóspede gera ideoplastias perniciosas de que se alimenta psiquicamente o hospedeiro. Mesmo quando afastado o fator obsessivo, permanecem, por largo tempo, os hábitos negativos, engendrando imagens prejudiciais que constituem a psicosfera doentia, na qual se movimenta o paciente. Um dos mais severos esforços que os enfermos psíquicos por obsessão devem movimentar, é o da reeducação mental, adaptando-se às ideias otimistas, aos pensamentos sadios, às construções edificantes. Neste capítulo, tornam-se imperiosas as leituras iluminativas, a oração inspiradora, o trabalho renovador, até que se criem hábitos morigerados, propiciadores de paisagem mental abençoada pelo reconforto e pelo equilíbrio. Graças a tais fatores, nem sempre a cura da obsessão ocorre quando são afastados os pobres perseguidores, mas somente quando os seus companheiros de luta instalam no mundo íntimo as bases do legítimo amor e do trabalho fraternal em favor do próximo, tanto quanto de si mesmos, através do reto cumprimento dos deveres.*

Porque os homens esperem sempre por milagres nos seus cometimentos, quando lhes são impostos o esforço e a dedicação através do tempo, quase sempre desertam do compromisso ou relaxam-no, dizendo-se desencantados com os outros de quem exigem uma conduta superior, que a si próprios não se permitem. Justificam-se sem justificarem os outros; escusam-se, mas tornam-se juízes rigorosos daqueles com os quais convivem, ou a quem recorrem, buscando ajuda. Por isso, a saúde mental que decorre da liberação das alienações obsessivas se faz difícil, porque ela depende, sobretudo, do enfermo, no máximo do seu esforço e não exclusivamente do seu animoso perturbador.

Consideremos, ainda, que a libertação de uma conjuntura deste tipo não imuniza ninguém em relação ao futuro. Desde que não se erradiquem os fatores propiciadores do desequilíbrio psíquico, a pessoa sintonizará, por fenômeno natural, com outros Espíritos com os quais se afinará, por identidade de propósitos, de sentimentos, de ideais...

A mentora olhou o grupo que se dispersava entre sorrisos, e comentou:

— *Somos otimista diante desta gleba humana que deverá ser arroteada com o arado do amor e cultivada pelas mãos da caridade. Por este momento, tudo são planos felizes que se delineiam nas suas construções mentais e isto é-lhes favorável, porque persistindo nos pensamentos edificantes, irão produzindo energia positiva que destrói os "cascões mentais" em que se envolvem, rompendo a carapaça de sombra que os asfixia, ensejando-se aptidões para o trabalho abençoado, gerador de um clima emocional que, se for mantido, favorecê-los-á com a paz real. Liberados os inimigos que ora os afligem, à medida que crescerem no bem, defrontarão outros problemas para resolver, que chegarão, sucessivamente, até o momento da liberdade plena. Ninguém espere repouso e prazer, nem anele, de imediato, por comodidade e por bem-estar que não merece. A Terra é mãe generosa e a existência carnal constitui ensejo reparador, salvadas raras exceções, quando o Espírito se encontra em ministério missionário e propulsionador do progresso da Humanidade; mesmo assim, nesses casos, a dor e a soledade, os testemunhos de muitos tipos não lhes ficam à margem...*

Jesus, que abençoou o trabalho e o dever com o próprio esforço, ensinou-nos que o crescimento para Deus somente se dá através da lapidação íntima, através do labor da fraternidade verdadeira entre as criaturas do caminho da nossa evolução.

Silenciando, despediu-se, de imediato, deixando-me imerso em reflexões mais demoradas.

Pelo hábito vicioso de examinar os problemas, pensando no próximo como fator causal deles, descobri, naquele momento, que mantinha a mesma atitude em relação aos processos obsessivos, acreditando, ingenuamente, que o simples afastamento do Espírito perturbador favorecia a saúde física ou mental da pseudovítima, desconsiderando a sua urgente e significativa contribuição durante a larga convalescença, na qual recidivas lamentáveis e novos procedimentos desequilibrantes se instalam, a prejuízo da pessoa que se não propôs a uma recuperação plena.

Começava desta forma, para Maurício, uma frente de batalha nova, cujas lutas se arrastariam por muito tempo, a depender dele próprio.

21

PROVIDÊNCIAS PARA O ÊXITO

À medida que o tempo transcorria, melhores se tornavam as possibilidades de recuperação para Argos. Cessados os efeitos traumatizantes da larga intervenção cirúrgica, o organismo se adaptava à nova conjuntura e, principalmente, como decorrência da moratória que lhe fora concedida através do reforço de energias, do psicossoma fluía a vitalidade mantenedora do equilíbrio celular, fomentando a sua perfeita estabilidade e renovação, bem como o procedimento regular no finalismo biológico.

Dessa forma, os resultados salutares faziam-se apressados, no que contribuíam a mudança de atitude mental do paciente e a assistência fluidoterápica de que se fazia objeto, graças à dedicação do abnegado Bernardo.

A insistente perseguição de Felipe fizera-se amainada, seja pelo superior amparo que lhe envolvia a vítima em face da direta interferência da irmã Angélica, fosse porque as *matrizes* de fixação dos *plugs* pelos quais se imantavam os vínculos obsessivos estivessem modificadas na sua estrutura, impedindo o prosseguimento temporário do desforço que se arrastava desde os recuados anos em que as pugnas se transferiram da Terra para o Mundo espiritual...

A vítima, reiteradas vezes vilipendiada pelo atual padecente, adestrara-se em métodos de cobrança, fazendo-se acompanhar de indigitados comparsas que lhe prestavam atendimento quanto, por sua vez, ele se submetia a mentes outras mais impiedosas, que se admitem governantes das regiões inditosas da Erraticidade inferior.

As sucessivas terapias fluídicas, reativando o tom vibratório do cirurgiado, envolviam-no numa redoma de energias de teor diverso do habitual, impeditivas à interferência dos inimigos sandeus.

Conhecendo os métodos de que se utilizavam os benfeitores espirituais junto ao pupilo em refazimento, o clã perturbador reconheceu a necessidade da trégua, permitindo-se o tempo, na sua inevitável sucessão, que se encarregaria, assim esperavam os odientos algozes, de devolver-lhe o paciente, tendo em pauta os seus próprios recursos, que não eram dos melhores, em razão das suas dívidas para com a vida.

O Dr. Vasconcelos, que ignorava essas circunstâncias preponderantes na recuperação de Argos, não ocultava o júbilo ante as disposições do seu cliente, cada dia melhor.

É verdade que ele não contava com o restabelecimento físico do jovem, sem embargo, exultava com as auspiciosas respostas orgânicas.

Comentava, emocionado, a respeito das *surpresas* boas que deparava naquele quadro de caráter alarmante, tanto quanto identificava em outros, já ganhos, brutais modificações que terminavam por fazê-lo perder os doentes.

Sem dúvida que o desconhecimento da vida espiritual, causal, suas leis e ações, respondem pelas perplexidades que tomam não pequeno número de pessoas honestas, que trabalham pelo progresso da Humanidade, permanecendo como incógnitas insolúveis, que vão sendo aceitas sob a denominação genérica de *acasos*.

O esculápio abnegado visitava o moço em recuperação com carinho e otimismo, acenando-lhe com a breve possibilidade de alta hospitalar.

Áurea, a seu turno, não cabia em si de contentamento. Soubera granjear simpatias e respeito naquele largo período de provações redentoras. Antecipava pela imaginação, incendiada de esperanças, os dias futuros e desenhava planos de felicidade porvindoura.

O ideal religioso que a abrasava não lhe dava, porém, a dimensão do que deveria fazer, como fruto de toda aquela batalha que se apresentava como vitória, mas que ainda não significava toda a *guerra* que enfrentaria, em novas lutas isoladas, até o real momento de libertação.

Jovem, com alguma experiência, não o essencial para argamassar os propósitos de renúncia e sublimação que prometera viver antes da reencarnação, muito lhe faltava aprender e experimentar.

No seu processo de renascimento fora realizado um trabalho de alto coturno, desde o estudo do seu passado como da programação futura, tão expressiva era considerada a existência atual, de importância crucial para a sua vida de Espírito eterno.

A veneranda irmã Angélica avalizara pessoalmente o seu retorno, investindo os seus títulos de enobrecimento e intercedendo junto aos programadores especiais de reencarnações, porque acolhera os propósitos de crescimento da afilhada espiritual, que se comprometia trabalhar e trabalhar, transformando-se em mãe da carne alheia e irmã dos "filhos do Calvário", por cujo ofertório de amor transformaria o ontem em esperança de amanhã ditoso.

Examinados os seus compromissos e diante dos recursos que se lhe ofereceriam, organizou-se o reencontro com Argos como parte essencial da sua e da elevação dele, na busca do refazimento moral perante os Códigos da Vida.

A empresa não seria fácil, tendo-se em consideração os gravames que pesavam na economia espiritual dos futuros consortes, que deveriam abraçar, no próximo sofredor, a própria família, embora anelando por aquela que se originasse da própria carne e que, por motivos óbvios, não lograriam gerar...

Áurea recebera cuidados especiais, preparação adequada para os compromissos de edificação do bem. Mapas da organização física foram traçados com detalhes cuidadosos e recursos psíquicos receberam providências específicas, objetivando-se o exercício da mediunidade, bem como se lhe aplicaram "banhos magnéticos" para apagar lembranças que não deveriam participar dos primeiros períodos juvenis, evitando que reminiscências afetivas malogradas lhe perturbassem o comportamento, no período em que se visse excruciada pelas dores junto ao esposo limitado pela enfermidade.

Desse modo, cuidou-se de criar bloqueio na área da memória, que o tempo liberaria, quando novos testemunhos de áspera renúncia lhe exigissem definição correta de atitudes para a vitória real.

Por sua vez, Argos, que mantinha altas cargas de orgulho e mágoa, remanescentes dos dias idos, recebeu o patrimônio carnal condizente com a *Lei de Causa e Efeito*, facultando-lhe a recuperação dos deveres malbaratados, conforme do nosso conhecimento.

Cabia-lhe, agora, uma real atitude positiva diante da existência, abençoada pela nova concessão de saúde, entregando-se ao bem e o bem fazendo, quanto lhe estivesse ao alcance até o sacrifício de si mesmo.

Não se tratava de uma aventura, nem de uma realização improvisada.

As duas vidas receberam tratamento especial, que se alongava em caráter de muita assistência, a fim de que não malograsse tão valioso investimento.

Cada criatura recebe de acordo com as necessidades da própria evolução. Merece, todavia, considerar que existência física nenhuma se encontra ao azar, distante de carinhosa ajuda e de socorros providenciais.

Da mesma forma que a faixa mais larga das reencarnações ocorre através de fenômenos automatistas, numa programática coletiva, esta não se dá sem que os superiores encarregados dos renascimentos na Terra tomem conhecimento cuidadoso e ofereçam, através de equivalentes ocorrências programadas, os meios para a seleção das que conquistam ou perdem individualmente...

Na razão direta em que esses Espíritos, que repletam comunidades em aparente desvalimento e grupos sociais menos atendidos, dão curso às suas existências, sincronizam com os mecanismos de ação automática, manipulados por especialistas que os separam pelos valores adquiridos, para atendimentos mais bem cuidados, conforme as realizações de cada qual.

Quando, porém, se objetivam realizações especiais, os benfeitores da Vida maior atendem diretamente os candidatos que se oferecem para a aplicação dos seus valores ético-morais, recuperando-se dos dolorosos compromissos transatos, aceitando os impositivos severos que se fazem necessários para as suas edificações.

Como é compreensível, organizam-se planos que são submetidos aos interessados, que logo passam a receber conveniente atendimento, de modo a se tornar remoto o fracasso, que pode ocorrer, desde que o livre-arbítrio responde sempre pela opção do fazer ou não, de eleger o bem ou o mal para si mesmo, o prazer de agora em vez da felicidade do amanhã, custando tormentoso tributo, pesado ônus, para quantos retornem, vencidos e fracassados, por invigilância, engodo ou presunção.

Sob este ponto de vista, os nossos irmãos conheciam, inconscientemente embora, as responsabilidades que lhes diziam respeito e várias vezes se lhes faziam recordar, quando dos reencontros na esfera dos sonhos.

Como resultado de todas essas providências, chegava o momento em que se lhes encerraria outro capítulo da existência corporal, para iniciar-se a etapa mais delicada em campo novo de ação, onde ambos deveriam esforçar-se por prosseguir fiéis ao Senhor e ao bem que lhes cumpria realizar.

Todos nós nos encontramos incursos neste procedimento, que é o de lutar pelo aprimoramento íntimo, aplicando todas as forças para vencer as más inclinações e burilar as tendências superiores, tornando-as mais sensíveis às conquistas espirituais relevantes.

Este é o grande desafio da reencarnação, em esforço diário, constante e especial.

22

RECOMEÇO DAS TAREFAS

O cirurgião devotado acompanhava o fortalecimento orgânico de Argos com o júbilo do vitorioso, que lograra ganhar à morte uma vida, devolvendo-a aos compromissos humanos.

No suceder da semana ficou delineado que o jovem receberia alta, logo os exames finais a que se submetia dessem o resultado almejado.

Os esposos não cabiam em si de contentamento. Aquele período de internamento fora abençoada escola de aquisição de experiências e de reparação de grande parte da dívida que lhes pesava na economia da reencarnação.

Todas as dores suportadas e ansiedades vividas entre perspectivas sombrias de angústias sem-nome faziam, agora, parte de um passado que se caracterizava por bênçãos conquistadas. Se é certo que o capital das dores fora expressivo, não se podia olvidar a soma de valores positivos através de amigos abnegados que lhes ofereceram apoio e interesse fraternal, abrindo-lhes as portas do coração e do lar, minimizando-lhes a aspereza dos testemunhos.

Afinal, a vida não são apenas as aflições que maceram, senão o somatório das experiências, nas quais, o bem predomina, por meio de criaturas que se transformam em anjos tutelares, encarregados de colocar beleza e cor nas sombras dos caminhos...

Os exemplos de bondade e de abnegação haviam sido uma colheita de preciosas lições que deveriam ficar incorporadas ao cotidiano, em relação às lutas do futuro que teriam, certamente, de enfrentar.

A abnegada madre superiora do hospital, que os adotara como filhos espirituais, dando-lhes provas de entendimento e compreensão, bondade e renúncia, participou da boa notícia com os olhos marejados de justo pranto.

Chegando próximo o momento das despedidas, em face dos resultados auspiciosos dos exames complementares, o médico, emocionado, esclareceu Áurea, sorridente:

— *É certo que existem* milagres, *pois estamos diante de um deles. Agora, é necessário preservar a conquista e saber valorizar o cometimento, não nos excedendo em otimismo e em perspectivas demasiado ambiciosas...*

Fazendo uma pausa natural, prosseguiu:

— *Argos, sob o ponto de vista médico, adquiriu uma sobrevida de prazo não definido. Poderá ter uma existência calma e longa, isto é, um quinquênio, marchando para um fim compreensível, em razão das suas poucas possibilidades de armazenamento de oxigênio na reduzida câmara pulmonar. A tendência natural é de irem diminuindo a sua resistência e capacidade respiratória, sendo-lhe a morte um tanto dolorosa... Enquanto isso não ocorrer, vivam em felicidade comedida, tendo em vista os limites orgânicos de que ele se encontra possuidor, o que não obstará a realização de uma vida quase normal.*

E dando um tom de jovialidade à conversação, arrematou:

– Amanhã estão liberados, e espero não os ver aqui, nunca mais...

Acompanhávamos os preparativos dos pupilos da irmã Angélica para o retorno à vida normal no mundo exterior e vivíamos as suas inocentes alegrias revestidas por novas ansiedades.

O Dr. Arnaldo, que se encarregava da assistência mais direta a Argos, não escondia as suas emoções, reconhecido à Misericórdia Divina.

Naquela noite, em hora adredemente estabelecida, a benfeitora convocou-nos a fim de apresentar as oportunas diretrizes aos seus afilhados, que lhes deveriam constituir a pauta das suas futuras atividades, respeitando-se, bem se depreende, o livre-arbítrio deles mesmos.

A reunião teve lugar no jardim fronteiriço ao hospital, próximo ao pavilhão central, onde era grande a movimentação dos Espíritos de ambos os planos da vida.

A noite esplêndida respirava o perfume do bosque e das flores sob o coruscar das lâmpadas celestes engastadas no empíreo.

Havia uma melodia que perpassava na leve brisa, como emoldurando de poesia e som a paisagem de beleza lírica.

Bernardo e o Dr. Lustoza trouxeram os dois esposos que se encontravam irradiando felicidade.

Era mui diverso o aspecto de que se revestiam, então, em relação às outras vezes.

A alegria natural rompe os grilhões do desequilíbrio e liberta as almas que anelam por lograr voos mais altos e de larga conquista.

Estavam de mãos dadas e lúcidos, em razão da técnica que lhes fora aplicada pelo passista.

Árvore frondosa e acolhedora, como teto vegetal em flor, agasalhava a mentora, que irradiava toda a beleza espiritual de que era detentora. Ao seu lado, fui tomado de grande timidez, num exame, perfunctório embora, dos próprios limites e das muitas necessidades que me assinalavam o processo evolutivo.

Ela evocava uma oleografia religiosa, em face da sua postura e iluminação espiritual. As duas mãos distendidas em posição de quem aguarda para abraçar, enquanto a indumentária larga, que lhe caía aos pés, acompanhada de um manto em suave tom azul, completava-lhe a presença irradiante e nobre.

Áurea viu-a de imediato e teve ímpeto de arrojar-se-lhe aos pés, no que foi detida pela vigilante entidade, que a abraçou, no mesmo amplexo reunindo Argos embevecido.

Sem qualquer delonga, foi clara na abordagem do assunto para o qual nos convocara.

— *Encerramos hoje* — elucidou, mansamente — *um ciclo feliz das suas existências carnais. Graças ao divino amparo que não podemos esquecer, foram superados vários problemas e dificuldades, entre reflexões e penas a que fizeram jus, no programa de crescimento para a vida. O Senhor, que nos não regateia concessões, forneceu-nos os recursos preciosos para os resultados ditosos que ora recolhemos.*

Abrem-se-lhes, diante do futuro, novas oportunidades que lhes cumpre saber utilizar, com a necessária sabedoria, jamais olvidando a gratidão e o espírito de serviço de que foram objeto, nas doações que lhes chegaram por parte de muitos corações bondosos...

Vocês poderão escolher o prolongamento da felicidade, se optarem pela renúncia, ou o sofrimento inesperado, decorrente de muitos desencantos, se preferirem o século...

Esta lhes será uma existência de lutas e redenção, nunca de quimeras e futilidades. O investimento superior é muito alto para ser desperdiçado, irresponsavelmente.

Cristo ou César, na sua faina de crescimento ou queda. Muitas vezes, a utopia lhes armará ciladas e as ambições que lhes dormem no inconsciente programarão voos impossíveis... Cuidado, meus filhos!

Nem sempre é róseo e azul o firmamento de quem aspira a alcançar as estrelas. Além da atmosfera há sombras nos Espaços infinitos, até que o raio luminoso encontre matéria de qualquer natureza que lhe reflita a claridade. Assim também alegoricamente ocorre na ascensão das almas...

A vigilância e a humildade constituem roteiro de segurança para a marcha. Renovem-se na fé e adquiram resistências na ação do bem.

O corpo é um escafandro que abafa as lembranças e, às vezes, confunde-as. Na meditação e no serviço vocês encontrarão a rota de equilíbrio.

O luxo leva à dissipação, e o poder, não poucas vezes, conduz ao crime. São raros aqueles que vencem as ásperas provações da fortuna, da saúde, do destaque social, pois que se fazem acompanhar de um séquito servil: mentiras, bajulações, intrigas, calúnias, comandados pelos interesses subalternos que conduzem à loucura... A promoção verdadeira que nós devemos disputar é a do labor com o Cristo, e o grupo social onde nos deveremos desenvolver é constituído pelos sofrimentos dos nossos irmãos, aos quais deveremos atender, já que não desconhecemos o contributo que se paga, quando se está sob os açoites do desespero, da enfermidade e da solidão.

A mentora encontrava-se emocionada, não obstante prosseguisse irradiando a majestade da sua elevação espiritual.

De imediato, prosseguiu:

— *Vocês, como quase todos nós, encontram-se muito comprometidos com o passado, no qual gemem e desequilibram-se irmãos que ficaram em abandono, em masmorras infectas, vitimados por ódios devoradores. Morreram, sim, mas não se libertaram. Ergastulados às reminiscências inditosas, deblateram e blasfemam, imprecam por justiça e prometem-se fazê-la, na loucura em que submergiram amargurados.*

É indispensável refazer caminhos; faz-se inadiável o dever de reparar. Talvez não sejam eles quem se beneficiem diretamente, desde que as ações de todos nós são anotadas no Livro da Vida.

Qualquer bem ou mal realizado à Vida, nós o creditamos, cabendo aos Soberanos Códigos programar o reajuste, o equilíbrio...

Enquanto perdurou o clima de mais grave testemunho, o nosso Felipe esteve convenientemente afastado, mas não liberado dos sentimentos de desforço que o vitimam. Volverá à liça e os enfrentará. Só o amor puro e a ação superior conseguirão modificar-lhe os painéis íntimos da alma. Outrossim, recordando-lhes as marcas *que ficaram desde os dias truanescos de* Traistaillons, *no massacre de 9 de abril de 1815, em* D'Arpaillargues... *As perseguições religiosas deixaram lamentáveis resultados nos vencedores aparentes e nos vencidos...*

Larga e contínua se lhes apresenta a estrada da reparação, aguardando.

Adiante, meus filhos, porém com Jesus!

Estaremos juntos, mas nunca se olvidem do Senhor, tudo envidando para corresponder às concessões deste momento. O olvido é chaga cruel, quando desce a sua cortina por sobre o bem fruído e as graças recebidas. Armem-se de abnegação e elevem-se, descendo para ajudar. Se souberem ser fiéis ao dever, uma claridade superior abençoará suas horas e o tormento não se lhes agasalhará nos corações, nem a dúvida encontrará campo em suas mentes.

Novamente silenciou, enquanto os jovens se prometiam fidelidade e amor, dedicação ao bem e renúncia, ansiosos por testemunharem o reconhecimento e o espírito de serviço que os emulavam naquele instante festivo.

Todavia, podia-se perceber no semblante da veneranda entidade uma leve presença de preocupação, qual se ela se adentrasse pelo futuro e pudesse antever acontecimentos de porte perigoso, como sombra de ameaça.

Por fim, concluiu:

— *Somos uma família espiritual, na qual a ascensão de alguém a todos eleva e qualquer queda a todos aflige. A união no compromisso do bem é o élan do êxito, e o desvio, a separação mesmo que prazerosa, de hoje, é alarme para amanhã. Em qualquer situação, no entanto, Jesus vela e nos espera.*

Fez mais alguns ligeiros comentários e os despediu de retorno ao corpo.

A alva começava a tingir a noite com pingentes de luz.

No dia seguinte o casal despediu-se dos amigos, colegas e dos benfeitores enriquecidos de esperança e partiu na busca do amanhã, de retorno às atividades que haviam ficado para trás aguardando.

23

CAMPO NOVO DE AÇÃO

De substância divina, o amor é o inspirador dos ideais relevantes e dos sentimentos nobres. Estruturador da renúncia pessoal, desenvolve a capacidade do sacrifício e da abnegação, oferecendo sustentáculo aos trabalhos de grande porte. Vivencia o perdão e torna-se fator primordial para a ação da caridade, sem cujo combustível esta se entibiaria transformando-se em filantropia ou solidariedade apenas, que não deixam de revelar sua procedência elevada, todavia, emuladas pelo tônus divino do amor logram espraiar-se como a virtude por excelência. Graças à sua gênese, o amor não se ensoberbece nem se amofina, sabendo diluir no grupo social as suas preferências individuais e generalizando toda a gama das suas manifestações.

Supera os limites das formas e dos sexos, da posição social e da situação econômica, estabelecendo normas de fraternidade e esparzindo o pólen da afeição pura e desinteressada por onde passa ou no lugar em que se apresenta.

Quando os instintos mais agressivos, remanescentes do estágio primitivo por onde transitou o Espírito, cederem lugar às expressões do amor, mudar-se-ão as paisagens sombrias da Terra e as aflições existenciais cederão campo ao império da compreensão e da tolerância num amplexo de auxílio recíproco... O crime e seus sequazes deixarão de viger em face da ausência do caldo de cultura no qual se desenvolvem, sustentados pela ignorância gerada nas intimidades do egoísmo. Figuras de museu, estas serão, então, uma demonstração para as gerações futuras, falando do estágio do processo evolutivo por onde transitou a Humanidade um dia...

Cristo foi e prossegue sendo o protótipo desse amor que deve ser por todos vivido e meta a ser alcançada no mais próximo dos dias porvindouros...

A fraternidade cristã, que decorre desse amor transcendente, vem modificando a Terra e os seus hábitos, abrindo espaços para a felicidade geral.

Por penetrar nas causas anteriores dos fenômenos psicológicos e humanos da criatura, o Espiritismo desata as amarras que limitam a compreensão das Soberanas Leis, fazendo que generosas promessas se estabeleçam, em forma de paz e cordialidade, a princípio entre os seus membros, e depois se generalizando entre as demais pessoas.

Com as perspectivas novas que lhes desenhavam o futuro ridente, os esposos Fernandes, Áurea e Argos logo se recordaram de buscar o apoio do médium Venceslau, com quem mantinham, desde antes dos sofrimentos vividos, suave-doce intercâmbio espiritual.

Retornando à cidade onde viveram, buscando o reconforto da reconstrução do lar, não titubearam em levar ao velho amigo a notícia alvissareira e abençoada da recuperação da problemática, bem como esperando ouvir-lhe a opinião amiga e, se possível, a palavra do Alto...

A venerável irmã Angélica respondia espiritualmente pela orientação, acompanhamento e sustentação das tarefas espíritas do trabalhador dedicado à mediunidade.

De alguma forma vinculado aos acontecimentos da Boêmia, no século XV, quando *Jan Hus* proclamara a necessidade da libertação do Evangelho, daí estalando as lamentáveis "guerras de religião", Venceslau identificava-se com o casal, não obstante a trilha que então seguira não lhe houvesse acarretado maior soma de compromissos negativos.

Identificando os amigos, pelo psiquismo, desde épocas passadas, jamais lhes recusara o carinho da amizade, da palavra evangélica e da ação cristã.

Era natural, portanto, que participasse do júbilo que estuava nos seus corações.

Confabularam longamente, revendo episódios que agora significavam êxito nos comprometimentos do ontem e sentiam as excelentes ensanchas que se apresentavam para o porvir.

Estabeleceram-se metas preferenciais, objetivos essenciais numa pauta de valores legítimos, de que participou, pela inspiração poderosa, a nobre mentora do grupo.

Em face dos limites orgânicos do convalescente, já não lhe seria possível o atendimento dos compromissos profissionais, dentro das exigências da empresa à qual oferecia, remunerados, os seus esforços.

Programou-se a necessidade da aquisição da sua aposentadoria, a fim de que o seu tempo, doravante, tomasse rumo mais condizente com as suas forças e, com sabedoria, chegou-se à conclusão de que a melhor aplicação dele seria no serviço do amor ao próximo.

Venceslau dedicava-se a uma tarefa de solidariedade cristã, aos irmãos em carência, mediante assistência à criança, ao adolescente, ao ancião; através, também, do socorro aos enfermos do corpo e da alma, bem como do amparo às crianças na orfandade carnal... Havia sempre lugar para novos cooperadores que se quisessem entregar ao ministério do próprio crescimento e iluminação interior pela aplicação dos tesouros do amor a benefício de todos...

Certamente, que não se tratava de um ministério fácil. Afinal, nada é fácil no mundo de provanças e recuperações, qual o em que nos encontramos situados.

A criança frágil de hoje é o jovem de amanhã, será o adulto de mais tarde, nem sempre afável e reconhecido; o enfermo facilmente se irrita e não dispõe de maior quota de compreensão para com aqueles que o ajudam; o necessitado, logo tenha satisfeita a carência, vai além até a nova requisição; o ignorante se esclarece, porém, nem sempre se liberta das paixões que lhe constringem os sentimentos...

Eis por que a caridade é bênção dupla que atende, a princípio, o sofrimento no próximo, depois, mais valiosa para quem o aplica, porque o aprimora, eleva-o e acalma-o...

Delineou-se, portanto, que, vencida a primeira etapa, a da aposentadoria, viriam, por consequência, as sucessivas, na integração das experiências que iriam exigir renúncia, trabalhando o diamante do caráter até lapidá-lo convenientemente, a fim de fazê-lo detentor da luz...

Nesse comenos, amigos gentis foram requisitados e o processo de libertação profissional fez-se com a conveniente agilidade, permitindo aos esposos programarem o segundo passo.

Podemos imaginar uma comunidade cristã, inspirada na "Casa do Caminho", onde Simão Pedro cultuou, pelo exemplo do amor e da caridade, a memória de Jesus. Não são poucas as dificuldades para criar-se um clima psíquico de apoio à dor e de defesa das agremiações do mal, que mantém cooperadores em ambos os lados da vida...

Todavia, a comunidade conduzida pela irmã Angélica era uma cópia, imperfeita embora, daquela na qual a mentora estagiava em Esfera próxima da Crosta.

Não há improviso nas Leis de Deus. Todas as realizações recebem o tratamento cuidadoso e bem programado.

A pouco e pouco, diante deste procedimento, uma área sáfara foi-se transformando em jardim e pomar, sob a sua inspiração, e a psicosfera agitada recebeu ozônio especial, carreado por abnegados técnicos espirituais que obedeciam à planificação da dedicada instrutora...

Com o suceder do tempo, o clima de prece e de otimismo gerou recursos metafísicos de que se beneficiavam os seus habitantes, igualmente utilizada a Colônia para a terapia de emergência a recém-desencarnados e atendimentos especiais na nossa área de ação.

Conforme soubemos depois, aquele mister fora programado há quase cem anos, quando todos os seus membros se encontravam desencarnados e se preparavam para os cometimentos porvindouros, com vistas à preparação do Mundo melhor.

Na ocasião, foram requisitados engenheiros hábeis, que delinearam os contornos gerais do trabalho e instruíram os cooperadores que partiam para a reencarnação, armando-os de recursos para o desenvolvimento das construções e suprimentos de manutenção.

Com esses dados, a diligente entidade apresentara-os a Superior exame de fiel seguidor de Jesus, que se prontificou a auxiliar na materialização dos planos entre os homens.

Rogava, apenas, o venerável irmão dos sofredores que, nessa comunidade jamais fosse olvidado o amor aos infelizes do mundo, ou negada a caridade aos "filhos do Calvário", nem se estabelecesse a presunção que é vérmina a destruir as melhores edificações do sentimento moral.

Assim, os obreiros foram-se corporificando, vinculados aos seus processos redentores, até quando Venceslau pôde compreender a tarefa e *chamar* os demais amigos à construção do amor, na fraternidade.

Havia aqueles que, atados a deveres específicos, não poderiam lutar ombro a ombro, mas que seriam sentinelas de vigilância e membros de solidariedade colocados em várias partes, no entanto, ligados ao trabalho comum...

Não foi pequena a luta dos adversários pessoais do grupo e dos que se consideram inimigos do Cristo, na cegueira e loucura em que bracejam nas vagas da própria revolta.

A contributo de lágrimas e sorrisos, de ternura e dor, de incompreensões e bênçãos, os pilotis da Obra foram fincados no chão adusto e o Amor do Cristo se encarregou de fazer florescer a esperança e desdobrar-se a paz.

Colônia de ação e não de repouso, de socorro e não de contemplação, de renúncia e não de ostentação, é o campo de atendimento de urgência aos tombados nas provações e aos que estão a um passo da loucura e do suicídio...

Os homens buscam lugares ideais de paz, na Terra, no entanto, não são pacíficos; de renovação, compreendidos por todos, sem embargo, desejam fruir, e não propiciar aos demais e, como é natural, dizem-se decepcionados com os outros, os demais cooperadores, esquecidos de que, da mesma forma que aguardam receber, os outros, deles esperam o mesmo conseguir...

Na Terra, por enquanto, lugar nenhum há indene à luta e ao trabalho, sem dificuldade nem sofrimento, porque estes são inerentes à condição evolutiva dos Espíritos que nela habitam, necessitados de sublimação, em vez de gozarem somente os seus benefícios...

Mesmo assim, porque predominassem na comunidade os sentimentos cristãos e espíritas de iluminação e crescimento para Deus, através do bem, o ambiente fazia-se especial, recebendo, periodicamente, reforços de vitalidade e de paz.

Atendendo-se ao requisito do Missionário do Amor, ampliava-se cada dia o serviço de auxílio aos necessitados, enquanto se reforçavam os trabalhos de educação moral e orientação doutrinária, suportes para alcançarem-se os resultados anelados.

Em verdade, não se tratava de um paraíso, senão de um campo abençoado para quem esteja necessitado de renovação íntima e a quem aprouver a aquisição dos valores intransferíveis do Espírito.

Aberta à comunidade geral, sem qualquer impedimento, a Colônia fazia-se um ensaio, uma tentativa de demonstrar que se pode amar e servir, sem alienação do mundo, igualmente sem vinculação com o mundo.

Os seus membros não adotavam métodos esdrúxulos, ideias fantasiosas ou quaisquer sinais diferenciadores dos demais homens, trabalhando e vivendo conforme a sociedade de então, sob os padrões superiores do Evangelho de Jesus atualizados pela Doutrina Espírita.

Como se pode depreender, cada tarefa e comportamento dizem respeito ao tarefeiro e sua consciência, em razão da ampla vigência do livre-arbítrio de que todos se encontravam possuidores.

Esse, o novo campo que a irmã Angélica ofereceu aos seus pupilos, convidados a um mundo novo de amor, no qual deveriam crescer e redimir-se, atraindo Felipe e os seus companheiros a uma visão diferente da vida, a um estágio demorado de elevação para Deus.

Assim, o segundo passo foi a instalação dos jovens sonhadores e afeiçoados obreiros que se candidatavam à movimentação da fé, na caridade, e do amor, na santificação dos sentimentos.

24

OBSESSÃO SUTIL E PERIGOSA

Quando o homem se faz dócil à inspiração superior, sintoniza, naturalmente, com o programa que lhe cumpre desenvolver, recebendo a ajuda que flui do Alto e tendo diminuídas as dificuldades que lhe são provas de resistência na luta e desafios aos valores morais.

É certo que os Espíritos bons não podem mudar os mapas cármicos dos seus pupilos e afeiçoados, candidatando-os à inoperosidade, ao atraso. Todavia, quando os veem a braços com provações mais severas, interferem, auxiliando-os com forças edificantes com que aumentam as suas resistências, a fim de lograrem as metas que lhes constituem vitória. Outrossim, encaminham cooperadores e amigos que se transformam em alavancas propulsionadoras do progresso, distendendo-lhes mãos generosas dispostas a contribuir em favor do seu êxito. Da mesma forma que as interferências perniciosas neles encontram ressonância, em face das afinidades existentes com as paixões inferiores que lhes caracterizem o estado evolutivo, tão logo mudem de objetivos, aspirem aos ideais de enobrecimento e ajam de acordo com a ética do bem, a eles se associam os operosos mensageiros do Amor que os estimulam ao prosseguimento, renovando-lhes o entusiasmo, amparando-os ante os naturais desfalecimentos e inspirando-os na eleição correta do roteiro a seguir.

Diante das disposições de que Argos se encontrava revestido, fácil foi a movimentação de recursos a seu favor na empresa nova que, se aproveitada como de conveniência superior, assinalaria em definitivo os rumos da sua ascensão. Certamente os testemunhos que deveria experimentar no futuro faziam parte do seu processo de evolução, não podendo ser-lhe afastados; entretanto, o seu esforço deveria granjear títulos que lhe diminuíssem os gravames, em face das realizações edificantes.

Conveniente ressaltar, porém, que os seus compromissos infelizes em relação a Felipe e outras vítimas anteriores permaneceriam aguardando quitação de que o amor e o perdão se fazem os mais excelentes valores para tais cometimentos.

A enfermidade de largo curso dera-lhe uma ideia das responsabilidades menosprezadas, todavia, não chegara a amoldar-lhe o caráter, de modo a modificar-lhe as estruturas da personalidade, a prepotência moral e o orgulho que lhe constituíam marcas e reminiscências do comportamento antigo, arbitrário e apaixonado.

O instinto possessivo e o egoísmo que a si tudo permite, sobrepondo-se ao direito alheio, vendo-se sempre como credor de consideração e apoio sem mais respeito aos valores do próximo, permaneciam-lhe como chagas morais expressivas que a doença não conseguiu drenar.

Em compensação, seriam essas imperfeições por corrigir que permitiriam aos seus adversários os meios para as futuras induções obsessivas e novos problemas, desde que os Espíritos perversos e infelizes sempre se utilizam das tendências negativas daqueles a quem odeiam, para estimulá-las, desse modo levando-os às situações penosas, perturbadoras. Se o homem se apoia aos recursos de elevação, difícil se torna para os seus animosos verdugos espirituais encontrar as *brechas* pelas quais infiltram os seus sentimentos torpes, na sanha da perseguição em que se comprazem.

Toda e qualquer obsessão é sempre resultado da anuência consciente ou não de quem a sofre, por debilidade moral do Espírito encarnado, que não lhe antepõe defesas, ou por deficiências do comportamento que propiciam o intercâmbio, em razão da preferência psíquica que apraz a ele manter.

A comunidade onde Argos e Áurea se alojaram era o campo abençoado para a sua redenção, ao mesmo tempo podendo auxiliar outros náufragos espirituais a encontrarem o porto de segurança.

Quando alguém se candidata a uma ação meritória, nunca deve esperar dos outros os exemplos de virtudes nem as lições de elevação continuada, mas examinar as próprias disposições para verificar o que tem, o de que pode dispor em nome de Jesus para oferecer.

Mediante este comportamento, não verá nos outros os deveres de serem sempre bons e otimistas, missionários da renúncia e da santificação, todavia irmãos talvez mais experientes e dedicados, com as mesmas possibilidades de erros e fraquezas, requerendo, em silêncio, apoio e tolerância.

A simples candidatura ao bem não torna bom o indivíduo, tanto quanto a incursão no compromisso da fé a ninguém, de imediato, faz renovado.

O burilamento das anfractuosidades morais, através do esforço continuado, é trabalho de largo tempo, merecendo respeito não somente os triunfadores, quanto aqueles que persistem e agem sem descanso, mesmo quando não colimam prontamente os resultados felizes.

Nas experiências de elevação, entre outros impedimentos que surgem, a rotina dos acontecimentos é teste grave a ser superado. Enquanto as realizações se apresentam novas, há motivações e entusiasmos para realizá-los. Depois, à medida que se fazem repetitivas, com as mesmas manifestações, tendem a cansar, diminuindo o ardor dos candidatos à operosidade, levando-os à saturação, à desistência. Ocorre que não se podem inovar métodos para os mesmos problemas, a cada dia, nem modificar a paisagem aflitiva dos necessitados, diversificando-lhe os quadros de dor e sombra. Variando na aparência, suas causas matrizes são as mesmas, que se enraízam no Espírito endividado, aturdido ou atrasado, em viagem expurgadora... Nesses momentos de cansaço, surgem as *tentações* do repouso exagerado, da acomodação, do tempo excessivo sem a sua utilização correta, abrindo-se campo à censura indevida, que medra, à larga, em forma de maledicência que espalha azedume e reproche, destruindo, qual praga infeliz, as leiras onde a esperança semeia o amor e a ternura que deverão enflorescer-se como caridade e bênção.

Muitas obras do bem não resistem a esse período, quando as intenções superiores cedem lugar ao enfado e à comodidade, que propiciam a invasão das forças destrutivas e a penetração dos vigilantes adversários da Luz...

Argos, em razão de vários fatores que lhe personificavam a individualidade, não era afeito ao trabalho metódico, que exige disciplina e ação contínua. Após a recuperação orgânica, por deficiência compreensível, evitava qualquer esforço, justificando-se impossibilidade, o que era de certo modo fruto do largo repouso a que se submetera nos longos meses hospitalares. Tal comportamento favorecia-o com bastante tempo mental para aspirações levianas e observações negativas.

À medida que os dias transcorriam, mais habitual e persistente se lhe tornava a conduta ociosa.

Por sua vez, Áurea assumira um setor de socorro aos mais carentes, procurando crescer interiormente, ampliando os horizontes do entendimento pessoal em torno da vida e suas injunções que motivam o crescimento para Deus. Candidatou-se a cursos de adestramento social, para melhorar as aptidões na execução do trabalho, despertando a atenção dos companheiros de tarefa e granjeando simpatias.

O esposo, em vez de acompanhar-lhe a marcha, passou a agasalhar sentimentos inferiores de que se intoxicava, a pouco e pouco, tornando-se bom conselheiro e mau exemplo por falta de ação, palrador e acomodado, torpedeando o trabalho geral, sem dar-se conta, porquanto dissentia da conduta dos ativos servidores, concitando-os a repousos mórbidos em detrimento da ação dignificante.

Nesse comenos, passou a receber as incursões psíquicas de Felipe, que percebeu ser a melhor maneira de alcançá-lo, gerando nele, pelo estímulo e encorajamento das suas más inclinações, um clima de antipatia pessoal, que o inspiraria a querer desvincular-se da comunidade onde se encontrava protegido, para uma área de movimentação na qual permaneceria a descoberto, portanto, mais fácil presa para a sujeição à sua vindita largamente programada e esperada.

O fato de alguém encontrar-se num lugar de psicosfera superior não o torna indene aos propósitos malfazejos dos seus adversários espirituais. É certo que lhes dificulta a ação nefasta, todavia, não o coloca em situação privilegiada ou especial, o que representaria uma injustiça, ainda mais se tal pessoa não procura fazer por merecer o apoio que recebe, nem honra emocionalmente o clima psíquico de que desfruta.

A Argos não faltavam admoestações gentis da mentora afeiçoada, através de páginas de invitação ao trabalho e à insistência na ação correta em face do bem a realizar.

O médium Venceslau, percebendo a ocorrência, sutil e perigosa, ora de forma jovial e vezes outras com energia, conclamava o companheiro à luta, ao esforço intransferível, ao insistente trabalho, propondo-lhe mudança de serviço, variando-lhe a atividade, sem embargo insistindo para que ele abandonasse o comportamento que o arrastava ao estado lamentável de fácil vítima de si mesmo.

Tornavam-se baldados os esforços do amigo e as diretrizes dos benfeitores espirituais que, embora insistam, a ninguém impõem normas de conduta nem rigidez de comportamento.

Estimulando-lhe a inércia que lhe jazia inata e a indiferença à dor e ao sacrifício alheios, Felipe se lhe foi insinuando na *casa mental*, insuflando-lhe maior dose de soberba e de egoísmo, terminando por assenhorear-se-lhe de grande parte do setor de discernimento, a ponto de torná-lo ridículo ante os outros sem que o percebesse conscientemente.

Uma forma de obsessão perigosa é aquela que passa quase despercebida e se instala vagarosa e firmemente nos painéis mentais, estabelecendo comportamentos equivocados com aparência respeitável.

Apresenta-se em pessoas que denotam grave postura e sabem conquistar outras pela facilidade de comunicação verbal, tornando-as afáveis e gentis, desde que não tenham os seus caprichos e interesses contrariados. Dão impressões sociais que não correspondem ao seu estado real, porquanto adotam comportamentos parasitas que os credenciam a supor-se méritos que não possuem.

Interiormente, vivem sob conflitos que disfarçam com habilidade, daí nascendo, dessa dupla atitude para com a vida, situações neurotizantes que desarticulam o equilíbrio emocional, igualmente sob o bombardeio das farpas mentais destrutivas dos seus inimigos espirituais.

São galantes, em grupo, e a sós, taciturnos; idealistas, na comunidade, aplicando teorias verbais, que não demonstram em atos, porque não creem nelas; cordiais exteriormente, todavia, arrogantes e sem resistências para as lutas morais.

Nesse clima psíquico, que ressuma das experiências de vidas passadas, hospeda-se o agressor desencarnado que insufla maior dose de indiferença pelos problemas alheios, desbordando o egocentrismo que termina por aliená-los enquanto agasalham e vitalizam as paixões dissolventes.

Esse tipo de perturbação espiritual é mais difícil de ser erradicado, em razão de o paciente negar a sua situação de enfermo, antes se comprazendo nela, porque o narcisismo a que se entrega converte-se em autofascinação por valores que se atribui e está longe de possuí-los, anulando qualquer contribuição que lhe é oferecida.

Somente a humildade, que dá a dimensão da pequenez e fraqueza humana ante a grandiosidade da vida, faculta uma visão legítima, através da qual se pode fazer uma justa avaliação de recursos, recorrendo-se à Divindade pela prece ungida de amor, antídoto eficaz para os distúrbios obsessivos.

A prece liberta a mente viciada dos seus clichês perniciosos e abre a mente para a captação das energias inspiradoras, que fomentam o entusiasmo pelo bem e a conquista da paz através do amor. Entretanto, a fim de que se revista de força desalienante, ela necessita do combustível da fé, sem a qual não passa de palavras destituídas de compromisso emocional entre aquele que as enuncia e a quem são dirigidas. Ainda, nesse capítulo, impõe uma atitude de recolhimento e concentração para que se exteriorize a potencialidade pela vontade que anela, dirigida pela certeza de que alcançará o destino.

Uma das primeiras atitudes do obsidiado, com as características a que nos reportamos, é o desdém à oração, por acreditar que dela não necessita, outrossim, duvidando da sua eficácia ou menosprezando-lhe a utilidade.

Exacerbado nos seus sentimentos infelizes, o paciente autorrealiza-se adotando uma atitude de falsa superioridade com a qual anestesia os centros da razão e deleita-se no estado em que se encontra. A largo prazo, porém, perde o controle sobre a vontade, que deixa de dirigir, sob a injunção pertinaz, tornando-se ostensivamente agressivo e desfazendo a aparência, que cede lugar ao desequilíbrio que se lhe instalou com forte penetração nos mecanismos nervosos.

Nesse quadro de obsessão constritora, encontram-se inumeráveis indivíduos hospedando adversários que os vampirizam demoradamente, até culminarem o desforço com os golpes largos das quedas na loucura, no crime ou no suicídio.

Argos, invigilante, deixava-se seduzir pela prosápia pessoal sob a hipnose de Felipe, por ele mesmo atraído, já que agasalhando os conflitos negativos e negando-se ao trabalho edificante que vitaliza os *centros de força* onde se desenvolvem os fulcros de energia, caía em faixas vibratórias de baixo teor, tornando-se fácil presa para a sintonia com o perseverante inimigo.

Há quem indague, nos arraiais espíritas, porque determinados pacientes portadores de obsessão, que frequentam com assiduidade as instituições onde se vivem os postulados da Doutrina revelada a Allan Kardec, que se especializam no mister do tratamento a tais alienações, não se recuperam. Muitos inquirem, também, sobre a razão por que os mentores espirituais não libertam os obsessos e subjugados, em nome da caridade.

Nunca será demais repetir-se que, em todo processo obsessivo, a aparente vítima é o legítimo algoz apenas transferido no tempo, sendo-lhe a dívida a razão do mecanismo perturbador. Vencido pela insânia do ódio, aquele que foi dilapidado imanta-se ao infrator que o infelicitou e assume a igualmente indébita posição de cobrador ou justiceiro, incidindo, por sua vez, em erro não menor. Enquanto o amor não luz no defraudado, ante a mudança de comportamento do seu adversário, eis que o problema permanece. Outrossim, devidamente esclarecido sobre o equívoco em que se demora, o atual verdugo, mediante doutrinação por alguém que lhe tenha autoridade moral e o sensibilize, pode mudar de atitude, resolvendo-se por abandonar a pugna, o que não isenta o incurso na dívida de a resgatar por outro processo de que se utilizam os códigos da Soberana Justiça.

Na terapia desobsessiva, os cuidados para com o encarnado não podem ser menores em relação àqueles para com o enfermo psíquico que o vitima, em desalinho e infortúnio qual se encontra na outra dimensão da vida.

Deve-se ter em mente que o fato de nem sempre ser visto o perseguidor desencarnado, pelos homens, não significa que a tarefa destes, aliada à dos guias espirituais, deva ser a de afastá-los, pura e simplesmente. Seres vivos e inteligentes, apenas despidos da matéria, sofrem e amam, odeiam e lutam, esperando a ajuda que não souberam ou não quiseram oferecer-se. Portanto, o amor deve alcançar a vítima de ontem, que sofre há mais tempo, amparando-a, de modo a que desperte para não mais sofrer nem provocar sofrimento.

E como a função da dor reveste-se de um poder terapêutico de libertação para quem a sabe aproveitar, justo se faz que o encarnado se modifique para melhor, cujo comportamento também sensibiliza o seu opositor, a seu turno adquirindo recursos de paz e títulos de trabalho para o seu crescimento espiritual.

Sem embargo, há pacientes, obsidiados ou não, para os quais, graças à sua rebeldia sistemática e teimosa acomodação nas disposições inferiores, a melhor terapia é a permanência da doença, poupando-os de males maiores.

Há paralíticos que recuperam os movimentos e marcham para desastres que poderiam evitar, se o quisessem; portadores de micoses, chagas e pústulas refazem a aparência física, curando-se das dermatoses e infectam a mente e a alma com os contágios dos atos deprimentes e viciosos; cegos que recobram a visão e a utilizam erradamente na observação dos fatos; viróticos e portadores de limitações que se restabelecem, logo se atirando, lúbricos e desesperados, nos labirintos da insatisfação, da agressividade, mais se infelicitando...

No campo das obsessões, não são poucos aqueles que, logo se melhoram, abandonam as disposições de trabalho e progresso, para correrem precípites, de retorno aos hábitos vulgares em que antes se comprazia...

Mesmo diante de Jesus este fenômeno era habitual. Em princípio, porque conhecesse a procedência dos males que afligiam os enfermos e infelizes que O buscavam, como é compreensível, o Senhor não curou a todos... E dentre os muitos curados, ficou memorável a interrogação que Ele dirigiu ao ex-hanseniano que lhe foi expressar a gratidão pelo benefício recebido. *"Não foram dez os curados, por que só este veio agradecer?"*.

É comum fazer-se compromisso íntimo de renovação e trabalho, enquanto perdura a doença, *negociando-se* com Deus a saúde que se deseja pelo que se promete realizar, como se a prática das virtudes do bem fosse útil ao Pai e não dever de todos nós, que nos beneficia e felicita

Logo passa a agudez do sofrimento e o tempo distancia a mente ex-padecente do momento da enfermidade, a ilusão substitui a realidade; a volúpia do prazer estiola os desejos de servir e ele cai na indiferença, quando não sucede ocorrerem males piores.

Quanto àqueles que frequentam as instituições espíritas portando obsessões e não se recuperam, merece que se tenha em mente o fato de que a visão do medicamento não propicia a saúde, senão a ingestão dele e a posterior dieta conforme convém, ao lado de outros fatores que permitem o retorno do bem-estar. Demais, nem todos os males devem ser solucionados conforme a óptica de quem os padece, mas de acordo com superiores programas que estabelecem o que é de melhor para a criatura. A função do Espiritismo é essencialmente a de iluminação da consciência com a consequente orientação do comportamento, armando o seu aprendiz com os recursos que o capacitem a vencer-se, superando as paixões selvagens e sublimando as tendências inferiores por cujo procedimento se eleva.

Na terapia desobsessiva, o contributo do enfermo, tão logo raciocine e entenda a assistência que se lhe ministra, é de vital importância, porquanto serão os seus pensamentos e atos que responderão pela sua transformação moral para melhor, com a real disposição e posterior ação para recuperar-se dos males praticados, ora beneficiando aqueles que lhe sofreram os prejuízos e por cuja regularização os mesmos se empenham, apesar dos métodos equivocados e escusos de que se utilizam.

A evangelização do Espírito desencarnado é de suma importância, mas, igualmente, a da criatura humana que se emaranhou da delinquência e ainda não se recuperou do delito praticado.

Não raro, é mais fácil de colimarem-se resultados na terapia desobsessiva com os pacientes de mente obnubilada, do que com aqueles que raciocinam e que não se dispõem à tarefa de mudança interior, da ação dignificante, afogados em dúvidas que cultivam e indisposições que lhes agradam.

Na atualidade, grande número de pacientes portadores de alienação por obsessão transita por gabinetes de respeitáveis psiquiatras que lhes prescrevem drogas aditivas de que se encharcam, viciando a vontade, que perde os comandos e demorando-se abúlicos, sofrendo dependências de demorada erradicação. Sem o controle da vontade, que sofre a ação barbitúrica da droga e a perniciosa interferência da mente perturbadora, o enfermo tem dificuldade de lutar, utilizando-se dos recursos desobsessivos cujos efeitos dele dependem.

É claro que não censuramos este procedimento psiquiátrico, tendo em vista que, em determinados quadros da loucura, a providência é salutar, especialmente nos muito agitados, nos catatônicos, nos psicóticos maníaco-depressivos, mesmo que estejam sob a indução de adversários desencarnados, evitando-se, dessa forma, a consumação do suicídio provocado, mas não o seu uso genérico.

O futuro próximo contribuirá com critérios mais rigorosos e selecionados na aplicação de tais terapêuticas, especialmente quando o preconceito científico ceder lugar ao discernimento cultural, que verá no paciente, não apenas o soma, senão, e principalmente, o Espírito com os seus equipamentos de perispírito e matéria...

Felipe, que se adestrara na técnica de vingança contra aqueles a quem odiava, nos tormentos em que se debatia, utilizou-se da fraqueza moral de Argos para estabelecer contato telepático e prosseguir na indução obsessiva, utilizando-se desse método, sutil e perigoso, pela estimulação das cargas negativas do comportamento do seu desafeto, para promover-lhe um quadro complexo de distúrbios da emoção, a fim de dominá-lo depois.

Era a astúcia do vingador lutando contra as reservas de forças do sitiado, que cedia, graças à negligência egoística e presunçosa dele.

25

PROGNÓSTICOS SOMBRIOS

A irmã Angélica, encarregada da orientação espiritual da comunidade para a qual recambiara o pupilo, numa feliz iniciativa de preservar-lhe a integridade orgânica e psíquica, em contínuas advertências dirigidas aos trabalhadores, incluía Argos com doçura, esclarecendo as hábeis manobras de que se utilizam os Espíritos vingativos, conclamando à vigilância, à oração.

Não é do feitio das Entidades nobres tomarem sobre si as responsabilidades que constituem experiências do próximo e que lhes são fatores de crescimento, candidatando-os ao parasitismo. Fiéis ao messianato de Jesus, que "tomou as dores do mundo", conforme a linguagem evangélica, para "aliviar" os homens e tornar "leve o fardo" de todos, os mensageiros da Luz operam de igual maneira, isto é, auxiliando e esclarecendo, não, porém, poupando ninguém aos compromissos de elevação, às tarefas reparadoras, aos deveres imediatos. Inspiram, consolam, suavizam as asperezas da marcha, no entanto, cada qual terá que caminhar com os próprios pés, a esforço pessoal.

É certo que ela percebia a sistemática rebeldia do aprendiz, que derrapava na ingratidão, utilizando-se mal da dadivosa oportunidade de trabalhar, integrando-se na ação da beneficência, método eficaz de granjear valores preciosos para a sua realização interior.

Numa Obra, na qual se movimentam muitas necessidades, a recreação é conseguida mediante a renovação das tarefas, sem desperdício de tempo, nem demorados encontros de conversações destituídas de utilidade, nas quais medram a frivolidade, a insensatez, a censura e o despautério. O interesse geral deve concentrar-se no bem de todos, em vez das conveniências de alguns, no aprimoramento de cada um com o objetivo de iluminação coletiva, ao revés do relacionamento das falhas alheias, no socorro aos menos aptos e não no afastamento daqueles que têm necessidades, nem no cerco agradável quão discriminatório em relação aos pobres, a favor dos afortunados, socialmente bem projetados...

Da minha parte, nenhuma censura a qualquer comportamento, nem restrição àqueles que são aquinhoados com os bens materiais que o Senhor lhes concede para a multiplicação de bênçãos no mundo, realizando ministérios difíceis, não poucas vezes, experimentando provações ocultas. O que não me parece justo é o regime de exceção que se lhes proporcione, em detrimento dos menos amparados, simpatizando e disputando-se a projeção junto a eles pelo que têm e aparentam.

Argos, na imaturidade que o assinalava, esquecia-se de partilhar o seu tempo e os seus conhecimentos com os sofredores de cujas camadas recém-chegara, para aplicá-los com os outros ao lado de quem se promovia, ingenuamente, sem a experiência amarga de como é fácil aos poderosos do mundo desprezar e esquecer aqueles que já não lhes interessam, transferindo-se de áreas de relações, quando novas emoções os despertam para a caça de curiosidades diferentes.

Na sua transitoriedade, a vida física deve ser bem conduzida, a fim de favorecer com mais ampla colheita de resultados eternos, entesourando harmonia no Espírito imortal.

São as ambições entorpecedoras, as paixões arraigadas que respondem por tais opções, mesmo que a consciência vigilante nem sempre esteja de acordo com situações desta natureza.

Naturalmente, o moço dava-se conta do procedimento a que se entregava, uma que outra vez, e formulava propósitos de renovação mental e atitudes morais. Logo depois, cessado o estado emocional, desabituado ao esforço contínuo, retornava aos mesmos hábitos frívolos.

Muito interessado no estudo da problemática Argos-Áurea e com sincero desejo de colher dados que a mim próprio pudessem ser úteis como a outros estudiosos da obsessão, solicitei e consegui permissão para acompanhar os esposos no novo estágio que viviam na Comunidade Espírita dedicada à beneficência.

Verdadeira colmeia-hospital, escola de aprendizagem e conquista da saúde espiritual, ali se movimentam centenas de criaturas em superior intercâmbio de solidariedade e amor. Umas vinham como candidatas para ajudar, sobraçando problemas que traziam do passado, carregadas de traumas e conflitos de ontem como da atual reencarnação, passando a receber tratamento e ajuda...

Outras, ansiosas pela renovação, sob os tormentos da sua condição humana, viviam sem desvinculação com os padrões de comportamento dos sítios de onde vieram.

Necessitados do corpo e da alma chegavam aos magotes, de todos os lados, cansados e esperançosos de amparo, que nunca se lhes negava, encaminhando-os aos vários setores de atendimento sob a inspiração de Jesus.

Entidades enobrecidas aumentavam o plantel de servidores dedicados, em estágio de abnegação, em reconhecimento aos socorros oferecidos aos seus afilhados e amores reencarnados ou convidados pela irmã Angélica.

A felicidade da ação desenvolvia-se em ambos os planos da vida, tornando esse Instituto de amor conhecido como um lar de bondade, um reduto da esperança.

Não que ali se respirasse o clima de beatitude vazia como é do agrado dos ociosos, pois que numa oficina de trabalho não há tempo para as horas inúteis.

Não que escasseassem problemas e dificuldades, já que estes resultam do estágio espiritual de cada membro, que não pode ser alterado de um só golpe conforme o desejo dos pioneiros da Obra, que reconheciam a própria e a fragilidade dos companheiros, dando-lhes tempo para amadurecer e santificar os pendores negativos.

De outro modo, não escasseavam as sortidas da Treva, dos magotes de Entidades odientas, inimigas de muitos dos membros do clã espiritual, que se rebelavam por não os alcançarem mais amiúde, porque se sentiam impedidas de se adentrarem, ante as naturais defesas que resguardavam os residentes, como também dos adversários dos que ali se beneficiavam, dos atormentados por obsessões ultrizes que ali se recompunham... Por fim, eram os verdugos do bem-estar geral, que se arvoram à condição de justiceiros ou fomentadores da desordem, de campeões da alucinação ou vampirizadores sistemáticos do fluido vital das pessoas distraídas e viciadas.

Tratava-se, a Instituição, de um campo de batalha, recordando a Casa do Caminho primitiva, onde foram plantadas as bases seguras do serviço social cristão superior sob a inspiração e vivência da caridade.

O que assinalamos de superior fluía da presença psíquica do Cristo, através dos abnegados mentores que ali operavam, impedindo que as pequenas áreas do natural atrito, decorrente das imperfeições dos seus membros, assumissem proporções agigantadas e os ressentimentos crescessem, sobrepondo-se ao dever da tolerância. Dirimiam-se incompreensões à luz do Evangelho e mágoas davam lugar à esperança sob a consolação da fé. Se alguém persistisse nas atitudes menos elevadas, ninguém lhe reprochava a conduta, em razão do clima de liberdade, sem a vigília humilhante nem a fiscalização deprimente. Cada um conhecia o seu dever, e os dirigentes viviam suas responsabilidades sem margem a censuras, o que, todavia, não os isentava delas, em se considerando que os códigos de comportamento e as opiniões variam nos grupos humanos e, como é mais fácil condenar do que fazer, apontar defeitos do que corrigi-los em si, não faltavam, compreensivelmente, os que lhes atirassem farpas procedentes da inferioridade que possui óptica distorcida a respeito da realidade da vida.

A comunidade, conforme já aludimos, era uma tentativa de criar, nos dias hodiernos, uma sociedade cristã, pulsante, nos termos do pensamento primitivo dos apóstolos e sob as diretrizes espíritas aneladas por Allan Kardec, sem qualquer alienação dos grupos humanos vigentes nem dos padrões culturais e históricos do processo social da atualidade. Tratava-se de reviver a experiência comunitária dos discípulos de Jesus, no passado, com perspectivas para o futuro, inspirada, igualmente, nos conglomerados do nosso plano de ação.

Um investimento espiritual de tal porte sustentava-se, sobretudo, na irrestrita confiança em Deus e no apoio do Cristo através dos Seus mensageiros encarregados da construção da nova Humanidade...

Apesar de todos esses dispositivos de segurança e trabalho, os seus membros não viviam em caráter de privilégio algum, aliás, privilégios que eram ali o serviço e a elevação moral. Compreensível que aqueles que se não enquadrassem nas normas da ação elevada, mantendo os vícios mentais a que se aferravam, permanecessem em sintonia com os seus afins espirituais. Recebiam auxílio, liberavam-nos, todavia, se insistiam no cultivo do pessimismo, da revolta ou da leviandade, novamente se vinculavam aos seus assessores-parasitas, que mantinham com eles o consórcio extravagante, levando-os aos estados psicopatológicos consentâneos com as suas provações redentoras. Caso fosse diferente, não experimentassem as presenças das companhias espirituais de baixo teor vibratório com as quais se comprazíam, mediante a falta de esforço por libertar-se e só pelo fato de ali viverem, isso constituiria uma injustiça, que não vige nos códigos do Soberano Amor.

Cada um responde sempre pelos seus atos, respira no clima da paisagem que elege e na qual se agrada em permanecer.

Causando-nos preocupação a atitude irrefletida do amigo, na primeira oportunidade, desejando elucidar-me com a sabedoria da benfeitora prudente, recorri-lhe ao auxílio, indagando:

— *Diante de procedimento inconsequente como o que observamos em nosso Argos, qual a melhor atitude a assumir, a fim de auxiliá-lo com mais eficiência?*

A Entidade ouviu-me serena e respondeu:

— *Jamais esqueçamos que somos todos filhos de Deus e que o Divino Genitor jamais nos abandona. Para tanto, estabeleceu Leis de Equilíbrio que funcionam com perfeição e com igualdade para todos. Não há qualquer preferência diante d'Ele, nem ser algum desfruta ou merece do Seu Amor privilégio ou proteção especial. Assim, o tempo que a todos nos alcança traz, no momento próprio, o auxílio específico para a solução de todas as dificuldades. Nesse sentido, a dor funciona com mestria, ensinando a conduta mais compatível com o objetivo de alcançar a paz.*

— *Não terá Argos sofrido o suficiente* — intervim, interessado na aprendizagem — *para saber qual a melhor conduta a assumir?*

— *De forma alguma* — redarguiu, afável. — *Caso a dor lhe houvesse sido suficiente, ele não a esqueceria com facilidade, permanecendo em esforço hercúleo para não recair na mesma situação.*

Logo depois, prosseguiu, benevolente:

— *Em razão de ainda estarem muito vivas as nossas experiências carnais, sofremos a tentação humana de mais contribuir em favor dos afeiçoados com os quais convivemos no passado, traindo o compromisso de amar a todos de igual maneira, na condição de irmãos que somos uns dos outros. Aprendemos, no entanto, que o amor não faz curvas na pauta do equilíbrio para beneficiar uns com esquecimento de outros, o que seria afetividade doentia a benefício de alguns com desrespeito às necessidades de todos. Assim sendo, permanecemos no posto de serviço e ternura, mas não nos deslocamos para os desvios das preferências pessoais onde se alojam, transitoriamente, os que ali se refugiam. Sabemos que eles voltarão e, amando-os, aguardamos a anuência deles, a fim de ajudá-los, esperando-os nas atividades que nos cumpre desenvolver.*

– Perdoe-me por insistir na questão. Está sendo providenciado algum recurso especial de socorro a Argos?

– Sim. Ele próprio está a fazê-lo. Quem desce ao paul vive a condição ali existente, da mesma forma que ocorre com aquele que alcança o planalto... Preferindo a convivência com os seus adversários do passado, experimentar-lhes-á a ação perturbadora, facilitando-lhe avaliar o de que já desfrutava com aquilo que voltará a sentir. A nós outros cabe permanecer amando e confiando nos desígnios do Pai.

Encerrando a entrevista, a benfeitora aduziu:

– Quando alguém se encontra agasalhado e defendido, mas prefere a experiência da intempérie, indo-lhe em busca, abandonando o abrigo, é natural que aprenda sob o rigor da circunstância elegida. Enquanto o homem se encontra psiquicamente sob a proteção do pensamento e do amor do Cristo, mais fácil se lhe torna a marcha, em razão da constante inspiração que recebe, da assistência dos bons Espíritos que o auxiliam. Quando, porém, se afasta, espontaneamente, desse salutar apoio, perde o contato com a Fonte Superior, embora prossiga sob ajuda que, infelizmente, porque se bloqueia, não consegue identificar, nem receber.

Porque a instrutora tivesse atividades, de que eu não podia participar, despedimo-nos, ficando a meditar na justeza dos seus conceitos.

Como ficara demonstrado, Argos foi-se afastando do convívio físico e psíquico dos companheiros operosos e aliando-se aos mais irresponsáveis, mantendo a vinculação mental com o astuto comparsa desencarnado, que se lhe foi insinuando, a ponto de restabelecer o conúbio obsessivo.

As suas forças físicas passaram a diminuir e as resistências orgânicas a se debilitar, ficando exposto a resfriados constantes, que mais o depauperavam.

O repouso se lhe tornou mais difícil e a dispneia passou a afligi-lo mais amiúde.

Quando buscava o leito, intoxicado pelo fluido deletério de Felipe, sentia-se mal e, quando a prostração o vencia, não lograva dormir em paz, porque o algoz o aguardava, assustando-o, no instante do parcial desprendimento, fazendo-o retornar ao corpo mais cansado e deprimido. Noutras vezes, o desencarnado conseguia retê-lo e recordava-lhe as cenas selvagens de que fora promotor, o que lhe produzia terríveis pesadelos que lhe descompensavam o ritmo cardíaco, banhando-o em sudorese abundante e glacial, decorrente do pavor.

Nesse estágio, o obsidiado recordou-se da oração e da necessidade de buscar os amigos. A prece lhe fluía dos lábios, porém, sem a tônica do amor, não se irradiando dele, nem sintonizando com os núcleos de captação de rogativas, porque destituída de elevação e plena de egoísmo. Os amigos, prudentes e devotados de ambos os planos, ele os afastara, sistematicamente. Não que os companheiros encarnados ficassem-lhe indiferentes ou distantes do seu problema... As barreiras vibratórias criadas impediam-lhes a aproximação psíquica, embora fisicamente lhe estivessem ao lado. Os benfeitores, por sua vez, assistiam-no com amor, porém, a luta era sua, buscada pelo seu livre-arbítrio. Demais, desencadeando qualquer processo não é fácil detê-lo de improviso, sem que irrompam imprevisíveis efeitos, resultados mais graves.

Agora restava acompanhar-se o desdobrar dos acontecimentos, a fim de auxiliar-se com precisão no momento oportuno.

Na convivência íntima com o esposo, Áurea não ficava isenta da sua e da influência psíquica de Felipe, que lhe movia sórdida campanha, inspirando ao seu *hospedeiro* mental ideias infelizes e suspeitosas. Com o seu caráter absorvente e dominador, o marido exigia-lhe, sem palavras, todo o tempo disponível, habituado a sorver-lhe a energia com a qual se *alimentava emocionalmente*.

Não poucas vezes, ele lhe apresentava os acontecimentos que observava, de forma pouco correta, induzindo-a a ver pela sua óptica distorcida, o que lentamente a levava a anuir com o seu ponto de vista equivocado. Outrossim, tombando na invigilância, por natural solidariedade afetiva, sintonizava com o antigo nubente, ora desencarnado, que a mantinha em estados depressivos, em tormentos desnecessários.

Nas reuniões mediúnicas, todavia, lograva desencharcar-se das vibrações deletérias, quando se colocava a serviço do bem e em socorro aos irmãos sofredores do Além-túmulo, em cuja tarefa conseguia apoio e renovação íntima, reanimando-se para o prosseguimento do compromisso abraçado.

Era natural que os esposos, conforme ocorria com os demais membros da comunidade, reencontrassem ali Espíritos afins de outras etapas, ora no mesmo caminho de redenção. Certamente defrontavam também com antigos conhecidos, nem sempre afeiçoados. É compreensível que, nesse laboratório de vidas em crescimento para Deus, o processo da evolução reunisse diversos temperamentos, vários companheiros em diferentes faixas de experiências e interesses vibratórios, de modo que se auxiliassem mutuamente. Os mais bem aquinhoados amparando os mais atrasados na marcha, e estes, nem sempre atentos, criando-lhes embaraços, exigindo-lhes o contributo da paciência e da dedicação.

Os mais afins, por instinto, formavam os seus pequenos grupos de interesses comuns, provocando reações normais nos outros companheiros desconfiados e mais susceptíveis aos ciúmes e a ressentimentos improcedentes.

Argos, acompanhando a movimentação da esposa entre simpatias que soubera catalisar, exigia-lhe maior assistência, reagindo através de sistemático mau humor, que mais o vinculava ao antagonista desencarnado.

Além desses fatores, os seus longos anos de enfermidade produziam na esposa o despertar de um latente sentimento maternal, quando esta se percebeu na condição emocional de genitora devotada de um *filho* dependente, que lhe exigia demasiado esforço. Superava-se, agora, portanto, para ser a esposa e companheira atuante nessa situação, tombando nas armadilhas verbais e insinuações malévolas que ele lhe apresentava, em razão do tempo ocioso de que dispunha, assim se permitindo ver tudo de forma deficiente, sempre se escusando ao esforço operante, com que se elevaria à paz interior, que lhe escasseava.

Já então o processo obsessivo se lhe instalara e o curso da *alienação* seguiria o ritmo que fosse decorrência da vontade do paciente, esclarecido, mas teimoso.

Vítima de um passado arbitrário, insistia em manter uma situação de liderança, insustentável, por falta de exemplos, como queria gozar de privilégios a que não fazia jus, porque a atualidade para quase todos nós é ensejo de redenção e de conquistas, jamais de usufruto de bênçãos que ainda não podemos fruir.

De nossa parte, lamentávamos a situação do jovem aquinhoado por inúmeros valiosos recursos, que os malbaratava na insensatez em que se comprazia.

A humildade é, realmente, virtude que escasseia entre as criaturas. O orgulho se disfarça de simplicidade e a prepotência assume-lhe canhestra aparência, de imediato se desvelando, tão logo surja o momento de sentirem-se contrariados... A sua vivência, sem embargo, equilibra e sustenta o homem na manutenção dos ideais superiores que abraça, auxiliando-o a vencer-se nas más inclinações e a superar quaisquer obstáculos que defronte pelo caminho.

Colaborando na realização de autênticas autoavaliações, a humildade permite que a criatura se conscientize das limitações e necessidades que lhe impedem o avanço, emulando-a à superação.

A crítica mordaz não a alcança, o elogio vulgar não a fere, a discriminação infeliz não a atinge, a perseguição não a desanima, a tentação não a perturba se se impuser a condição da humildade, porque, conselheira lúcida, ela lhe apontará o caminho seguro a percorrer, demonstrando-lhe que essas ocorrências constituem acidentes que se encontram presentes em todas as áreas do processo evolutivo. Ao mesmo tempo, em razão de dar-lhe a medida do que é e do que realmente se lhe faz necessário para a vitória, concita-a à oração, por cujo recurso se despe dos atavios inúteis para apresentar-se ao Senhor como realmente é, colocando-se à disposição da Sua superior vontade.

Nesse clima estabelece-se a paz íntima e a confiança, despojada da presunção, emula à insistência na ação edificante com que cresce, emocional e espiritualmente, tornando-se instrumento infatigável do bem.

Não são poucos os candidatos à evolução que tombam no caminho, apesar de possuidores de boa vontade, que é uma excelente qualidade para o cometimento, entretanto, distraídos da vivência da humildade, abandonam o compromisso na primeira oportunidade, vitimados pelo desalento, pela amargura, ou vencidos por intempestivo cansaço de que se fazem fáceis presas.

Como a comunidade recebia a visita periódica do Dr. Arnaldo Lustoza, numa dessas oportunidades, com maior intimidade dialogamos sobre a problemática de Argos, naquela conjuntura.

O amigo experiente escutou-me algumas colocações que lhe apresentei e explicou-me:

— *Felipe, como qualquer habitual perseguidor desencarnado, estimula as tendências inferiores, promovendo na sua vítima uma sutil fascinação pessoal pelo que pensa, na forma pela qual age, assim dificultando-lhe a renovação por instalar-se-lhe na alma o vigor da presunção, latente em todos nós, sob controle nos que vigiamos "as nascentes do coração" donde procedem os nossos sentimentos, conforme o conceito do Mestre. A lapidação das arestas morais negativas cria defesas que impedem a instalação dos* plugs *obsessivos, produzindo satisfações indescritíveis, que levam à perseverança no esforço iluminativo, sem o qual ninguém alcança a saúde integral. Outrossim, porque a ascensão é esforço urgente, cada passo dado à frente deve constituir conquista de segurança que facilite o próximo movimento, impedindo-se a instabilidade que responde por avanços e receios, sem a decisão de seguir sempre, mesmo que ao preço do sacrifício.*

Nos processos de obsessão de qualquer natureza, as conquistas morais do paciente são-lhe o salvo-conduto para o trânsito sem problemas durante a sua vilegiatura carnal. Isso, porque liberado da constrição afligente, começa-lhe o período da recuperação dos débitos passados mediante outras provações de que necessita e de testemunhos que lhe aferirão as novas disposições abrigadas na alma. À dor-resgate segue-se a dor-conquista, mediante a qual o Espírito se supera, autodoando-se em favor dos semelhantes e contribuindo para a mudança da paisagem sofrida do planeta. Não é o que vemos, no sacrifício dos nossos Maiores, que renunciam aos gozos que já merecem para, sofrendo, impulsionar-nos para adiante?

O nosso Argos, esquecido da parte que lhe compete fazer, espera receber a contínua ajuda dos benfeitores, que não procura merecer. Ele, porém, aprenderá, e, quando se resolver pela mudança de atitude, o que não tardará, estaremos ao seu lado com a mesma disposição fraternal para ajudá-lo.

O amigo silenciou e convidou-me a visitar uma das crianças que enfermara, cujo quadro se apresentava com sombrias perspectivas.

Fomos encontrar o pequenino ardendo em febre e, ao seu lado, no refúgio da oração, o médium Venceslau amparado pela irmã Angélica.

Podia-se perceber facilmente a psicosfera saturada de vibrações superiores.

A prece é sempre a força catalisadora de energias superiores, propiciadoras de paz e progresso, verdadeira ponte lançada sobre o abismo entre a criatura e o Seu Criador, facilitando o intercâmbio que, então, se estabelece, vigoroso e benéfico, para o ser.

26

SOCORROS ESPIRITUAIS RELEVANTES

Na singeleza do quarto em que a criança ardia em febre, reencontramos o amigo Bernardo, que se aprestava para auxiliar o médium concentrado, teleguiado pela instrutora amorosa.

Havia lágrimas nos olhos do companheiro encarnado, prestes a se desdobrar pela face pálida de emoção.

Ele amava aquelas "aves implumes" tombadas do ninho, pela orfandade material, e assumira, com outros Espíritos amigos e abnegados, a tarefa de os agasalhar no regaço amantíssimo de Jesus. Compreendia que ali deveria reencontrar os filhos de que se descuidara na viagem do tempo, quando o desequilíbrio lhe governava a conduta; os irmãos que ficaram esquecidos na dor; os desafetos que recomeçavam a marcha sob os estigmas de que foram vítimas.

Carlos, o companheiro que mais de perto se lhe associara ao ideal, fascinado pelo desafio cristão, se lhe vinculava por experiências transatas em inúmeras etapas reencarnatórias, agora fruindo a oportunidade decisiva, para ambos; no grave compromisso que abraçavam, era-lhe o apoio e a dedicação, aliás, recebendo do médium a segurança e o exemplo de fé, para não se deixar quebrantar no ânimo nem descoroçoar na empresa.

Igualmente amava aqueles seres que lhe chegavam, inseguros e desfalecentes, aguardando diretriz e reeducação.

A irmã Angélica, que por todos vigiava, reunira-os e trouxera outros afeiçoados colaboradores, de modo a formarem a família da fraternidade cristã, laborando pela própria e pela felicidade geral.

A esta altura, já se havia educado ali uma geração que seguira adiante com o próprio esforço, porém, que recebera cuidados e orientação indispensáveis ao êxito, de que cada qual se utilizava conforme as próprias possibilidades e de acordo com o estágio evolutivo em que se encontrava.

O pequeno enfermo, Gumercindo, era um Espírito querido, que reencetava a caminhada sob o peso de graves dívidas. Graças a isso, renasceu por intermédio de humilde senhora portadora de tuberculose pulmonar, que se poupava à alimentação para mais oferecer ao filhinho recém-chegado. Cliente da Casa, recebia ajuda, desde há algum tempo. Em pressentindo a aproximação da morte, ela rogara ao médium responsabilizar-se pelo filho, a fim de partir tranquila...

Desse modo, restabeleceram-se os liames da afetividade entre o trabalhador do Evangelho e o candidato ao crescimento espiritual de volta à carne.

Frágil, organicamente, sua saúde era periclitante, por mais de uma vez muito abalada e quase que tendo interrompida a vida física. Agora, com maior intensidade, os riscos da desencarnação se faziam presentes.

Venceslau o pressentia e, por isso, empenhava-se na fervorosa oração, rogando misericórdia. Não se encorajava a pedir que fosse oferecido este ou aquele resultado. Entregava-se a Deus e suplicava amparo para o filhinho espiritual, semidesfalecido.

Ao lado da cama, a genitora desencarnada, de joelhos, conforme o hábito da Religião que professara na sua humildade de mulher simples, na Terra, igualmente pedia pela permanência daquele a quem emprestara o corpo.

A um sinal da irmã Angélica, o médium Venceslau começou a aplicar passes de dispersão fluídica sob o comando psíquico de Bernardo, retirando as energias deletérias que o envenenavam, provenientes de pertinaz processo pneumônico resistente ao tratamento especializado.

Observamos que o sensitivo, carregado de vibrações de alto teor, desembaraçava o frágil organismo do pequeno enfermo das correntes pesadas de energia negativa, ao mesmo tempo infundindo-lhe forças novas. Tornara-se um dínamo irradiante e ele próprio iluminara-se com uma tonalidade opalino-azulácea brilhante, que alcançava os centros coronário e cardíaco do paciente, irrigando a corrente sanguínea e vitalizando as hemácias que passaram a adquirir a coloração que do médium se exteriorizava.

À medida que o passe socorrista prosseguia, observamos que a febre começou a ceder e uma sudorese abundante foi-se alastrando por todo o pequeno corpo. A respiração passou, lentamente, ao ritmo da quase normalidade.

Nesse momento, quando ficou concluída a terapia fluídica, vimos a benfeitora desembaraçar o Espírito Gumercindo da teia material e desdobrá-lo, como ocorre nos processos do sono natural. Quase de imediato ele assumiu a personalidade anterior, de quando desencarnara, no século passado, com idade aproximada de doze anos, e, dirigido pela mentora, acercou-se do médium, que acompanhava a cena, falando-lhe, comovido:

— *Necessito, paizinho, de prosseguir. Ajude-me com o seu amor, rogando ao Senhor que nos ampare os propósitos do bem, sustentando-nos na luta redentora.*

Abraçou-o, em lágrimas, e insistiu:

— *Rogue para que possamos ficar juntos por mais algum tempo...*

Balbuciou, então, uma breve e sentida oração, ungida de amor e rica de submissão à vontade de Deus, colocando-se à disposição dos Seus elevados desígnios.

O médium, comovido, quanto nós outros, acompanhava a cena tocante e bela, irmanando-nos todos àquela rogativa de alta nobreza.

Não havia, no ambiente, qualquer presença perturbadora ou infeliz. O quarto humilde se transformou num santuário de amor e fé onde pulsavam as harmonias da Espiritualidade.

Concluída a oração, no silêncio que se fez natural, permanecemos em estado de paz psíquica, fruindo a psicosfera reinante, quando uma luz de tonalidade indescritível adentrou-se pela parte superior da habitação, banhando o corpo da criança adormecida no leito, e uma voz suave-doce fez-se ouvir:

— *O Senhor aquiesceu às vossas rogativas. Bendizei-O! Gumercindo permanecerá na Terra.*

A custo controlei a emoção, que me assaltou, de felicidade.

Foi a irmã Angélica quem rendeu graças, reconduzindo o Espírito Gumercindo ao corpo, não sem antes permitir-lhe oscular a genitora desencarnada, igualmente feliz e agradecida a Deus.

Painéis da Obsessão

Como que recebendo uma instrução telepática da orientadora, o Dr. Arnaldo acercou-se do médium e recomendou-lhe trocar as roupas úmidas do paciente e do leito, aplicando-lhe uma substância para o caso, logo depois o despertando para sorver um caldo quente, a fim de auxiliar o organismo depauperado.

O servidor do Evangelho não sopitava o imenso júbilo que o invadia e, à medida que nos dirigimos a outros misteres, com acendrado carinho ele passou às providências recomendadas entre sorrisos e gratidões ao Pai.

No silêncio de uma habitação, longe da bulha e das artificialidades mundanas, sem quaisquer parafernálias e tumultos, no refúgio da oração e sob recursos fluidoterápicos fora travada uma grande batalha, na qual triunfara o amor, proporcionando ventura e crescimento espiritual para o combatente que iniciava a marcha sob a bênção da reencarnação.

Percebendo-me a emoção sem palavras, o gentil médico, em ligeiro comentário, referiu-se:

– *Quando aprendamos, realmente, desencarnados ou não, a recorrer à Providência Divina, jamais nos escassearão recursos para os cometimentos elevados. Fazendo parte do todo universal, em nossas individualidades somos, também, porção ativa desse conjunto harmônico. De nós depende sempre a sintonia ou não com o equilíbrio geral, a fim de preservarmos a essência divina que nos sustenta e que deve ser desenvolvida a contributo do esforço e da tenacidade de cada qual.*

Partícula de luz, que todos somos, nosso fanal é a Grande Luz, cuja potencialidade jaz em nós. O "pedi e dar-se-vos-á" não é uma alegoria, tampouco uma promessa vã que permanece na margem evangélica, recordando Jesus. Trata-se de um dispositivo de segurança ao alcance de todos, que saibam o que querem, para que o querem e como devem pedir, a fim de não colocar paixões sufocantes no lugar de necessidades reais, nem caprichos sustentados como sendo bases de apoio para a sobrevivência, porquanto, nem tudo o que queremos é sempre o de melhor para o nosso progresso real, que é de consequências eternas. Deve haver uma perfeita consciência de conteúdo do que se deseja, a fim de que se não extrapole, nos pedidos, daquilo que é indispensável para o supérfluo, do útil para o aparente. Foi o que acabamos de presenciar. Não houve qualquer imposição de quem quer que seja, senão a colocação de todos sob a vontade mais sábia, com a preferência da elevação, no pedido que fizemos, conseguindo-se, em consequência, o beneplácito de Deus.

Quando o amigo silenciou, interroguei a respeito da voz que trouxe a resposta superior, se esta não poderia haver-nos chegado através da irmã Angélica ou por outro qualquer processo?

Sempre afável, o interlocutor esclareceu-me:

– *Em face da intensidade e importância do cometimento, os mensageiros superiores que transmitem o pensamento e as orientações do Senhor preferiram propiciar-nos a todos igualmente a emoção de participarmos da anuência de Mais Alto. Certamente, a nobre mentora, em face da sua elevada posição espiritual, registrou a resposta antes de nós, mantendo-se discreta e humilde, até o momento em que todos pudéssemos participar do mesmo júbilo. Vezes ocorrem, em que emissários trazem, em pergaminhos de substância muito sutil, as anotações, que leem para os expectantes solicitadores da ajuda celeste. Noutras oportunidades, chegam as respostas através da telepatia elevada, e ainda, noutras ocasiões, não se fazem ne-*

cessárias quaisquer formas, aguardando-se com tranquilidade os acontecimentos que sucederão. Considerando-se a variedade dos degraus evolutivos e da percepção do grupo em que nos encontrávamos, em oração, incluindo o médium e o paciente, ambos encarnados, aquele foi o mais condicente meio de banhar-nos a todos de felicidade, ouvindo a irradiação dos intermediários de Jesus...

– E a luz que se projetou sobre Gumercindo? – insisti.

– Trata-se – concluiu *– da condensação do amor do Divino Médico, restaurando, em definitivo, as forças do enfermo e tonificando-lhe o corpo perispiritual para a empresa a executar. Tudo são vibrações em estados diferentes de energia, desde a pedra até o pensamento que se exterioriza pela vontade. Captadas pelos centros de registros mentais e transmitidas aos sábios prepostos do Senhor, as nossas rogativas levavam cargas psíquicas que facilmente traduziam o significado real das nossas aspirações, ao mesmo tempo, facultando-lhes ajuizar com presteza a respeito da conveniência ou não, da justeza e oportunidade do pedido, assim facilitando o seu deferimento. Como a dimensão de tempo é variável em todas as faixas da vida, o que aos homens exige determinada duração, muda de contextura e obedece a outra sistemática de velocidade entre nós. Com a resposta que nos foi transmitida, veio também o recurso solucionador, que fixava nas células em renovação os nossos fluidos recém-transmitidos. Eis por que se dilata o conceito, cada dia, de que a Luz Divina cura. Isso, porque ela é constituída de energia pura, causa essencial e primitiva da vida orgânica em germe em toda parte.*

Ao calar-se, eu sabia, sem qualquer sombra de dúvida, que o pequeno aquinhoado com tão alta dádiva estava com a reencarnação assegurada, cabendo-lhe o resultado do ministério em que mergulhava à sua conduta, ao seu livre-arbítrio, a ele próprio ante todas as lições da existência em recomeço.

Porque a comunidade mantinha um serviço de socorro fluidoterápico aos necessitados, durante uma hora, todos os dias, o Dr. Arnaldo convidou-nos a acompanhá-lo com Bernardo, ao recinto próprio.

Movimentava-se um expressivo número de Entidades operosas em ajuda contínua.

Observamos que a entrada do edifício estava guardada por diversos vigilantes do nosso plano, que controlavam a chegada dos acompanhantes que seguiam os seus parceiros encarnados. Eles evitavam que se adentrassem os Espíritos vulgares, ociosos, perturbadores, não interferindo, no entanto, quando se tratava de obsessores muito identificados com os seus *hospedeiros*.

Já, à porta principal da Colônia, foram providenciados cuidados especiais que impedissem a invasão de hordas dos irmãos alucinados, asselvajados e perniciosos, assim poupando os servidores do Cristo a lutas maiores do que as suas forças, nesta batalha sem quartel do mal transitório contra o bem permanente.

Víamos chegar as pessoas sob altas cargas fluídicas deprimentes, intoxicadas pelas próprias vibrações decorrentes das mentes viciadas e caprichosas... Algumas padeciam de doenças orgânicas e psíquicas rebeldes, em conexão com processos obsessivos, enquanto noutras os quadros da subjugação espiritual inferior eram patentes.

Variavam os estados de receptividade ao recurso que buscavam. Incrédulos sistemáticos, uns ali acorriam indiferentes e frios, como se estivessem a fazer um favor àqueles que os iam beneficiar; ansiosos por efeitos imediatos, outros não excogitavam de esforçar-se pela própria melhora, transferindo essa responsabilidade aos passistas e mentores aos quais iam recorrer; aturdidos pelos conflitos, muitos outros não dispunham de clima mental para sintonizar e absorver as forças curadoras que receberiam e logo delas se liberavam, sem qualquer proveito quase... Aproveitavam-se, sem embargo, diversos clientes afervorados, que já se faziam assinalar por predisposição favorável ao mister, credenciando-se a resultados benéficos mais imediatamente.

Todos, porém, adentravam-se assessorados por enfermeiros especializados que lhes identificavam as causas dos problemas e mazelas, não interferindo de moto próprio, porém vigilantes para a cooperação adequada no momento da aplicação dos passes.

Convidava-se, inicialmente, um grupo de pessoas, que ouviam uma leitura evangélica breve, como preparação para o serviço do auxílio que buscavam.

Curioso notar-se como grande número ficava com a mente dispersa durante aqueles rápidos minutos que se destinavam a criar as condições propiciatórias à terapêutica que buscavam. Desinteressados, permaneciam com a mente nos vícios habituais, mantendo as ideias comuns, sem intentarem o mais leve esforço pela renovação íntima ou, pelo menos, ouvindo com alguma atenção, a fim de meditarem, reflexionarem depois.

Terminada a página e proferida uma oração, iniciava-se a segunda etapa, a do passe propriamente dito. Todavia, enquanto era lido o texto, os Espíritos encarregados do ministério passista já contribuíam com recursos desintoxicantes, socorrendo os pacientes que se não davam conta da ocorrência providencial. No momento em que os médiuns se acercavam, amparados por técnicos especiais, estava assegurado melhor campo para o prosseguimento do serviço.

Vimos doutrinadores desencarnados conclamando os sistemáticos obsessores a mudar de atitude, a benefício próprio; familiares de Entidades aturdidas pela morte recente, liberando-as das fixações naqueles que ficaram, e aos quais, sem o desejarem, transmitiam *humores psíquicos* perniciosos, que os enfermavam. A outros sofredores, igualmente carregados das doenças que lhes vitimaram os corpos, dispensavam-se energias restauradoras, de modo a liberá-los dos fluidos mais pesados, que os atormentavam. Alguns eram convidados a permanecer no recinto para posterior atendimento e transferência para colônias-hospitais de tratamento adequado...

A verdade é que os benefícios se distribuíam amplamente nas duas esferas vibratórias, com carinho, tendo-se presente a caridade, conforme a lecionaram e viveram Jesus e os Seus discípulos.

Observei que nem todos os encarnados recolhiam os benefícios que se lhes ofereciam, e as razões eram óbvias, todavia, com a continuação do tratamento terminavam por assimilar resultados positivos que lhes competiam sustentar e multiplicar a favor de si mesmos.

Os grupos sucediam-se até o momento de encerrada a tarefa. Os benefícios ofertados haviam sido múltiplos e de alto teor, restando a cada pessoa bem aplicá-los, assim preservando-os e fortalecendo-se para as lutas.

As Entidades mais perversas, quando convidadas a uma mudança de atitude, tornavam-se receptivas, ficando no recinto a aguardar os trabalhos mediúnicos de desobsessão, que tinham lugar em dias próprios, vivendo, desde então, o clima de prece e de paz da comunidade, o mesmo acontecendo com outros necessitados espirituais...

Conversando com o Dr. Lustoza a respeito da excelência desse ministério colocado a serviço do bem geral, este elucidou:

– *Como existem prontos-socorros para os males físicos e assistência imediata para os alienados mentais em crise, já é tempo que a caridade cristã, nas instituições espíritas, crie serviços de urgência fluidoterápica e de consolação para quantos se debatem nos sofrimentos do mundo, e não têm forças para esperar datas distantes ou dias exclusivos para o atendimento. Espíritas esclarecidos, imbuídos do sentimento da caridade, poderiam unir-se neste mister, reservando algum tempo disponível e revezando-se num serviço de atendimento cuidadosamente programado, a fim de mais amplamente auxiliar-se o próximo, diminuindo a margem de aflições do mundo. Seriam valiosos os resultados para todos, que conjugariam esforços no bem, contribuindo para a mudança das atuais paisagens humanas aflitivas.*

Saímos do recinto, no entanto, concluída a parte na qual cooperaram os médiuns encarnados, os labores prosseguiram com o concurso de obreiros do nosso campo de ação.

27

A RECIDIVA DE ARGOS

O amigo Dr. Lustoza, que reservara alguns dias para estar comigo na comunidade, na qual era um cooperador valioso ao lado de outros obreiros diligentes, na primeira oportunidade, porque soubesse do meu interesse em recolher apontamentos sobre as técnicas e ocorrências variadas em torno da obsessão, tanto quanto da interferência dos Espíritos nas vidas das criaturas, sugeriu-me acompanhar, no ambulatório médico, o atendimento de alguns enfermos que residiam no bairro e recorriam àquele reduto de amor.

Devotados médicos e enfermeiros, odontólogos e auxiliares ofereciam, gratuitamente, suas horas de repouso e outras à beneficência em favor dos muitos aflitos que ali chegavam batidos pela dor. Nem todos possuíam a formação espírita, no entanto, caracterizavam-se pelo sadio propósito de bem-servir.

O pequeno edifício reservado a este mister era parcamente equipado. Inicialmente fora destinado aos serviços de atendimento às crianças internas, aumentando a sua capacidade de benefícios, à medida que novas tarefas de socorro foram surgindo. Agora, o número dos que ali se beneficiavam ascendia a milhares de pessoas.

A irmã Angélica, sempre vigilante, na razão direta em que as atividades se multiplicavam entre os seus pupilos, sob a inspiração de Jesus, convidava novos obreiros do amor, em nosso plano, que assumiam responsabilidades administrativas e de auxílio nos respectivos novos setores.

Para aquele núcleo rogara a cooperação valiosa do Dr. Dirceu de Campos, que fora, na Terra, respeitável professor de Medicina e cientista, que reservava o tempo excedente das suas aulas à investigação de parasitos, havendo deixado uma vasta contribuição à pesquisa especializada.

Aquiescendo, o trabalhador reuniu alguns dos antigos colegas e ex-alunos ora libertados do corpo, assumindo a direção espiritual da singela clínica.

Fui-lhe apresentado e a sua inteligência, aliada à bondade espontânea, cativaram-me de imediato.

Sorridente, falou-me com naturalidade.

– *Como sabemos que todos os males que atingem o corpo procedem do Espírito, aqui inspiramos os colegas encarnados a receitarem menos drogas, evitando-se intoxicações orgânicas, para melhor reequilibrarmos o psiquismo dos nossos clientes, que se devem ajustar à saúde e preservá-la. Considerando-se a região em que se localizam os nossos serviços, a maior incidência de enfermidades é decorrente dos problemas sociomorais, da fome, das distonias nervosas, da falta de higiene, com alta incidência parasitológica em crianças e adultos. Assim, cuidamos de esclarecê-los e reeducá-los quanto possível, encaminhando-os a outros setores onde se podem beneficiar, recuperando-se com maior segurança. Somos partidários das modernas técnicas da Psicossomática ora em aplicações tímidas entre os colegas encar-*

nados, com possibilidades futuras muito amplas. Pelos conhecimentos de que dispomos em nosso campo de realização, melhor aquilatamos sobre os resultados providenciais da psicoterapia em quaisquer patologias que defrontemos. Os nossos clientes, deste modo, além da assistência espiritual que passam a receber desde a primeira consulta – companheiros nossos inscrevem-nos em suas agendas de ação externa e visitam-nos nos lares, dispensando-lhes o concurso espiritual possível –, são induzidos, pelos nossos facultativos encarnados, ao tratamento acadêmico, como é natural, mas também à mudança mental de atitude perante a vida. Nem todos se recuperam, bem se depreende, porque saúde e doença constituem um binômio normal da realidade biológica. E como a morte é a etapa final do corpo, ninguém se lhe eximirá à presença... Todavia, podemos e conseguimos diminuir a carga das aflições e doenças, com especialidade nos que se fazem dóceis às instruções recebidas e à prescrição médica que lhes é recomendada.

Ato contínuo, levou-me a acompanhar uma consulta clínica e explicou-me:

– *Este paciente é alcoólatra inveterado, com um processo de cirrose hepática em desenvolvimento. Pode-se-lhe perceber o entumescimento da glândula mista, com drenagem descontrolada de bílis, perturbando-lhe o metabolismo geral. Adicione-se ao distúrbio orgânico a obsessão de que padece, em face da presença contínua e vingadora de antigo comparsa a quem enganou, e temos um quadro de difícil recuperação. Apesar disso, envidaremos esforços para atenuar os efeitos do problema grave, de que ele não se apercebe, tentando inculcar-lhe a ideia de maior esforço na luta contra a bebida, a que vai levado pelo adversário, tendo a vida física um pouco ampliada, a bene-*

fício próprio... Observemos o que sucede, nesta sua primeira consulta.

Notamos que a Entidade inimiga que a ele se imantava, sendo consciente do desforço que levava a cabo, ao perceber que o médico ia examiná-lo, deslocou-se, agressiva, e tentou influenciar o facultativo, como a querer perturbá-lo na conclusão do diagnóstico. Porque este se encontrasse assessorado por operoso cooperador da equipe do Dr. Dirceu, o celerado não encontrou ressonância no seu intento, e porque um enfermeiro de plantão fosse convocado à assistência espiritual ao cliente, aquele Espírito rebelde e renitente no mal se retirou, indisposto e blasfemador.

— *Ficará à saída, aguardando o seu* hospedeiro — esclareceu-me o diretor.

— *E por que não foi impedido de entrar?* — inquiri, com curiosidade sadia.

— *Porque não usamos de violência* — prosseguiu, espontâneo. — *Ao passar pelas barreiras vibratórias foi-lhe concedida a oportunidade de beneficiar-se com os recursos aqui existentes. Não se sentindo bem com as vibrações ambientes, ele próprio se evadiu. Há sempre oportunidade para quem deseja a renovação, a paz...*

— *E que acontecerá com o paciente* — voltei a indagar — *após ser atendido e retirar-se?*

Sem qualquer enfado, o médico considerou:

— *Depende da atitude mental que ele conduza. Como não ignoramos, o pensamento gera energias que carregam cargas vibratórias de acordo com o teor moral de que se revestem as ideias. Se o nosso enfermo mantiver os estímulos superiores que está a receber e as orientações que lhe serão ministradas pelo clínico, não sofrerá a interferência psíquica do antagonista, que atua em faixa de baixa frequência mental. Este permanecerá à espreita até que encontre uma oportunidade de revinculação, o que somente pode ocorrer se houver aquiescência do encarnado. Mantendo-se este nas ideias positivas e agasalhando o otimismo, se movimentará cada vez mais em canais vibratórios que o colocarão imune à perturbação, passando a sintonizar com outro gênero de ondas, nas quais se encontram campos de vida propiciadores de bem-estar, fazendo jus a melhor assistência espiritual. É da lei que querer é lograr, desde que se saiba o que se quer e se mantenha firme o desejo por consegui-lo. Nunca falta apoio a quem almeja por ascensão. O inverso é, também, verdadeiro...*

— Não desejando ser importuno, mas porque a questão é fascinante — tornei a questionar —, *gostaria que o amigo experiente me explicasse a ocorrência da agressão intentada contra o médico.*

— Sendo ele — respondeu-me, afável — *o zelador da saúde, encontra-se investido de elevado ministério, conforme ocorre noutras áreas da vida, cuja orientação lhe cabe dar, para as superiores ou infelizes finalidades que lhe aprouver. Desejando ser fiel ao "juramento de Hipócrates", no qual se encontram as diretrizes éticas do seu sacerdócio, adquire defesas naturais para o seu campo de ação, e a sua conduta moral sadia atrai os benfeitores da Humanidade, que dele, como de outros, profissionais ou não, se utilizam para promover o progresso dos homens e da sociedade. Suas boas ações granjeiam-lhes simpatias que são transformadas em títulos de benemerência, de que se enriquecem, a fim de melhor alcançarem as metas a que se propõem. Nestes, os obsessores não encontram campo para a perturbação.*

É muito comum notar-se que os Espíritos conscientes do mal que proporcionam àqueles a quem perseguem, sabendo que os seus obsidiados estão recorrendo a ajuda médica para ter minorados os seus males, investem contra os seus possíveis benfeitores, a fim de influenciá-los, gerando antipatia pelo paciente e, quando há afinidade moral entre o médico e o algoz desencarnado, este leva-o a equivocar-se no diagnóstico ou pelo menos a não dar a devida atenção ao problema, ficando na superficialidade, que não lhe permite a correta avaliação para um eficiente tratamento. O mesmo sucede em relação aos médiuns, quando convidados ao auxílio aos portadores de alienação obsessiva, não é verdade? Muda-se de situação, mas não se altera a ocorrência... [4]

Eu estava profundamente impressionado com este fato, em razão da lógica de que ele se revestia, já que o conhecia em outras áreas nas quais sucedia.

As inteligências espirituais negativas são muito hábeis na elaboração e prática dos métodos de cobrança que se impõem, na sanha louca de conseguir os pérfidos resultados a que se agarram.

Agora eu acompanhava o médico atencioso, detectando ao tato a enfermidade soez.

Com delicadeza, mas com autoridade, advertiu o paciente sobre os perigos crescentes que o álcool representava para a sua saúde, ao mesmo tempo explicando-lhe, sem detalhes, que estes poderiam redundar em efeito pior, em razão da gravidade do mal que ele sofria.

---

[4] Vide o livro *Nas fronteiras da loucura,* de nossa autoria (nota do autor espiritual).

O médico sabia que, instalada a cirrose hepática, as possibilidades de recuperação não se fazem auspiciosas, especialmente naqueles que dispõem de poucos recursos para o tratamento cuidadoso a que se devem submeter. Não obstante, conversou demoradamente, convidando o enfermo à realidade da vida, aconselhando-o e recordando-lhe a responsabilidade espiritual que lhe dizia respeito, em face do alto compromisso para com a existência física.

Embora o empenho do bondoso médico, sentíamos o quase desinteresse do paciente que, encharcado pelo fluido venenoso e tendo desarticulados os equipamentos emocionais pelos alcoólicos, não assimilava toda a orientação, mais de uma vez repetida.

Seria o caso de mais um suicídio indireto com causas muito complexas no seu processo evolutivo. Mas o facultativo se desincumbia galhardamente do dever que lhe dizia respeito.

Passamos a outra sala e seguimos um caso oposto.

O paciente era um ancião portador de um problema uretral. Havia-lhe sido recomendada uma uretrocistografia para positivar a enfermidade, facilitando a cirurgia que ele receava.

Muito bem assistido pela esposa desencarnada, esta houvera pedido aos trabalhadores espirituais da Casa que inspirassem o médico, a fim de melhor socorrer o cônjuge assustado.

Vi então, que após o estudo dos exames preliminares que foram apresentados e alguns outros, ao tato, que o próprio médico realizou, após deter-se a pensar, este falou com segurança, telementalizado por um urologista do grupo espiritual, confirmando a necessidade cirúrgica, que seria coroada de êxito, em face do bom estado geral do cliente e das amplas perspectivas de viver mais, sem um problema que se poderia agravar, tomando rumos imprevisíveis, no momento, perfeitamente evitáveis.

Orientou-o com gentileza e infundiu-lhe confiança.

A simpatia da segurança médica e a irradiação de tranquilidade que dele se exteriorizava atingiram o paciente que, sob a carinhosa assistência da esposa, anuiu de boa mente em submeter-se ao exame final e em deixar-se cirurgiar num hospital de beneficência.

Os casos sucediam-se e os obreiros desdobravam-se no afã do bem, quando o amigo Bernardo nos veio chamar, ao Dr. Arnaldo e a mim.

Informou-nos que se tratava de Argos, cujo estado de saúde se agravara. Conforme já o esperávamos, fomos encontrá-lo em abatimento profundo, sob o estigma da febre alta, que decorria da violenta recidiva.

À chegada, fomos recebidos por uma senhora simpática, que se nos apresentou como sendo a genitora do amigo. Quando da cirurgia a que ele fora submetido, não a houvéramos notado presente, senão mais tarde, no desdobramento da assistência que lhe fora ministrada.

A sua expressão de ansiedade e de dor silenciosa comoveu-nos.

Recebeu-nos, preocupada, e quando nos acercamos do leito, o Dr. Arnaldo examinou-o, cuidadosamente, confirmando o retorno da doença e a complexidade de que o caso novamente se revestia.

Receando a irrupção de uma brutal hemoptise, o médico solicitou a ajuda de Bernardo que, presto, aplicou recursos calmantes, para diminuir a febre e recompor o aparelho respiratório congestionado pela infecção. Tratava-se, porém, de uma terapia de emergência, em razão do agravamento do caso.

Logo depois, o Dr. Arnaldo considerou:

– *A mente pessimista e assustada do nosso amigo, que cultivou uma psicose depressiva, receando o retorno da doença, ao lado da sua insistente rebeldia ao trabalho edificante que lhe concederia créditos para a saúde, responde pela recidiva a que foi levado, tendo-se em vista a vinculação com Felipe... De algum modo, se advier um resultado funesto para o corpo, temos mais um infeliz exemplo de suicídio indireto...*

Não nos cabe, no entanto, apressar conclusões, nem opinar com desconhecimento do amor e da caridade. A intemperança é fator desconcertante, que agasalhamos e de cujos efeitos perniciosos não nos conseguimos furtar. Quem possui o conhecimento da vida espiritual não deveria caminhar entre sombras, em face da luz que lhe deve estar implantada na razão, conduzindo os sentimentos e aprimorando-se. A predominância sistemática dos instintos mais agressivos, que fomentam o egoísmo em detrimento de outros valores mais elevados, faz que desvalemos na rampa da insatisfação com os consequentes efeitos da rebeldia constante, sem o apoio da humildade que acalma, nem da legítima fraternidade que harmoniza.

Em relação ao nosso cliente, aguardemos a reação orgânica à fluidoterapia, bem assim as porvindouras determinações superiores.

Observei que o recurso fluídico não afastou Felipe, que nos acompanhou a ação com manifesta ironia.

O Dr. Arnaldo não aguardou a minha pergunta, vindo em meu auxílio a explicar:

– *Desde que a presença do amigo infeliz foi acolhida pelo nosso invigilante enfermo, não nos é lícito violar o livre-arbí-*

trio de ambos os consócios da pugna em desdobramento. Argos é suficientemente esclarecido em torno dos mecanismos do intercâmbio espiritual quanto das obsessões, para que o tratemos como se ele fora um adolescente irresponsável ou um ignorante sobre o assunto. Não foi por outra razão que o Mestre proferiu a sentença de advertência: "Muito se pedirá a quem muito foi concedido". O problema da evolução é pauta de dever pessoal, intransferível, não podendo ninguém crescer no lugar de outrem.

Nesse comenos, adentrou-se no quarto o médium Venceslau trazido pela irmã Angélica. A surpresa dorida se lhe estampava na face pálida, ante o convite da instrutora e a informação do agravamento da doença de Argos.

De imediato o sensitivo detectou-nos a presença, bem como a de Felipe, e não pôde dominar as lágrimas de compaixão e tristeza que lhe afloraram aos olhos.

Argos estava semidesfalecido, atônito, amedrontado.

Conseguia avaliar, embora o seu estado, quais lhe eram as parcas perspectivas de recuperação.

A chegada do médium infundiu-lhe um pouco de ânimo e, embora já sob os efeitos da providencial ajuda de Bernardo, sentia-se demasiadamente debilitado, exsudando em abundância, o que indicava queda da alta temperatura em que ardia.

O companheiro tinha a voz embargada e falava com dificuldade, esforçando-se por manter a naturalidade, encorajando o doente e prontificando-se a ajudá-lo.

Percebemos o rancor que sulcou a face do verdugo impenitente, reagindo à presença da irmã Angélica e do médium. Agitou-se e, parecendo tresloucado, porque a psicosfera ambiente se modificasse com a presença da nobre Entidade, retirou-se com violência.

Painéis da Obsessão

Venceslau percebeu o acontecimento e não pôde evitar que desfilassem pela tela das recordações os clichês dos seus próprios testemunhos, na mediunidade, quando acicatado e perseguido por inimigos pretéritos, que engendraram rudes golpes e dolorosos planos de vingança, através dos quais o martirizaram por largos anos a fio. Não lhe havia sido fácil aquele período, que lhe custara muito sofrimento e paciência, sob a orientação da mentora dedicada. Por isso, compreendia o drama do amigo. Sem desejar formular comparações descaridosas, compreendeu que a sua dedicação ao serviço do bem lhe constituíra um seguro passaporte para atravessar as barreiras da difícil aduana da renovação, enquanto o enfermo resolvera-se por comportamento diferente...

Saía das reflexões, quando foi convidado pela benfeitora à aplicação do socorro fluídico, em que se transfeririam energias mais específicas a Argos.

O auxílio de Bernardo, valioso, criara a predisposição para que o doente assimilasse, desta vez, outro tipo de fluidos procedentes do corpo físico sadio do sensitivo.

Foi proferida uma oração de alto significado emocional, de que todos participamos e, ato contínuo, o médium, seguramente conduzido pela irmã Angélica, deu início à operação socorrista.

A princípio, com movimentos rítmicos e em direção longitudinal, desembaraçou o enfermo das energias absorvidas e dos miasmas venenosos que lhe empestavam o organismo, como a desintoxicar as células, facilitando-lhes a renovação.

Foram mais cuidadosamente atendidos os centros coronário, cardíaco e gástrico, que exteriorizavam coloração escura e fluido pastoso, letal. Em seguida, passou a transferir-lhe as forças restauradoras, mediante a imposição das mãos nas referidas áreas, que lentamente foram absorvendo a energia salutar e mudando de cor, irradiando para todo o corpo as vibrações de reequilíbrio. Logo após, foi magnetizada a água, que lhe foi oferecida em pequena dose, e se encerrou o labor da caridade fraternal.

Argos foi aconselhado a trocar de roupa, que estava úmida pelo suor abundante, a seguir com a medicação e a repousar o mais possível, tanto física como mentalmente.

A palavra calma, repassada de bondade e de confiança do médium, que lhe informava serem aquelas instruções apresentadas pela benfeitora, fizeram-lhe um grande bem, auxiliando-o a recuperar o alento e a adormecer, após atendidas as sugestões providenciais.

A genitora do enfermo prontificou-se a permanecer em vigília junto ao filho, quando nos despedimos, e a irmã Angélica prometeu que retornaríamos às 23h.

Ela estampou na face uma expressão de gratidão e de indefinível júbilo, osculando, meigamente, a destra da veneranda amiga espiritual.

Rumamos a outras atividades e ficamos aguardando as providências que seriam tomadas em favor do companheiro alquebrado.

28

PROVIDÊNCIAS DE EMERGÊNCIA

O agravamento da enfermidade de Argos ocorreu na semana em que Áurea tivera que viajar, a fim de aprimorar os seus conhecimentos de serviço social, para melhor desempenho das atividades a que se dedicava.

Os esposos normalmente estavam juntos, o que permitia certo equilíbrio emocional, no intercâmbio da afetividade. O fluido com que ela o envolvia, em ternura e apoio, sustentava-o, diminuindo-lhe, de alguma forma, a intensidade dos problemas que o afetavam.

Sentindo-se sem essa assistência e agasalhando a perturbação que o dominava, a pouco e pouco deixou que uma saudade injustificável, fruto da desordem emocional, o levasse a profundo abatimento que completou a destruição das débeis defesas orgânicas, reinstalando-se-lhe o quadro tuberculoso.

Compreendendo que não se encontrava isento de grande parte da responsabilidade atual pelo desequilíbrio de saúde em que se encontrava, procurou, com pressa, reorganizar a mente, numa tentativa desesperada de recompor-se. Passou a orar, mais em agitação decorrente do medo do que em clima de paz e confiança em Deus, o que não resolvia a situação, em face das lacunas na concentração, sob a interferência de Felipe, ora dominador.

Ninguém desconsidere a responsabilidade, os deveres morais, porquanto são eles os agentes que propiciam o crescimento do ser, no rumo da libertação das mazelas que o prendem ao porto do sofrimento.

Embora as dificuldades que lhe assinalavam a marcha, Argos era dotado de valores morais expressivos. O seu equilíbrio conjugal e o respeito aos outros lhe granjearam títulos de enobrecimento, que pesavam na contabilidade das suas realizações.

Amava a Doutrina Espírita e vinculava-se aos seus postulados, apesar de ater-se mais à teoria, à beleza dos ensinamentos filosóficos. Estudava-a, com diletantismo e curiosidade, com o que se aquinhoava na pauta dos conhecimentos.

Não fosse a falta de disposição para o trabalho fraternal da caridade e da solidariedade com os companheiros que se afanavam em exaustivo esforço, e ele poderia haver logrado, quiçá, evitar a nova carga de dores que ora o confrangiam.

A genitora desencarnada houvera intercedido junto à irmã Angélica, naquela grave circunstância, a fim de que fosse levado a instância superior o drama do filho, no que foi tranquilizada pela benfeitora.

Sem lamentar-se, informara que a sua falta física no lar contribuíra, de alguma forma ponderável, para certos hábitos e condicionamentos dele. Havendo desencarnado sem que pudesse ter oferecido maior assistência física à família, prosseguia lutando do *nosso lado*, a favor dos que ficaram, especialmente do esposo, que também já retornara em situação de necessidades urgentes. Apesar de internado em uma Colônia de refazimento, a sua recuperação marchava mui lentamente. Ela desdobrava-se na assistência aos filhos que ficaram, apesar de reconhecer a própria carência.

Simpatizei imediatamente com a devotada genitora, que permaneceu em prece ao lado do doente, mantendo o tom vibratório impeditivo às incursões mentais do adversário hussita.

De minha parte, detive-me, também ali, meditando e orando, enquanto aguardávamos o momento assinalado para nova assistência especializada.

À hora aprazada, a irmã Angélica, Bernardo, o Dr. Arnaldo e o médium Venceslau deram entrada no dormitório onde nos encontrávamos e, após as orientações preliminares, foi proferida uma sentida oração pela mentora, que se aureolou de diáfana claridade.

Vimos Bernardo desenovelar Argos dos fluidos mais vigorosos da matéria, no estado de prostração febril em que se encontrava e situá-lo ao nosso lado. Podia-se perceber-lhe no Espírito a grave conjuntura. Manchas escuras no epigástrio e no centro coronário denunciavam-lhe a ingestão de fluidos venenosos que foram assimilados espontaneamente, como decorrência do conúbio mental com o seu perseguidor e por efeito do destrambelhamento da câmara pulmonar, afetando, também, o coração.

Respirava com dificuldade, conforme ocorria com o corpo, e estremecia, de quando em quando, sob expressivo aturdimento.

Bernardo aplicou-lhe recursos calmantes e, retirando grande parte das forças tóxicas que mais o afligiam, restituiu-lhe um pouco de tranquilidade.

Observei que a providência terapêutica alcançou o corpo, que passou a ressonar com mais harmonia, aquietando quase a agitação que o excruciava.

Nesse momento, adentrou-se Felipe, que não ocultava o rancor, sob o comando de dois hábeis cooperadores do nosso grupo.

A entidade esfervilhava de cólera e não se envergonhava disso.

Conhecendo algumas das técnicas de agressão e daquelas de socorro, sabia-se conduzido ali sob força superior que o dirigia, aumentando-lhe a ira.

Ao identificar, em desdobramento parcial, aquele a quem detestava, sua reação fez-se explosiva, como se uma crise de loucura o possuísse de súbito, desarticulando-lhe as energias.

Argos, sonolento e sem lucidez, não viu o antigo desafeto, não obstante sentir-lhe a vibração de cólera com que fora atingido, voltando a agitar-se. De imediato lhe advieram os sintomas da enfermidade, no que era acompanhado pelo corpo, que a tudo refletia através do perispírito.

O intercâmbio perfeito, de um para com o outro, oferecia-nos uma visão da dependência do soma em relação ao ser espiritual.

Muito ainda se há que estudar sobre a estrutura delicada do psicossoma, de modo a melhor compreender-se esse precioso veículo plasmador da forma e que transmite as impressões e sensações, emoções e percepções do Espírito ao corpo e deste àquele.

Bernardo, sempre vigilante, acudiu o paciente, que se reequilibrou, apesar de prosseguir denotando cansaço e receio, que se lhe estampavam na face macilenta.

Foi Felipe quem, intempestivamente, prorrompeu em acusações e vitupérios.

– *Não posso ter qualquer compaixão* – exprobou irado – *de quem tanto me tem feito mal. Desde os desventurados dias de Praga que ele me enlouquece com as suas perversidades. E não as praticou somente contra mim. O coro das suas vítimas clama por uma justiça que tarda. Frio e traiçoeiro, como ninguém aqui ignora, ele desgraçou a minha e outras vidas, permanecendo impune. O tempo rolou na ampulheta das horas e agora reverte a posição dos lutadores. Os vencidos estão de pé e o vencedor de mentira tomba, a fim de responder pelos seus crimes. Será um longo desforço. Vida por vida ele pagará, mentira por mentira ser-lhe-á cobrada, traição, essa arma dos covardes, por traição, lhe será recuperada. Incapaz de enfrentar os a quem odiava, era à socapa que agia, disfarçando-se em justiceiro, sob o pálio padrasto das leis vergonhosas de que se utilizava. Todavia, esses seus triunfos ficaram no passado. Hoje é tempo nosso, agora é a nossa vez, que se alongará por largo período, até que estejamos, os seus indefesos perseguidores, totalmente saciados...*

Irrompeu num riso sardônico, terrível, e continuou ante o silêncio geral respeitoso:

– *Também ela* – referia-se à Áurea – *não me escapará. Quando dois se entendem emocionalmente numa barca, é porque são do mesmo estofo. Eles são iguais e não a esquecerei. No coração de uma mulher que trai, abre-se uma ferida que somente cicatriza quando o ultraje lhe corrige as carnes esfaceladas. A sua anuência e silêncio ante os delitos nefandos fazem-na também criminosa e passível de correção. Ele, de hoje, é o mesmo de ontem; ela disfarça-se, mas prossegue... Outro será o método de cobrança em relação à sua pessoa. Falta-me, aqui, para a arran-*

cada final, Maurício, também já sob controle, que forma o trio escabroso que retorna, a fim de que os purifiquemos com o fogo da reparação. Cada um receberá de acordo com o grau da própria responsabilidade, mas ninguém ficará impune, prosseguindo seu reajustamento. Tudo será uma questão de oportunidade e, cada qual, a seu turno, será chamado à prestação de contas.

Dedo em riste, o acusador desesperado prosseguiu, sarcástico, feroz.

Quando Argos escutou o nome de Maurício, despertou, como se o identificasse no inconsciente, sob o choque libertador de reminiscências adormecidas.

Movimentou-se, desconfortavelmente, e repetiu o nome do amigo, como se o procurasse, denotando ansiedade e emoção. Chamou-o algumas vezes e pervagou o recinto com os olhos desmesuradamente abertos, sem maior campo de visão.

Subitamente identificou Felipe, embora somente os contornos, que lhe assomou da memória, estarrecendo-o.

O susto foi muito forte e ele estremeceu, desorientado.

– *Sombra infernal, deixa-me* – gritou, asfixiado.

Embora a postura vigilante de Bernardo e a cuidadosa supervisão da irmã Angélica, ninguém se movimentou, tomando a iniciativa de qualquer providência que parecesse necessária.

Fazia-se mister essa fase inicial, numa catarse espontânea dos litigantes, de modo a facilitar a aplicação oportuna das medidas compatíveis.

Naquele cometimento não foram usados médiuns, quer encarnados, quer desencarnados. A ação transcorria diretamente, não obstante a presença de Venceslau, que cooperava conosco, recolhido em prece.

Mesmo com o tumulto provocado por Felipe, na sua grande infelicidade, o ambiente encontrava-se saturado de vibrações harmônicas.

O indigitado hussita respondeu, sabendo-se reconhecido:

— *Identificas-me, infame? Desperto-te a consciência culpada? Chamas-me sombra infernal, e tu, quem és? É verdade que tenho vivido num inferno, mas foste quem acendeu as labaredas em que ardo, no longo transcorrer dos decênios. Fugiste para o corpo, não sei mediante qual artifício de que te utilizaste, e gozas a delícia do esquecimento, enquanto eu tenho-te na mente e nas dores, vendo outras vítimas tuas que não conseguiram ainda qualquer lenitivo para as misérias que carregam, como consequências das torpezas com que as atingiste. Sorris, enquanto choramos; sonhas com a felicidade e nós sofremos pesadelos e horrores; planejas o futuro e vivemos no passado por tua culpa, em razão da tua infame covardia moral aliada à tua impiedade. Temes a nós? Já vivemos essa estranha sensação em relação a ti... Agora que te chega a vez, como te atreves a chamar-me sombra infernal?! Tu, sim, és o demônio real, escondido num corpo que destróis com as tuas próprias construções mentais terrificantes... Não éramos anjos, quando nos roubaste a paz. O certo, todavia, é que nos tornaste hoje cópia do que foste, apesar de sermos menos do que és, porque a tua maldade é mais astuta que a nossa, o teu despotismo prossegue insaciável, a tua insensibilidade maldisfarçada permanece imutável... Não haverá piedade para ti, senão na medida com que a utilizaste para conosco, nem teremos misericórdia sequer para contigo, exceto a quota que nos deste...*

Estrugiu, novamente, na gargalhada zombeteira, que mais o tornava terrível.

— *Nunca te prejudiquei, pelo desejo de fazer-te mal* – retrucou Argos, com a voz debilitada, muito trêmulo. – *O que fiz, tinha que o fazer. Estávamos em dias de lutas religiosas e eu amava, não podendo viver sem Áurea...*

Felipe interrompeu-lhe a justificação e arremeteu:

— *Como podes ser tão cínico e egoísta, que somente pensas em ti. Dizes que a amavas. E eu, por acaso, não era o seu esposo, quando ma roubaste? Não podias viver sem ela e, para consegui-lo, ma tomaste, ceifando-me a vida com o apoio do teu companheiro de traição? Isto é desculpa com que ninguém justifique os seus crimes? Pois bem, devolverei a escusa: já que não posso viver sem vingar-me de ti, apressarei a tua libertação, ajudando-te a sair do corpo, mediante golpes sucessivos que te destruam a existência. Não mudaste nada. Permaneces ególatra e sádico, mas não o serás por muito mais tempo, eu te prometo... Virás já para cá e acertaremos as dívidas. Primeiro eu cobrarei minha parte, depois os outros a quem vilipendiaste, deixando-os arrasados, sem qualquer compaixão.*

Atingido no âmago do ser pela catilinária dramática, na qual o ódio e a mágoa se misturavam à vingança bem urdida, o enfermo, quase desfalecido, suplicou:

— *Tem clemência. Eu estava louco e não tinha dimensão da minha insânia. Não cometas comigo o mesmo erro que tive para contigo. Necessito do corpo...*

— *Perdoar-te-ia, sim* – revidou com o mesmo tom de voz –, *se me houvesses prejudicado apenas uma vez... Cheguei a pensar em deixar-te por conta própria, a fim de que te destruísses a ti mesmo, sem intervenção de minha parte. Entretanto, não saciaste tua sede de perseguição e outra vez voltaste à carga. Recordas-te de Arpaillargues, quando nos reencontramos? Eu te antipatizava apenas, como efeito do mal que me havias feito. E tu, por que me detestavas? Donde provém esse teu horror contra mim, infame? Firmado nos mesmos falsos postulados das religiões que dividem os homens e os matam, novamente me destruíste o corpo e o lar. Sou eu quem te pergunta: Por que?... Ainda nesta tua desperdiçada existência, fui solicitado a conceder-te um crédito, uma oportunidade (referia-se à interferência da irmã Angélica, quando da cirurgia a que Argos fora submetido) de reabilitação e aquiesci. Dei tempo ao tempo e o que fizeste em favor de quem quer que seja? Faze um exame de consciência, se é que a tens. Recapitula os teus atos e dize-me se não te colocaste sempre em primeiro lugar, disputando imperdoável primazia, indiferente aos outros, explorando o esforço alheio sob justificação de falta de forças? Por que pensas que os outros devem trabalhar para ti? Apresenta a tua quota de cooperação e confere com as tuas horas de ociosidade, de exagerado repouso físico e mental. Tenta-o já...*

Argos, profundamente atingido pelo açodar das recordações que não o favoreciam, compreendeu a inutilidade da pugna verbal.

Em sua insensatez assumira a própria defesa, desarmado para a verdade, sem os escudos da humildade nem do amor para com o algoz, tombando na própria armadilha.

Ante a avalanche de acusações, que não vem ao caso examinar, se verdadeiras ou não, recuou na presunção e, entre lágrimas de sincero sofrimento, pela primeira vez orou, contrito, rogando:

– *Ajudai-nos, Pai Celeste, em nossa alucinação! Compadecei-vos de nós, os envolvidos em tão lamentável situação de ódio insustentável. Ensinai-nos a coragem e o amor de Jesus, a fim de que avancemos, tarde embora, recomeçando a marcha, pela trilha do bem. Apiedai-vos dele e socorrei-o, tendo misericórdia das minhas fraquezas...*

Não pôde continuar. A sua rogativa estava ungida de arrependimento e assinalada de propósitos de justa reabilitação.

Nesse clima, ante o apelo superior da vítima, que suplicava oportunidade de reparação, a irmã Angélica fez-se notar por ambos combatentes e, com doçura, na qual não faltava a energia, falou, intentando acalmar os ânimos exaltados:

– *Filhos da Grande Luz! Por que a permanência na treva, se tendes em gérmen a Divina Potência que vos pode arrancar da perturbação e da noite que agasalhais? Não será justo que silencieis argumentações absurdas, a fim de meditardes nos profundos ensinamentos do amor? Viveis por um ato de amor do Excelso Pai, que vos programou para a plenitude, para a felicidade total. Apegai-vos a nugas indignas de examinadas sob o ponto de vista do bem e aferrai-vos em polêmicas apaixonadas, nas quais o predomínio dos instintos primevos se manifesta, imperioso, dominador. Libertai-vos da inferioridade, antes que seja tarde demais. Arrebentai as algemas do ódio, antes que ele vos despedace. Para que a vossa noite pavorosa se modifique, é necessário aumentar a divina fagulha que jaz latente em vós, com os santos combustíveis do amor, dando-vos oportunidade um ao outro, sem cogitar de quem dará o primeiro passo. Este que o faça, certamente será o mais ditoso. A fornalha do ódio combure sem cessar e não tem controle de temperatura. Só a interferência da mão do amor consegue girar ao contrário a chave que apaga o calor que consome... Movimentai-vos já, não ressumando recordações que mais aumentam a intensidade do vosso sofrimento. Ouvi-me!*

A irmã fez uma pausa oportuna.

Argos prosseguia trêmulo, em choro abundante. Felipe fitava-a sem dominar o próprio desequilíbrio, longamente estimulado.

Os circunstantes orávamos com amor e interesse de paz.

Qual mãe afetuosa que reunisse dois filhos doentes num mesmo amplexo para orientá-los com sabedoria, deu prosseguimento às suas ponderosas lições.

— *Vivestes, no passado, o clima de religiões cristãs que, embora diferentes na interpretação, proclamam a excelência do "amor a Deus sobre todas as coisas e ao próximo como a si mesmo". Desencadeastes combates, uns contra os outros, erguendo o estandarte da fé que ocultava os vossos interesses vulgares e egoístas, longe do amor a Deus, do respeito ao irmão, enceguecidos pela volúpia dos desejos infrenes. Os antigos hussitas preconizavam um Cristianismo novo, pelo qual se imolou Jan Huss, em eloquente testemunho de amor ao ideal, sem qualquer rancor por aquele que, dando-lhe o salvo-conduto para ser interrogado pelo Concílio de Constança, traiu-o, abandonando-o nas mãos dos seus inimigos gratuitos... Por sua vez, os sigismundistas, dizendo-se fiéis à velha Igreja, que se apresentava erigida sobre o exemplo de Jesus e dos Seus primeiros discípulos, negavam, pelos atos, a sua filiação à verdade. Estalada a guerra dos interesses subalternos, as paixões religiosas encobriam-nas, causas reais dos torpes conflitos que se arrastaram por largos anos de destruição de parte a parte. Jesus, no entanto, foi e prossegue sendo o Herói da Fraternidade, o grande fomentador da paz. Já os que se dizem seus discípulos promovem matanças, asselvajam-se nos combates por eles mesmos urdidos, escravizam-se em largos períodos de dor, que têm de recuperar...*

Novamente silenciou a benfeitora para, em seguida, adir:

– *Nada que justifique a insânia de Argos, naquela ocasião e menos, depois. Todavia, o ódio não se encontra inscrito em página alguma do* Livro da Vida. *É de origem humana, na faixa limítrofe com a linha animal, em que predomina o instinto... A inteligência malconduzida transforma a agressividade primitiva em programa de vingança e a racionaliza mediante sistemática compulsão sinistra, que transforma o impulso primevo em ódio que aguarda a presa e pensa devorá-la. Os animais, todavia, atacam, quando atacados ou com fome e, mui raramente, pela preservação da vida. O homem, não. Elabora o plano, enlouquece, a pouco e pouco, até o momento do desforço em que se diz comprazer. E depois? A sensação de vazio que lhe toma a mente, antes repleta de ideias lúgubres, constitui-lhe uma forma também de reparação que o leva ao desvario completo, até quando a reencarnação o traz de volta à bênção do esquecimento. Sabemos que os crimes praticados por Argos clamam aos Céus e os mesmos não estão esquecidos pela Divina Providência. No entanto, os recursos reparadores far-se-ão presentes por intermédio de outros métodos, os que não geram novas calamidades, nem desarmonizam os Códigos de Amor, que vigem em toda parte. Ninguém tem o direito de erguer a clava da Justiça, fazendo-se regularizador de débitos, porque quase todos temos compromissos na retaguarda esperando por nós. Não vos consideramos vítima e algoz, respectivamente, senão vitimados em vós próprios pela incúria, pela precipitação, já que renteais nas graves conjunturas de reincidentes no erro...*

Argos agrediu Felipe e o vilipendiou, é certo. Todavia, não estavas sem culpa. Tua consciência, filho, encontrava-se acorrentada a escabrosidades do passado, muito mais cruéis do que as sofridas. Ele não poderia ter-te afligido. Ao fazê-lo, porém, libertava-te do mal, caso o houvesses perdoado. Que fizeste, por tua vez? Censuras-lhe a conduta e programas vingança. No entanto, sem que o amor apague esse círculo vicioso de chamas atiçadas pelo ódio, prosseguirá, sendo, mais tarde, a tua vez de lhe voltares a sofrer as investidas. Não se extinguindo jamais a vida, todo o empenho deve ser feito, de modo a fruí-la em paz quanto antes. Por que adiar indefinidamente a hora da felicidade que poderia ser experimentada desde já?! Ouve-me: não percas a oportunidade de ser aquele que perdoa, que inicia novo programa de fraternidade que mais a ti beneficiará do que a outrem qualquer. Ante Jesus crucificado, quem era o vencedor? Ele ou aqueles que O conduziram ao supremo sacrifício? A História, no primeiro, encontra emulação para a luta de sublimação e nos outros, defronta o exemplo da covardia moral, da mesquinhez... Todos passaram, menos o Justo imolado sem culpa.

– E se eu não dispuser de forças para perdoá-lo? – interrompeu-a, em pranto de revolta, o perseguidor.

– Deus to concederá – ripostou a interlocutora –, *por ser Ele a fonte donde se origina todo o bem. O amor encontra ressonância e recebe carga de revigoramento na razão direta em que ama. Todavia, se encontras momentâneo impedimento para luarizar-te com o amor, vê o problema pela óptica do outro que te padece o cerco feroz e desculpa-o. Observa-o: abatido e lacerado, não é o mesmo de ontem, orgulhoso e dominador. Ele se te submete e pede-te trégua. Não é melhor doar que receber? Cessada a tua fúria, quando concluído o teu plano nefasto, não o alcançarás, além da morte, porque ele estará liberado da culpa, enquanto tu cairás no abismo da dívida. Que farás,*

a partir de então? Reflete agora, enquanto ainda podes recuar. Um pouco mais e será tarde demais.

— *Não poderei ficar a vê-lo ditoso* — insistiu Felipe, desconcertado, emocionalmente — *enquanto eu prosseguirei a verter pranto e triturar-me na revolta.*

— *Confia, filho, e espera!* — retrucou-lhe a mensageira da paz. — *Providenciaremos para que tornes ao corpo e, no cadinho purificador da convivência fraternal, sejam superadas as restantes dificuldades.*

Nesse momento, Áurea veio trazida por dedicada enfermeira alemã, que se incorporara às tarefas da caridade ao lado do caroável Bezerra de Menezes, nos planos de construção espiritual da nacionalidade brasileira.

Com relativa lucidez, a recém-chegada deu-se conta do significado da reunião e abraçou o esposo muito aflito.

Desejando inteirá-la dos acontecimentos, ele sintetizou, num lamento, exclamando:

— *Quem nos dera que pudéssemos ter um filho, recebendo Felipe em nossos braços, a fim de nos reabilitarmos!*

A irmã Angélica, teleguiando Áurea, fê-la responder:

— *Filho, não é somente o rebento carnal que se desdobra do nosso corpo. Poderemos buscá-lo, onde quer que a Divina Misericórdia o situe e não o amaremos menos por isso.*

Num gesto espontâneo, porém, inspirada pela mentora, Áurea aproximou-se do antigo marido e arrojou-se-lhe aos pés, em atitude de humildade, suplicando:

— *Não sabes quanto temos sofrido e o que ainda nos aguarda... Perdoa-nos a leviandade desventurada e vem, com a permissão de Deus, viver outra vez conosco. Tudo será diferente. Se não nos puderes amar, compreenderemos, tudo fazendo para reabilitar-nos, ajudando-te a crescer para Deus. Preo-*

Painéis da Obsessão

cupo-me com o amanhã. Sou frágil e ele também o é. Dá-nos a tua força de vida e deixa-nos amar-te novamente...
A emoção impossibilitou-a de prosseguir.
— *Por que o aceitaste, então, esquecendo-te de mim?* — voltou o hussita à carga. — *Se foste forçada, e me amavas, deverias tê-lo morto por amor a mim.*
Áurea, ainda comovida, mas fortemente teleconduzida pela irmã Angélica, esclareceu:
— *O problema, examinado a uma distância de tempo tão larga, é fácil de ter solução simplista. Ignoras o que padeci, dilacerando todas as fibras do meu sentimento de mulher e de esposa. Prisioneira em um castelo retirado da cidade, no campo, por muitos dias sob sonífero vigoroso, não podia raciocinar. Vigiada todo o tempo, inteirei-me a frações de conhecimento, de tudo quanto havia acontecido. Desde o rapto de que fui vítima até a lucidez total passaram-se muitos dias. Nem matar-me eu podia... Ao saber da tua morte, chorei-te toda a vida...*
— *Mas o aceitaste!* — reprochou-a, irado.
— *Desconheces como foi difícil* — anuiu, mais dorida —, *diante das circunstâncias. A princípio, vivi para vingar-te... Com o tempo, no entanto, acompanhando-lhe a vida desditosa, terminei por apiedar-me dele, na sua inenarrável infelicidade. Apesar de violento para com as outras pessoas, era terno comigo e dizia que eu poderia responder pela desgraça ou felicidade de muitos se o recusasse ou não, tornando-o mais ou menos impiedoso, ou se tentasse matá-lo... O tempo oferece solução para as mais difíceis situações e foi o que ocorreu comigo... Terminei por estimá-lo, sem esquecer-me jamais de ti, que guardei na memória como um relicário dos mais preciosos.*
Sou eu agora quem te interroga, já que me exiges tanto. Como provar-me que me amavas? Necessito de que me

demonstres esse amor, em nome do qual justificas a tua sanha criminosa. Se ainda restou algo daquele sentimento, volta, pois que te espero na condição de um filho que, não sendo da carne, é do coração saudoso e triste, que anela por paz.

Silenciou, e todos participamos da emoção daquele momento.

Argos asserenou-se um pouco. A irmã Angélica aproximou-se de Felipe, ainda agitado, e abraçou-o.

O desditoso hussita, envolvido pela imensa ternura e pelos fluidos daquele amplexo, cedeu, afirmando:

– *Estou vencido, mas não convencido... Que Deus tenha misericórdia de nós!...*

Dominado por um vágado, foi amparado pelos enfermeiros prestimosos, sendo conduzido a lugar apropriado.

Com uma oração, na qual se misturavam gratidão e esperança, a reunião foi encerrada.

Argos, em Espírito, recebeu passes e adormeceu, acalmando-se mais o corpo enfermo.

Áurea e Venceslau foram levados a outros misteres, na madrugada cintilante de estrelas.

A irmã Angélica partiu.

O Dr. Arnaldo e eu ficamos confabulando por mais tempo, após nos despedirmos da genitora do paciente, inundada de esperanças e reconhecimento a Deus.

29

ASSISTÊNCIA E RESPONSABILIDADE

No dia seguinte, terminados os serviços dos passes públicos, recebemos, na sala da terapia fluídica, a agradável presença do Dr. Froebel, que, informado dos socorros administrados a Argos, na noite anterior, veio visitá-lo.

Utilizava-se do ensejo para rever amigos e antigos cooperadores que então estagiavam na comunidade administrada pela irmã Angélica.

Após os comentários iniciais, comuns em qualquer reencontro entre amigos, fomos à casa em que residia o nosso paciente, ouvindo as informações do Dr. Arnaldo, que fazia um relatório sintético dos acontecimentos que presenciaríamos, inclusive opinando sobre o recurso da reencarnação programada para Felipe, o que atenuava, mas não resolvia o problema cármico de Argos.

Fomos recebidos por Dona Anaide, a genitora de Argos, que demonstrava, no júbilo da face, as melhoras do filho.

Em breves palavras, à guisa de justificação, explicou que a febre amainara e o querido doente passara uma noite de regular repouso, o que lhe propiciou um despertar menos atormentado, com os primeiros sinais orgânicos de renovação.

A ausência obsessiva de Felipe, francamente, era-lhe benéfica, já que não sofria a ingestão dos fluidos venenosos, nem experimentava a nefasta ação mental do adversário que lhe perturbava expressivamente os centros de forças a funcionarem como matrizes do perispírito, no corpo somático.

Dr. Froebel concentrou-se no doente muito pálido, com olheiras bem assinaladas, a respiração entrecortada e os clássicos estertores dos alvéolos pulmonares outra vez comprometidos. Após alguma reflexão, afirmou o especialista:

— *Não há dúvida quanto à recidiva da tuberculose pulmonar, agravada pela presença dos* vibriões *mentais que ainda se encontram na faina destrutiva das células, facilitando o campo vibratório para a multiplicação dos vorazes bastonetes de* Koch.

Depois de uma breve pausa, concluiu, penalizado:

— *A recidiva não estava prevista, pelo menos, para este período. Houvesse o nosso amigo vigiado convenientemente e tê-la-ia adiado ou mesmo evitado. Enquanto o homem não aprender a comandar a mente sob o império de uma vontade bem direcionada, ser-lhe-á vítima contínua. A acomodação mental responde por muitos males que esfacelam os planos ideais de muitos corações. Através dos fios invisíveis do pensamento movimentam-se forças de difícil catalogação pela linguagem convencional, que fomentam reações equivalentes às emissões iniciais... É, através delas, que se canalizam as vibrações obsessivas, que as utilizam ou as fomentam, dando gênese aos estados de desequilíbrio psíquico, de início, e físico, mais tarde... Acreditamos na necessidade de intervenção mais rigorosa, o que dependerá de aval superior... Consultaremos o nosso amigo Héber e serão tomadas as providências conforme seja de melhor para o nosso Argos.*

Embora eu não desconhecesse o respeito hierárquico existente entre os Espíritos superiores, que se caracterizam pela nobreza do comportamento, não podia ocultar a surpresa diante do cuidado e da visão de conjunto reinante entre os diversos cooperadores nas múltiplas atividades desenvolvidas em nosso plano.

Cada qual se movimentava na sua área, sem avançar no círculo do compromisso de outrem, jamais deixando à margem o intercâmbio fraternal de opiniões, levando-se a instância mais lúcida as decisões, que somente aí tornavam-se definidas.

A irmã Angélica recorrera ao amigo diretor do hospital, apesar de ela ser dotada de recursos que poderiam levá-la às acertadas opiniões. Não obstante, por sua vez, solicitara a presença de um especialista que, igualmente, recorreria ao diretor do Centro de atendimento espiritual, no qual Argos fora atendido para a moratória.

Antes de despedir-se, o amigo dispensou vibrações mui salutares ao doente, que permanecia atemorizado, e recomendou a Bernardo que lhe aplicasse a terapia fluídica, sistematicamente, cada quatro horas, de modo a auxiliá-lo, dentro das possibilidades que os seus créditos o permitissem.

Pela sua mente passavam as cenas espirituais da véspera, embora com os seus contornos difusos, fazendo que Argos se detivesse emocionado, em clima de prece.

É certo que se sentia mais bem-disposto. A queda fora-lhe brusca, embora a descida pela rampa da enfermidade houvesse sido ao longo dos três últimos meses.

Novamente se prometia regeneração, recandidatando-se ao serviço da caridade, conforme da caridade vivia.

A presença da morte é sempre uma proposta de imediata reforma íntima. Quando o homem a pressente, valoriza a roupagem carnal e a oportunidade que, invariavelmente, desconsidera, isto é, não se utilizando, como de melhor para ele, dos seus valores de alto significado para o Espírito.

Nesses momentos, não raro, fazem promessas e *negociam* com a Divindade, em vãs *pechinchas*, que denotam a infância moral em que estagiam, irresponsáveis.

Quando passa o aparente perigo e a saúde retorna, modificam as paisagens mentais e arrojam-se aos mesmos programas de insensatez, com raras exceções, mais ávidos, mais petulantes, mais imprudentes...

Momento chega, porém, em que não mais podem adiar o retorno à Vida e são colhidos entre prantos e lamentos, igualmente insensatos, rogando compaixão e apoio, que não quiseram ou não pretenderam dar-se ou doar aos outros, sempre arraigados em dúvidas tormentosas quanto à vida espiritual ou aferrados aos interesses da promoção vaidosa no círculo das transitórias posições que são obrigados a abandonar pela morte...

A lição dos sofrimentos, no vaivém dos propósitos de Argos, levava-me a maior consideração pela bênção da fé e pela felicidade do trabalho fraternal em favor do próximo, convenhamos, em favor de mim próprio.

Certamente que a ausência de Felipe, mais arraigado na sua desforra, não lhe modificava o quadro de débitos, porque se podia notar que os outros inimigos a quem o hussita comandava, não se haviam modificado, nem o pretendiam, como é compreensível.

Momentaneamente distanciados, pareciam dispostos a aguardar ocasião para o seu próprio desforço, sua cobrança tresvariada...

As providências fluídicas tomadas, não por mérito do enfermo, senão por acréscimo da Misericórdia do Senhor, evitavam que os *famélicos* perseguidores se lhe atirassem sobre os desconjuntados tecidos orgânicos, como se fossem chacais, disputando restos em decomposição...

Em todo esse contexto, todos experimentávamos uma grande compaixão pelo amigo que, impensadamente, desperdiçava tantas bênçãos, porque não se resolvera por abrandar, pelo menos, as imposições egoístas e pensar no seu próximo, tão próximo que se lhe encontrava repartindo com ele solidariedade e auxílio...

Posteriormente, fui informado pelo Dr. Lustoza que nova intervenção estava programada para duas noites depois, conforme orientação do abnegado Héber, que nos aguardava com Argos, para o socorro de emergência. Enquanto isso, permaneceríamos no auxílio fluídico, na prece e na intensa mentalização em favor da sua recuperação...

Desnecessário detalhar o novo recurso cirúrgico, em nosso plano, quando novamente, com pequena variação, foram reaplicados *maaprana* e *clorofila*, fluidos orgânicos, retirados da Natureza e do sempre dedicado médium Venceslau, que se prontificava a auxiliar o amigo em esvaecimento.

Terminada a intervenção superior, a irmã Angélica, não ocultando sua preocupação, advertiu o convalescente, em semilucidez espiritual, no desprendimento parcial pelo sono:

— Filho — disse, com inesquecível tonalidade de voz —, *esquece a vacuidade, antes que despertes vazio, após ser por ela abandonado. O compromisso da reencarnação não é viagem ao país da futilidade, especialmente para os que estão muito comprometidos com tarefas interrompidas e têm, no passado, o caminho juncado de vítimas... Age no bem, com menos palavras e mais serviço. Não te iludas, já que ninguém consegue enganar aos outros. Desperta, por Deus, em definitivo, para os teus deveres. Nem sempre poderemos interferir junto aos programadores das tarefas em teu favor. Os teus atos próximos serão os teus advogados futuros... A consciência anestesiada, quando desperta, faz-se juiz severo, se nos surpreende em gravame ou queda...*

Permitindo que o seu filho espiritual pudesse absorver em profundidade o conteúdo das suas palavras, informou:

— *Ficarás no corpo por mais tempo. Cuidado com as tuas decisões emotivas, sem amadurecimento, nascidas dos entusiasmos irrefletidos em que te vês, esquecido dos que te ajudam. Provarás o licor de outras tentações, na taça do suborno emocional à vaidade. Compromisso que se não atende é dívida nova que se assume. Ninguém te dirá como agir. Sabes para dizê-lo aos outros. Será, portanto, justo que te informes a ti mesmo, a fim de assumires inteira responsabilidade pelos resultados. Escolhe bem. Do mundo já tens as marcas. Observa quais são as do Cristo, que carregarás... Estaremos contigo, no entanto, é necessário que estejas conosco, de livre vontade, para que o nosso intercâmbio continue. De nossa parte, esperamos contar contigo para o bem, da mesma forma que tens fruído do bem, que nunca nos é negado. Desperta, portanto, para a vida, e que Deus te abençoe!*

Havia uma comoção geral, que traduzia a eloquente significação daquela hora.

Encerrada a tarefa com elevada oração de graças, Argos foi trazido de volta ao corpo, o mesmo acontecendo com o médium Venceslau, e os demais demandamos às nossas atividades habituais.

Eu conseguira permissão para acompanhar o caso e as suas consequências por mais tempo, objetivando o aprendizado pessoal e o ensejo para recolher apontamentos com os quais pudesse escrever sobre as obsessões pertinazes geradoras de problemas físicos e psíquicos, como também demonstrar que a crença, pura e simples, não é passaporte válido na aduana da Vida, senão os atos, que constituem sempre e sem qualquer equívoco, o salvo-conduto de inegável valor, que libera o viajante nas diversas fronteiras da sua jornada evolutiva.

30

TUMULTO PERIGOSO

O refazimento de Argos transcorria conforme o desejo que todos acalentávamos.

Sendo tomadas as providências antes que os problemas se apresentassem irreversíveis, o organismo, amparado por contínua fluidoterapia dispensada por Bernardo e sob a medicação competente, foi-se recuperando com a segurança desejável.

O paciente já conseguia movimentar-se sem grande esforço, embora o repouso se lhe fizesse, dentre outras, uma das condições essenciais para o seu restabelecimento.

D. Anaide, sempre otimista, na frequência de que podia dispor, e em razão da grande afinidade decorrente do sentimento maternal sacrificado ao amor, transmitia ao filho ideias de bom ânimo, com ele estabelecendo verdadeiros diálogos mentais, emulando-o a uma decisão final sobre a aplicação da existência física, eliminando os *clichês* viciados que ele preservava e favorecendo-o com reflexões evangélicas, ao mesmo tempo induzindo-o ao estudo e à meditação de *O Evangelho segundo o Espiritismo*, de Allan Kardec.

Nesse comenos, o convalescente comovia-se, deixando-se arrebatar pelas perspectivas de um futuro feliz, no qual pudesse ganhar a rude batalha contra as paixões dominantes de procedência lamentável...

Áurea, que retornara, volvera a ser a esposa-mãe vigilante, desdobrando-se por amparar e estimular o marido no programa de recuperação.

No exercício da mediunidade a que se dedicava, quando possível, antigos adversários de ambos os nubentes vinham à comunicação, na qual se beneficiavam amplamente, graças às palavras de fé e carinho, que lhes apontavam novos rumos, dispensados pelos dedicados obreiros da Nova Revelação.

Marchavam os acontecimentos dentro das perspectivas esperadas.

Quando das excursões à cidade interiorana, onde residia o médium Antônio Fernandes, reencontraram Maurício ansioso, buscando a luz libertadora da fé.

O estoico médium, que enfrentava as compreensíveis dificuldades do meio hostil onde vivia, fazia-se respeitar pelos labores de amor e perseverança nas atividades espíritas, que colocava a serviço do bem geral.

As suas portas estavam sempre abertas à caridade, particularmente na área das desobsessões, a que se dedicava com espírito de abnegação e coragem.

O bondoso obreiro da mediunidade não se negou a amparar doutrinariamente o jovem Maurício, desde a memorável noite em que fora apresentar o Espiritismo, no burgo em que aquele residia.

Por sua vez, o jovem, periodicamente, vinha haurir conforto e buscar diretriz junto ao experiente trabalhador, que lhe dedicava especial estima.

Painéis da Obsessão

A família Fernandes tivera particular destaque nas lutas religiosas da Boêmia, século XV, o que ora se apresentava como expressões obsessivas, em diversos dos seus membros, indevidamente catalogadas como distúrbios mentais e alcoólicos, decorrência dos velhos débitos contraídos...

Os genitores de Áurea haviam estado presentes durante os acontecimentos que envolveram Felipe, Argos e Maurício, o que deixaria sinais de desconhecida antipatia bem controlada, em relação a esta ou àquela personagem, ora reencarnada...

Nessas viagens periódicas, o casal estabeleceu e sustentou uma faixa de amizade com o neófito estudante da Doutrina, que tenderia a aumentar, como é natural, na sucessão do tempo.

Sabendo das novas disposições dos amigos, que então se haviam incorporado à comunidade fraternal de auxílio, passou a visitá-la, reencontrando Venceslau e Carlos, por quem sentiria o reacender de velha amizade, que o corpo não lograva abafar de todo.

Inseguro e insatisfeito com a vida, sujeito às alternâncias emocionais, de certo modo afinava-se mais com o temperamento do antigo consócio, que se estimulava com as suas conversas e ilusões, revivendo, pelo inconsciente, os dias que deveriam apagar-se, em definitivo, dando surgimento ao futuro de ações redentoras.

Porque se sentisse atraído, mais pela forma do que pela essência vivida na Colônia, Maurício entusiasmou-se e conseguiu ser aceito, em caráter experimental, no grupo de realizações espirituais sob a proteção da irmã Angélica.

Instalado e concitado ao serviço, numa colmeia onde não há lugar para o parasitismo, nem para o regime de exceção, o moço, sem o esforço de eliminar as mazelas e esperando milagres, que os não ocorrem, foi-se desencantando e considerando enfadonha a rotina da caridade, monótona a convivência, sem os fortes acepipes das novidades, muito do agrado dos frívolos e irresolutos.

O tempo demonstrou que o novo companheiro, embora os seus incontestáveis valores morais, não era o trabalhador apto para o compromisso que exigia seriedade e prosseguimento sem as intempestivas variações da emotividade.

As tarefas que lhe diziam respeito eram deixadas à margem, por falta de hábito de trabalhar com método, por ausência de disciplina, por inquietação íntima...

Outros candidatos acercaram-se da Obra, carinhosamente recebidos, dentro, porém, de um programa também experimental, que os capacitasse para futuros cometimentos no século.

Afinal, o compromisso de todos nós é para com a Vida e o livre-arbítrio é o responsável pela permanência ou opção em qualquer tarefa nobre que se deve preferir, a que cada qual se afine.

Os antigos sigismundistas passaram a reviver o psiquismo do pretérito e, na impossibilidade de restabelecerem as antigas orgias, por falta de campo emocional e moral, tentaram implantar desordens e desequilíbrios na máquina administrativa, mesmo sem essa intenção consciente, passando a ser maus exemplos para os demais cooperadores.

Conversações ininterruptas, planos vazios de conteúdo e ideias de espairecimentos constantes, em detrimento da ação responsável e do trabalho ordeiro... Argos, novamente esquecido dos deveres, sentia-se estuar de vitalidade e realização interior.

Painéis da Obsessão

Reencontrara motivação para sorrir e, em sua volta, instalou-se o psiquismo da futilidade, do júbilo inconsequente, que atraía, sem dúvida, alguns corações invigilantes, amigos desprevenidos.

Ainda são muito confundidos a algazarra com a felicidade, as gargalhadas com os júbilos, as algaravias com a festa interior... Não passam de fugas espetaculares essas demonstrações festivas de desequilíbrio ou que expressam provocações, inconscientes ou não, aos que porfiam e servem.

Como se há de compreender, a erva má da maledicência começou a grassar no meio geral... Foram dias difíceis.

Com um grande número de médiuns em começo das tarefas, na educação das suas faculdades, porque ainda vinculados aos anteriores hábitos, facilmente estes sintonizavam com o ambiente irresponsável, engrossando-lhe as fileiras.

A benfeitora vigilante escrevia advertências, ministrava lições, informava, com incessantes convites severos à mudança de comportamento dos distraídos.

Lentamente, o contágio da insensatez punha em perigo o trabalho superior.

Venceslau, convidado à ordem, percebeu a gravidade das ocorrências, começando, de maneira hábil, a tomar providências com Carlos, a benefício de todos.

É comum que esperemos por tolerância, no entanto, somos poucos aqueles que sabemos vivê-la. Sempre a queremos para nós, mesmo que em prejuízo da ordem, e utilizando-a para lograr deferimento para com os nossos propósitos inferiores.

Que se precatem os bons trabalhadores, do "fermento farisaico" e nunca receiem enfrentar o mal, mesmo que a prejuízos na área das amizades e dos relacionamentos humanos. O dever está acima do prazer.

A conjuntura era mais um teste para Venceslau e sua equipe.

Desvairado, na sua irresponsabilidade, Argos deixava-se influenciar por Maurício e, por sua vez, influenciava-o também, querendo transformar os compromissos num convescote de alegrias contínuas...

Entidades perversas passaram a assediar mais de perto o grupo desatento, sob a permissão da irmã Angélica, a fim de que aprendessem por experiência pessoal, em vez de apenas saberem por informações dos outros.

À medida que os problemas se agravavam, Venceslau, em prece fervorosa, recorreu à Misericórdia Divina, dispondo-se a maior quota de sofrimento moral interior, conquanto fossem restabelecidas as condições antes existentes. O seu apelo comovedor recebeu o aval da nobre mentora que lhe fez recomendações especiais.

Providenciou-se o afastamento fraternal de Maurício, que possuía, agora, um largo círculo de amigos, junto aos quais poderia haurir forças e viver o ideal, liberado de quaisquer amarras com o grupo, que já não lhe inspirava as mesmas reações arrebatadoras de antes.

Vagarosamente os labores foram voltando às origens, na razão em que outros corações fraternos partiram para outros rumos, preservando-se as afeições por cima das situações...

A prece, o trabalho, a humildade foram os fortes pilotis da caridade, para que o vendaval da amargura não derruísse o trabalho do bem.

Painéis da Obsessão

Todos os homens são falíveis e, por esta razão, passamos pelo carreiro das provações. A única exceção tem sido Jesus, o Incorruptível Guia da Humanidade.

Maurício, desperto, porém desavisado em si mesmo, tombava na teia sutil de lento processo psíquico, que seria de longo curso, conforme da sua vontade, para liberar-se ou reter-se mais.

Os esposos, um tanto amargurados, sem entender, no momento, a mecânica do trabalho em que se engajavam, prosseguiram. O futuro os aguardava com afetos e desafetos que chegariam ou já estavam próximos, em nome do passado, impondo refazimento.

Novos testemunhos se desenhavam, esperando a avaliação correta dos valores íntimos para a perfeita realização dos propósitos de paz real.

31

GRAVAMES NA OBSESSÃO

O maior antídoto à obsessão, além da comunhão mental com Deus, nunca será demasiado repeti-lo, é a ação enobrecedora. O trabalho edificante constitui força de manutenção do equilíbrio, porquanto, desenvolvendo as atividades mentais, pela concentração na responsabilidade e na preocupação para executar os deveres, desconecta os *plugs* que se encaixam nas *matrizes* psíquicas receptoras das induções obsessivas.

O homem de bem, que age com morigeração, sem a febricidade extenuadora, constrói uma couraça de resistência aos Espíritos perturbadores e às suas descargas mentais, que os desanimam, quando pretendem desenvolver um cerco de alienação obsessiva. Isso, porque não se sentindo aceitos, logo desistem, partindo em busca de respostas mentais em campos de ociosidade psíquica, nos quais é mais fácil a captação do pensamento deprimente, que passa a ser *digerido* através de um desdobramento de reflexões que levam à sua fixação, primeiro passo para o distúrbio do comportamento psicológico.

A oração, portanto, desdobrada na ação superior, representa a psicoterapia antiobsessiva mais relevante, que está ao alcance de toda e qualquer pessoa responsável, de boa vontade.

Desses elementos decorrerão a conduta moral, a consciência de discernimento que leva ao estudo espírita, por cujo conhecimento o paciente se abastece de forças para levar adiante os cometimentos dignificantes.

O estudo muito e definitivamente contribui para a compreensão dos códigos que regem a vida, do entendimento das causas atuais e passadas, das aflições, da maneira de conhecer as *Leis dos Fluidos* e o estímulo contínuo para a perseverança no clima das realizações espirituais libertadoras.

Conforme esclarecera Felipe, por ocasião do debate que lhe propiciara a mudança de intenções, outros cobradores não menos austeros nos desejos de desforço passaram a sitiar a casa mental de Argos.

De um lado, estimulado pela irresponsabilidade de Maurício, incapaz de assumir compromissos superiores e deles desincumbir-se a contento, o jovem facilmente revinculava-se às Entidades perversas e impudicas que o espreitavam.

Quase baldados eram os contributos gerais em seu favor, desde que, em vez de constituir-lhe emulação para a liberdade definitiva, a ajuda recebida parecia-lhe um contributo que ele supunha merecer, não valorizando, como de desejado, o esforço conjugado que lhe dispensavam os amigos de ambos os lados da Vida...

Nunca se deve esquecer, que sendo o obsidiado o devedor, é muito justo que a sua contribuição maior, como em qualquer problema de reorganização da saúde, seja o esforço pessoal, o mais relevante, assim como o sacrifício do paciente deve constituir a maior quota no processo da própria recuperação.

Dificilmente compreendem esta realidade simples, os que se encontram enredados nos problemas que exigem renovação própria. E mesmo alguns que o entendem nem sempre se conscientizam do esforço, até a exaustão, se necessário, que lhes cumpre desenvolver.

Esse comportamento dificulta-lhes a terapia lenificadora, fazendo adiar o momento da plenitude.

Nesse sentido, Argos não se dava conta dos investimentos que haviam sido aplicados em seu favor, esquecendo-se da multiplicação dos valores positivos que lhe estavam ao alcance.

Passou a viver períodos, estados de obsessão cíclica, marchando lentamente para um desequilíbrio emocional, que poderia apresentar-se irreversível no futuro.

A saúde orgânica, graças à terapêutica acadêmica e à espiritual, foi-se-lhe recompondo até que se lhe instalou equilíbrio físico esperado, em se considerando a gravidade do seu quadro.

À medida que o bem-estar físico lhe oferecia os almejados recursos para serem aplicados em relação ao seu futuro, o nosso paciente mais descuidado emocionalmente se apresentava.

Numa ocasião que me pareceu própria, recorri à irmã Angélica, solicitando-lhe ajuda e esclarecimento para uma melhor compreensão da problemática que estamos estudando, com o fim de colher mais amplos informes, com os quais poderia advertir, no futuro, conforme agora sucede, aqueles que se interessam pelo exame e as técnicas da desobsessão.

A veneranda Entidade ouviu-me com afeto e, sem qualquer mau grado, explicou-me:

— *A irrupção de um quadro obsessivo é o explodir de uma força, que não havendo sido oportunamente bem canalizada, constitui provação mui dolorosa e de largo porte. O ser se equivoca, desvaria, delinque e tem ensejo, através da reencarnação, de recuperar-se. Todavia, apesar da bênção que poderia multiplicar em valores abundantes, nesse ensejo, pelo atavismo ancestral, repete as loucuras de que se deveria libertar, reincidindo nos erros que lhe agravam os débitos. Por sua vez, aqueles que lhe tombam, como vítimas, recusando-se ao perdão, por acreditarem, falsamente, padecer de cruel injustiça, permanecem ruminando ódios, graças aos quais se encadeiam uns aos outros, renascendo e desencarnando, sem que se candidatem ao bem, nas várias faixas de provações abençoadas. Esse comportamento alucinado atira-os nas compulsórias obsessivas que têm início do lado de cá e se prolongam, não raro, por diversos renascimentos, até o momento em que as sábias leis impõem recomeços novos, sob condição de tal envergadura afligente que eles não se conseguem subtrair à renovação, para prosseguirem na marcha do tresvario a que se aferraram...*

Fazendo uma reflexão oportuna, abordou especificamente o *caso* Áurea-Argos e os seus demais envolvidos.

— *As lutas religiosas na França* – prosseguiu, fazendo um relato de profundidade em breves frases – *começaram antes mesmo do massacre da véspera da noite de São Bartolomeu. Antecipando a Reforma Protestante, originada na Alemanha, houve movimentos de reação religiosa, nas terras gaulesas e, a partir de 1562, surgiram os primeiros distúrbios que se alongaram até 1598. O cardeal Richelieu reivindicou a predominância do Catolicismo, embora as decisões do Édito de*

Nantes, em 1598, que assegurava aos huguenotes *liberdade de culto e direitos outros. Periodicamente, embora essas concessões de que passaram a desfrutar os protestantes, graças aos esforços de Henrique de Navarra, mais tarde, Henrique IV, as escaramuças prosseguiram nos séculos sucessivos. Com Luís XIV a política da conversão à força foi ampliada, num esforço de restaurar a fé católica no país. O Edito de Nantes fora revogado, no ano de 1685, fazendo que os* huguenotes *emigrassem em larga escala, inclusive, para o Brasil. Somente em 1801, foi que Napoleão Bonaparte, antes de firmar a segunda Concordata com o Vaticano, na história da França, até então, o que aconteceu no ano seguinte, concedeu a esses religiosos a legalidade, facultando-lhes o direito de professarem a sua crença em liberdade e sem constrangimento de qualquer natureza. No entanto, em 1815 estourou nova perseguição disfarçada de luta política, quando o nosso Argos mais se comprometeu, roubando a vida física a Felipe, como sabemos, bem como a outros adversários, diversos, que já se lhe vinculavam desde os combates do século XV...*

Os huguenotes *eram, genericamente, todos os protestantes, especialmente os luteranos, que teimavam pela preservação das ideias evangélicas em detrimento das imposições do formalismo e dos dogmas católicos.*

Argos, novamente comprometido com a Igreja a que dizia servir, não obstante perseguindo interesses subalternos, extrapolou nas ações vividas, complicando mais ainda o próprio destino. A esse tempo reencontrara Áurea que se havia consorciado com o jovem inglês, Richard, dedicado à Reforma, que fora discípulo de Calvino, havendo estudado Teologia, em Genebra, graças ao que fora destacado para o ministério na Igreja de Nîmes... Na fúria que o dominava, não poupou o jo-

vem pastor, que lhe padeceu a perseguição infamante e a morte, deixando viúva a mulher amada. Novamente buscada pelo antigo esposo, Áurea o desprezou, arrojando-se, com mágoas imensas, nas frivolidades da época, comprometendo-se, desnecessariamente, numa área que deveria haver sublimado...

A mentora silenciou, como se coordenasse diversas vidas numa síntese preciosa, para logo prosseguir:

— *A morte, que a ninguém poupa, reuniu-os na espiritualidade, onde sofreram reveses e arrependeram-se amargamente.*

Por nossa vez, nos encontrávamos, naqueles dias, no corpo físico, embora abnegados benfeitores os acompanhassem, afetuosamente. Mais tarde, reencontrando-os algo destroçados no Além, e conhecendo a programática da reencarnação que os esperava, comprometemo-nos a continuar ao lado deles. Àquela época, o nosso Maurício era, como antes, companheiro de Argos, também responsável pela consumpção de que se fizeram vítimas nas muitas loucuras...

Volvendo ao corpo, as conjunturas felizes os reúnem para os esforços de ascensão. Os antigos esposos reatam os laços; Richard reencontra anterior parceira a quem abandonara em extrema penúria e perdição, recebendo-a como bênção, e dando campo à corporificação de filhinhos que lhes participam dos compromissos redentores. Da mesma forma que Maurício retornou à convivência fraternal de Argos, Richard volve e reencontra os anteriores companheiros e afetos na comunidade, redescobrindo Áurea. No entanto, tocado por Jesus, que novamente lhe norteia os passos, dando-lhe resistência para vencer os impulsos inferiores, disposto a plantar no calvário futuro a sua cruz de vitória...

São muitos os vínculos que se cruzam, atando as almas umas às outras, em nome do amor, por enquanto, ainda apai-

xonado, tormentoso, egoísta. Um dia, porém, esse sentimento que ora desconcerta os homens e os separa nas expressões da posse asselvajada, uni-los-á, irmaná-los-á, fá-los-á felizes. Por essa oportunidade todos trabalhamos, a fim de precipitá-la, antecipando os formosos porvindouros dias de paz do Senhor.

Outra vez, a diretora espiritual calou, enquanto, tentando absorver-lhe toda a informação, percebi as dificuldades que deveriam enfrentar aqueles irmãos enleados nos acontecimentos relatados, sucintamente, mas de larga, imensa complexidade...

Os impedimentos, portanto, diante da recuperação dos problematizados, dos complexados, dos frustrados, dos obsidiados, dos enfermos graves, são decorrência do lastro de sombra sobre o qual ergueram as provações atuais, estabeleceram as suas construções morais...

Adivinhando-me o campo de reflexões, a benfeitora concluiu, otimista:

— *A nossa paciência, portanto, nos quadros obsessivos, em especial, e noutros, em geral, deve ser muito grande, compreendendo que não basta somente afastar os seus adversários, para que os obsidiados se recuperem... A transformação íntima, que é mais importante, porque procede do âmago do indivíduo, deve ser trabalhada, insistentemente tentada, a fim de que se desfaçam os fatores propiciatórios, os motivos que levam às dores, liberando, cada um, a consciência, de modo a não tombar nas auto-obsessões, mais graves e de curso mais demorado... Revestidos de otimismo e bondade, envolvamos os irmãos doentes de um como do outro lado da vida, em nossas contínuas ondas de amor, auxiliando-os na eliminação do mal que neles predomina, estando sempre próximos para, aos seus primeiros sinais de renovação, sem reproche nem exigências, auxiliá-los na edificação do bem em si mesmos. Com esse apoio que lhes dermos, a receptividade que nos propiciem, teremos o campo para que Jesus faça o restante.*

Sorriu gentil, encerrando as elucidações, enquanto ficamos a meditar em torno dos demais companheiros referidos, clara ou veladamente, no mesmo eito de redenção, junto aos nossos Argos e Áurea, que buscavam nas experiências do sofrimento o seguro caminho da paz.

32

O RETORNO DE FELIPE

A instabilidade emocional de Argos facultava-lhe alternâncias de comportamento, de que se utilizavam os seus antigos adversários, ocasionando-lhe obsessões simples, periódicas, porém, sem a gravidade das incidências já reportadas.

Áurea crescia em realizações fraternas de assistência à dor, não sem sofrer, a seu turno, as investidas dos desafetos anteriores que se obstinavam em afligi-la, situando-a, intimamente, em áreas de conflitos desnecessários.

O homem encarnado, graças ao mergulho do Espírito no corpo, o que o impede de possuir a clara visão da vida espírita, tanto quanto a vigilância interior contra as urdiduras das Entidades impiedosas, com certa facilidade tomba nas ciladas muito bem feitas, por encontrarem campo na própria emoção daqueles a quem sitiam, nem sempre mantida em ritmo de equilíbrio.

Era o que, mais amiúde, ocorria com Áurea, que experimentava contínuo cerco durante as horas do parcial desprendimento pelo sono.

Os companheiros das ilusões do passado mais próximo, em que muito se comprometera, por processo de hipnose, em insistentes induções, faziam-na experimentar sentimentos contraditórios, deixando-a atormentada entre os acontecimentos pretéritos e os deveres atuais.

É muito difícil o relacionamento intermundos constituídos por vibrações de diverso teor, quais o da matéria carnal e o do Espírito desencarnado.

Transitar entre esses dois estados de percepção consciente torna-se um severo desafio para as criaturas, particularmente aquelas que são portadoras de faculdades mediúnicas. Momentos ocorrem em que as situações antípodas se confundem, produzindo indecifráveis estados d'alma, em que a consciência atual padece as injunções das experiências anteriores, de outra reencarnação, e das transmissões vigorosas das mentes em desalinho, liberadas da matéria. Poderíamos dizer que a consciência padece a constrição das lembranças arquivadas no inconsciente e das ideias que lhe são impostas por meio do superconsciente...

Em tais situações, os médiuns sofrem, incompreendidos por aqueles que não experimentam os mesmos sucessos, que têm dificuldade em entender essas modificações de comportamento e humor, e que somente com o sacrifício na educação da vontade esclarecida, e do equilíbrio, com dificuldade logrado, conseguem traçar uma linha de conduta normal, o que, de forma alguma, queira expressar cessação das difíceis conjunturas. É que, nesse estágio, superando-se, o medianeiro consegue sobrepor o que deve fazer ao que lhe acontece e não tem o direito de demonstrá-lo, a fim de evitar impressões desagradáveis sobre a sua conduta moral e psíquica, bem como liberar-se de criar ambiente de desagrado ou mal-estar em sua volta.

Áurea absorvia os fluidos deletérios, por um lado, decorrentes da convivência com o esposo e, por outro, das emanações que lhe chegavam oriundas dos cômpares do Além que, algumas vezes, reviviam as *cenas mortas* ou a levavam aos sítios onde se demoravam, infelizes...

Não que ela estivesse sem a conveniente ajuda dos mentores, que jamais nos deixam a sós. Todavia, em face dos seus comprometimentos, que deveria ressarcir a penates de renúncia e de abnegação, necessitava das oportunidades reparadoras que se apresentavam dessa forma.

A ingestão dos fluidos perniciosos produzia-lhe distúrbios alérgicos de par com estados emocionais desagradáveis, que a colocavam em situação penosa, deixando-a registar ocorrências sem fundamento, que lhe produziam instabilidade e insegurança. Não obstante, granjeava amigos e simpatias, que a envolviam em vibrações de alento, gerando ondas concêntricas de defesa em torno de si, sustentando-a na luta renhida.

D. Anaide amparava o filho e a nora, qual verdadeira advogada no serviço do bem.

Os dias sucediam-se sem outros significativos acontecimentos.

Nessa oportunidade, os esposos se resolveram por adotar uma criança, em cujo gesto esperavam realizar-se intimamente por um amor mais específico, na responsabilidade mais imediata. Apesar de serem os tutores emocionais de outras crianças na comunidade, sentiam a imperiosa necessidade de o colocarem sob uma condição legal legítima, numa reminiscência feliz, do compromisso assumido com Felipe, na ocasião transata.

Assim, logo retornou ao corpo o antigo hussita, a nobre irmã Angélica inspirou Áurea a buscá-lo.

O pequenino, que renascera em condições de precariedade moral, econômica e social, fora encaminhado a um lar coletivo onde a caridade abria os braços ao amor e agasalhava os pequeninos que tombaram no humano desamparo, oferecendo-lhes assistência e recursos para o êxito na reencarnação. Frágil e enfermo, com as marcas da própria dor refletidas no corpo, necessitado de apoio e afeto, sensibilizou a futura mãezinha, embora ali estivessem outras crianças com melhor aparência, portanto, com mais hábeis possibilidades de sobreviver.

O instinto e a afinidade psíquica entre os dois, e a inspiração da benfeitora fizeram-se suficientes para que a decisão imediata fosse tomada e Felipe, dependente, retornasse aos sentimentos daqueles a quem amara e odiara, para o recomeço na abençoada escola terrena, sob as diretrizes ditosas da fé espírita que lhe seria ministrada, como terapia e método de conduta para granjear a felicidade, esquecer o passado e construir o futuro.

Não é fácil, certamente, amar em profundidade a um filho que não é nascido da carne. As razões são poderosas. Primeiro, a gestação produz um envolvimento demorado entre o reencarnante e a genitora, por sua vez, com o pai, também. Depois, o processo de aceitação e ternura faz-se ao longo dos meses, facultando a ansiedade pelo momento do parto, que é libertação.

Há exceções, sem dúvida, que afinal corroboram a regra geral.

Quando se dá o renascimento de um Espírito, todo um equipamento emocional está preparado, predisposto, em franca receptividade, esperando.

Nos casos de adoção, como compreensível, o processo é mais demorado. Mesmo havendo afinidade espiritual, o recém-chegado é um *estranho*, que deverá conquistar os seus anfitriões afetivos, nascendo, então, pela convivência, a ternura, o amor, o interesse carinhoso...

Argos, de alguma forma, estranhava o pequeno Rafael, sentindo dificuldade de aceitá-lo, o que ocorria também com Áurea, com menor intensidade embora.

Naquela noite, a da chegada do filho adotivo, fui notificado pelo Dr. Arnaldo que deveria participar de uma reunião no parque espiritual dirigido pelo mentor Héber, no qual compareceriam os envolvidos no processo Argos-Áurea, a fim de se traçarem os programas finais que lhes norteariam a vida doravante.

À hora regulamentar, acompanhado pelos Drs. Vasconcelos e Lustoza, demos entrada em agradável recinto, onde o nobre Héber nos recebeu com expressões de afeto e carinho, que lhe atestavam a excelência espiritual.

Cooperadores diversos já haviam providenciado a condução de Maurício, dos médiuns Venceslau e Antônio Fernandes, de Carlos e de Richard, que ainda permaneciam sem lucidez, aguardando o momento próprio para despertar.

Por fim, chegam D. Anaide, Bernardo e a irmã Angélica assessorados por dois enfermeiros ativos, que traziam Argos, Áurea e o pequeno Rafael, carinhosamente agasalhado no regaço da mentora.

Ouvíamos uma suave melodia de órgão, que era tocado por antiga musicista desencarnada e que prosseguia nos seus estudos, com objetivo definido em futura incursão carnal.

A excepcional artista oferecia a delicada "Ária na quarta corda", de *Bach*, fazendo que o ambiente vibrasse sob os sons suaves e penetrantes da agradável melodia.

A sala, oval, tinha capacidade para algumas dezenas de pessoas bem acomodadas. Na parte do fundo um pequeno estrado se destacava, no qual algumas poltronas em semicírculo pareciam convidativas.

Do teto, de substância alvinitente, pendia um antigo lampadário, como se fosse de cristal, com cinco braços, cujos suportes, voltados para cima, jorravam uma diáfana claridade que irradiava por todo o auditório.

Os convidados fomos situados nas poltronas fronteiriças ao estrado e, naquelas em destaque, se acomodaram o distinto Héber, a irmã Angélica, ainda conduzindo Rafael, e o Dr. Vasconcelos.

Cessada a música do órgão, a mentora, através de um quase imperceptível sinal, autorizou que fossem despertados os companheiros encarnados, o que ocorreu através de técnicas de passes especiais, que lhes facultariam a lucidez e a participação no evento, que nos parecia, conforme o constatamos, de grande significação.

Podia-se perceber a surpresa e o júbilo entre os companheiros que se identificavam em esfera de paz e renovação, sob as dádivas nem sempre consideradas do repouso, pelo sono fisiológico, natural...

Nova melodia balsâmica soou do instrumento bem tocado e observamos que as notas harmônicas produziam vibrações que se transformavam, no ar rarefeito, em luzes cambiantes, que compunham um espetáculo de peregrina beleza.

Quando cessaram os últimos acordes, o administrador Héber proferiu comovida oração a Jesus, suplicando-Lhe o competente amparo para a reunião e o apoio para todos quantos ali nos encontrávamos.

Ao terminar, tínhamos lágrimas de felicidade incontida, que nos escorriam como reconforto e gratidão ao Senhor por tão alta concessão, que reconhecíamos não merecer.

Rafael recebeu especial atenção da benfeitora e vimo-lo reassumir a aparência anterior ao corpo, lenido por lucidez relativa, que o auxiliaria no arquivamento daquelas ocorrências, para recordá-las no momento próprio, no futuro.

Isso posto, a abnegada, discípula do Cristo, considerou:

— *Filhos queridos, aqui estamos reunidos para encerrar um doloroso capítulo de suas vidas, ao tempo em que se abrem novas oportunidades favoráveis para o porvir.*

Ao ontem de sombras e de ódios sucede-se o amanhã de luz; ao passado de sofrimentos e malquerenças sobrepõe-se o futuro de ternura e realizações edificantes. Tudo agora são promessas, que lhes cumpre transformar em felizes realizações.

As suas preces e as intercessões dos seus abnegados guias encontraram ressonância e aval da Misericórdia Divina.

Surge um dia superior e diferente que deve ser vivido em clima de amor sob a tutela do bem, a ser incorporado ao dia a dia de cada um em particular e de todos em geral.

Dificilmente se repetirá esta ímpar concessão superior. Portanto, aproveitem-na.

Arquivem, em suas memórias, com carinho, todos estes momentos, a fim de que eles sejam recordados, quando dos testemunhos, das horas em que a deserção se apresentar como única solução para os dias de sofrimento.

Não ficarão indenes à luta nem viverão em regime de exceção nas batalhas de crescimento para Deus.

Virão, como é natural, os mais difíceis períodos, a partir de então, porquanto agora, já se encontram armados com os recursos necessários para que sejam enfrentadas as dificuldades maiores.

Não se recusem ao serviço do Cristo pelo bem de vocês próprios.

Todos sabem das tarefas que devem executar.

O Livro da Vida, no qual estão os feitos e as orientações do Crucificado sem culpa, deverá constituir-lhes o roteiro, conforme as elevadas interpretações de Allan Kardec, o Embaixador que foi enviado para restaurar-Lhe a autenticidade e pureza...

Vivenciem o amor e o serviço de elevação pessoal, passo primeiro para a libertação geral.

Não temam nunca, seja em que situação estejam laborando.

O medo é inimigo da paz.

Estabeleçam metas próximas de realização, até alcançarem, passo a passo, a grande meta, que é a felicidade.

Evitem o fermento da maledicência, em seus cometimentos redentores.

O mal que lhes façam, não mereça comentários, a fim de que não resultem, por sua vez, em males maiores.

Apoiem-se na oração e no trabalho. A paisagem mental luarizada pela prece e o sentimento vinculado ao dever, no serviço, podem ser sitiados pelas forças da obsessão, mas nunca tombarão nas mãos dos pertinazes perseguidores.

Ajudem-se em todas as situações. Quando os companheiros não se auxiliam reciprocamente no clã íntimo, é certo que não poderão participar da solidariedade que abrange o programa de todas as criaturas humanas.

A sua força reside na sua fraqueza.

Onde esteja o ponto vulnerável, aí estará a brecha perigosa para a implosão destrutiva das realizações.

A volúpia do sexo, do dinheiro, do prazer e os sequazes da vaidade, do orgulho, da violência, ao lado do amor-próprio e da insensatez devem merecer mais amplos recursos de cuidados e precauções para combatê-los.

Tenham cautela com a lascívia e a concupiscência sempre em voga!

Muitas almas doentes lhes pedirão apoio, na sua demência e desvario, em nome de uma ternura e de um afeto que são desequilíbrios. Resguardem-se no pudor e no comedimento, evitando, por outra forma, estimular, inspirar e sustentar as paixões dissolventes que grassam e vencem muitos que lhes tombam nas malhas.

Estão chamados ao bom combate, ao labutar do bem operante contra o mal desagregador que ainda predomina nas criaturas.

O pão do Espírito será recebido na libertadora Doutrina que abraçam e que deve ser conduzida com dignidade e sacrifício.

Somos filhos da Luz.

Vivamos todos, portanto, em claridade eterna.

No silêncio que se fez espontâneo, a irmã Angélica tomou Felipe pelas mãos e o aproximou de Argos e Áurea que o abraçaram, comovidamente.

Maurício foi trazido ao pequeno círculo e a mensageira adiu:

– Filho, aproveite esta ditosa oportunidade hoje, sem reticências, sem receios, sem dubiedades. Avance com a verdade e ficará liberto.

Uma emoção superior dominava-me e podia observar que todos vivíamos momentos culminantes de nossas vidas eternas.

Novamente o órgão, dedilhado com mestria, passou a esparzir uma melodia que eu não sabia identificar, extasiando-me.

Aos seus acordes maviosos, soando em surdina, a irmã Angélica, finalizando aquele capítulo das nossas existências, assim orou:

– *Mestre incomparável!*

Os desbravadores do futuro encontram-se dispostos para a tarefa.

Reconhecendo a própria fragilidade, sob o peso de erros clamorosos que necessitam de reparação, suplicam-Te o auxílio constante, a fim de que não caiam nos abismos que deverão transpor.

Bandeirantes de outras experiências malogradas, retemperam o ânimo com vistas aos cometimentos novos que irão enfrentar.

Mergulhados nas sombras do olvido, muitas vezes titubearão diante do que devem realizar, sem saberem como fazer. Inspira-os e guia-os, auxiliando-os na escalada superior.

Equivocaram-se antes, no entanto, ora se recandidatam ao serviço com otimismo; delinquiram, sim, todavia, assumem a responsabilidade e preparam-se para ajudar os que lhes sofreram a sanha; fugiram ao dever, sem embargo, volvem, vencidos, porém, resolutos, para refazer os caminhos já percorridos e seguirem adiante.

Nada dispõem para oferecer-Te, senão o sentimento de amor que esperam dedicar à Tua causa, no mundo.

Não Te pedimos que sejam atenuadas as provas, antes suplicamos forças para vencê-las.

Tu que és a Vida, sê-lhes o alento de vida, permanecendo neles, a fim de que possam sobreviver nas lutas contigo.

Para eles, amanhece dia novo; sê-lhes o Sol de luz fecunda, clareando-os interiormente, para que jamais haja trevas em suas mentes e corações.

Despede-os, Senhor, e segue ao seu lado, ao lado de todos nós.

Ao silenciar, o órgão aumentou o volume da música divina, enquanto as luzes cambiantes se transformavam em flocos de tenuíssima substância perfumada, que se desfaziam ao tocar-nos, deixando inefável sensação de saúde interior e de paz.

Encerrada a reunião, os companheiros encarnados foram recambiados ao corpo somático. Despedi-me do caroável Héber, dos amigos Dr. Vasconcelos e Dr. Lustoza. D. Anaide osculou-me, comovida, as mãos.

Bernardo seguiria comigo.

Abracei a irmã Angélica, sorridente, feliz, agradecendo-lhe o apoio e a proteção que me dispensara e, com o Espírito repleto de emoções, rendendo graças, parti, marchando na direção do futuro que me aguardava.

Cada um se encontrava em condição de seguir no rumo do perene amanhecer.

A tarefa estava encerrada.

Novos compromissos esperavam por nós.

Anotações

Anotações

Anotações

Anotações

Anotações

Anotações

Anotações

Anotações